PRACTICE MAKES PERFECT®

French
Reading and Comprehension

Annie Heminway

Mc
Graw
Hill
Education

New York Chicago San Francisco Athens London Madrid
Mexico City Milan New Delhi Singapore Sydney Toronto

1   2   3   4   5   6   7   8   9   10   QVS/QVS   1   0   9   8   7   6   5   4

ISBN   978-0-07-179890-7
MHID   0-07-179890-0

e-ISBN   978-0-07-179891-4
e-MHID   0-07-179891-9

Library of Congress Control Number 2013947035

McGraw-Hill Education products are available at special quantity discounts
to use as premiums and sales promotions or for use in corporate training
programs. To contact a representative, please visit the Contact Us pages at
www.mhprofessional.com.

This book is printed on acid-free paper.

Contents

Preface

Most people would probably agree that immersion is the best way to learn a language. After all, that is how we learn our first language as children, surrounded by people speaking it. As we grow up, our language and communications skills develop further in the cultural environment in which our language is spoken. Current events, history, cinema, television, music, food, sports, and culture at large all play important roles. For those wishing to learn another language, however, this type of total immersion is not always practical. While it may not always be possible to surround ourselves with native speakers, we can immerse ourselves in the cultural context of the new language as we learn. That is the goal of this book: to teach French to learners of all ages, using authentic material drawn from the culture(s) in which it is spoken. The real-life readings are taken from a wide variety of newspapers, magazines, and websites and cover a broad range of subjects. Literature is also represented by five original short stories written by contemporary French-speaking authors from China, Cuba, France, Haiti, and Quebec.

How does the reader work? Each chapter presents a text on a specific subject, divided into one to three sections depending on the length of the original text. Each section is preceded by a list of words, giving their meaning as they are actually used in the text. The exercises immediately following the text focus on understanding its content and vocabulary. A grammar section focuses on some specific points of grammar as they appear in the text, with exercises to help understand them. All but the literary chapters conclude with a cultural note, in English, that relates the reading to a larger cultural context. It's the next best thing to actually being there! The literary chapters (chapters 19–23) conclude with biographical notes, in French, on the writers. Finally, interspersed throughout the book are vignettes that focus on some idiomatic uses of a particular word or phrase—sometimes surprising and always entertaining.

To get the most out of this book, the best approach is to work on one chapter at a time. Read the text first without looking at the translated vocabulary, and try to get a general sense of what it means. Scan the vocabulary and read the text again. Review the grammar and do the exercises and translations. Finally, read the text again without looking at the vocabulary. The result? By following these steps you will improve your reading skills, perfect your grammar, and widen your knowledge of French and Francophone cultures—all while having fun along the way. **Bonne lecture!**

Acknowledgments

I want to thank Mathilde Lauliac, Ellen Sowchek, and Zoran Minderovic—my lynx-eyed readers, spot-checkers, and punctiliously erudite French scholars.

Thank you to Aliette Armel, Dany Laferrière, Jeanne Séguin-Laflamme, Eduardo Manet, and Wei Wei for their beautiful prose contributions that make this book so special.

And last but foremost, thanks to Karen Young, my editor, for her expertise and support at every stage of this project, and to Susan Moore, project editor, who thoughtfully guided this book through production.

La Tour Eiffel

Débats et polémiques

Première partie

VOCABULAIRE

Avant la lecture

à peine	*barely, hardly*	inachevé	*unfinished*
accorder	*to grant*	injure	*insult*
achèvement	*completion*	lampadaire	*street lamp*
achever	*to complete*	livrer	*to expose*
affublé de	*inundated by*	mât de fer	*iron pole*
arête	*arris, edge*	méconnu	*little-known*
au cœur de	*in the midst of*	mériter	*to deserve*
beffroi	*belfry*	œuvre	*work, creation*
bon sens	*common sense*	pierre de taille	*freestone*
cheminée	*chimney, smokestack*	préoccuper	*to concern*
courbe	*curve*	prétendre	*to claim*
criblé de	*riddled with*	rapetisser	*to make smaller, to dwarf*
durable	*long-lasting*		
échelle	*ladder*	renchérir	*to outdo, to go further*
écraser	*to crush*		
efforcer de (s')	*to try*	rendre compte de (se)	*to realize, to grasp*
enlaidir (s')	*to make (oneself) look ugly*		
		rêve	*dream*
éteindre (s')	*to die down, to fade away*	souci	*concern*
		suppositoire	*suppository*
favoriser	*to favor, to appreciate*	tour	*tower*
fournir	*to provide, to supply*	travaux	*construction*
		trou	*hole*
fuser	*to come from all sides*	tuyau	*pipe*
goût	*taste*	usine	*factory*
hardiesse	*boldness*	vent	*wind*
il suffit	*all that is needed*		

Lecture

Débats et polémiques à l'époque de la construction

Avant même la fin de sa construction, la Tour était déjà au cœur des débats. Affublée de critiques par les grands noms du monde des Lettres et des Arts, la Tour a su s'imposer et rencontrer le succès qu'elle méritait.

14 février 1887: Les travaux viennent de commencer, la protestation des Artistes paraît

Après divers pamphlets ou articles publiés tout au long de l'année 1886, les travaux avaient à peine commencé que paraît, le 14 février 1887, la protestation des Artistes.

Publiée dans le journal *Le Temps*, cette «Protestation contre la Tour de M. Eiffel» est adressée à M. Alphand, directeur des travaux de l'Exposition. Elle est signée de quelques grands noms du monde des Lettres et des Arts: Charles Gounod, Guy de Maupassant, Alexandre Dumas fils, François Coppée, Leconte de Lisle, Sully Prudhomme, William Bouguereau, Ernest Meissonier, Victorien Sardou, Charles Garnier et d'autres que la postérité a moins favorisés.

D'autres pamphlétaires renchérissent sur cette violente diatribe, et les injures fusent: «ce lampadaire véritablement tragique» (Léon Bloy); «ce squelette de beffroi» (Paul Verlaine); «ce mât de fer aux durs agrès, inachevé, confus, difforme» (François Coppée); «cette haute et maigre pyramide d'échelles de fer, squelette disgracieux et géant, dont la base semble faite pour porter un formidable monument de Cyclopes, et qui avorte en un ridicule et mince profil de cheminée d'usine» (Maupassant); «un tuyau d'usine en construction, une carcasse qui attend d'être remplie par des pierres de taille ou des briques, ce grillage infundibuliforme, ce suppositoire criblé de trous» (Joris-Karl Huysmans). Les polémiques s'éteindront d'elles-mêmes à l'achèvement de la Tour, devant la présence incontestable de l'œuvre achevée et face à l'immense succès populaire qu'elle rencontre. Elle reçoit deux millions de visiteurs pendant l'Exposition de 1889.

Extrait de la *Protestation contre la Tour de M. Eiffel*, 1887

Nous venons, écrivains, peintres, sculpteurs, architectes, amateurs passionnés de la beauté jusqu'ici intacte de Paris, protester de toutes nos forces, de toute notre indignation, au nom du goût français méconnu, au nom de l'art et de l'histoire français menacés, contre l'érection, en plein cœur de notre capitale, de l'inutile et monstrueuse Tour Eiffel, que la malignité publique, souvent empreinte de bon sens et d'esprit de justice, a déjà baptisée du nom de tour de Babel. [...] La ville de Paris va-t-elle donc s'associer plus longtemps aux baroques, aux mercantiles imaginations d'un constructeur de machines, pour s'enlaidir irréparablement et se déshonorer? [...]

Il suffit d'ailleurs, pour se rendre compte de ce que nous avançons, de se figurer un instant une tour vertigineusement ridicule, dominant Paris, ainsi qu'une noire et gigantesque cheminée d'usine, écrasant de sa masse barbare [...] tous nos monuments humiliés, toutes nos architectures rapetissées, qui disparaîtront dans ce rêve stupéfiant.

Charles Gounod

La réponse de Gustave Eiffel

Gustave Eiffel répond à la protestation des artistes dans une interview accordée au *Temps* le 14 février 1887 qui résume bien sa doctrine artistique:

«Je crois, pour ma part, que la Tour aura sa beauté propre. Parce que nous sommes des ingénieurs, croit-on donc que la beauté ne nous préoccupe pas dans nos constructions et qu'en même temps que nous faisons solide et durable, nous ne nous efforçons pas de faire élégant? Est-ce que les véritables conditions de la force ne sont pas toujours conformes aux conditions secrètes de l'harmonie? [...] Or de quelle condition ai-je eu, avant tout, à tenir compte dans la Tour? De la résistance au vent. Eh bien! Je prétends que les courbes des quatre arêtes du monument, tel que le calcul les a fournies [...] donneront une grande impression de force et de beauté; car elles traduiront aux yeux la hardiesse de la conception dans son ensemble, de même que les nombreux vides ménagés dans les éléments mêmes de la construction accuseront fortement le constant souci de ne pas livrer inutilement aux violences des ouragans des surfaces dangereuses pour la stabilité de l'édifice. Il y a, du reste, dans le colossal une attraction, un charme propre, auxquelles les théories d'art ordinaires ne sont guère applicables.»

Répondre aux questions.

1. Quand paraît la protestation des Artistes?

_____

2. À qui est-elle adressée?

_____

3. Citez cinq signataires connus.

_____

4. Comment Paul Verlaine a-t-il qualifié la Tour Eiffel?

_____

5. Combien de personnes ont visité la Tour Eiffel pendant l'Exposition de 1889?

_____

6. Qui est l'auteur de la protestation des Artistes?

_____

7. Trouve-t-il la Tour Eiffel magnifique ou monstrueuse?

_____

8. Qui a répondu à cette protestation?

_____

9. Quel est son métier?

_____

10. A-t-il voulu faire une belle tour?

_____

EXERCICE

1·2

Identifier l'adjectif contraire.

1. inachevé _____   a. beau

2. inutile _____   b. privé

3. monstrueux _____   c. terminé

4. public _____   d. minuscule

5. gigantesque _____   e. utile

Compléter avec un mot de la liste de vocabulaire du texte (première partie).

1. La Tour Eiffel à été comparée à une cheminée d'_____.

2. Ce problème est _____ du débat.

3. Nous avons dîné dans le restaurant panoramique de la _____ Montparnasse.

4. Les lampadaires _____ automatiquement à cinq heures du matin.

5. Le brillant ingénieur a reçu les félicitations qu'il _____.

6. «Imbécile» est une _____.

7. Les _____ prémonitoires se réalisent souvent les uns après les autres.

8. La Tour est conçue pour résister au _____.

9. Il a acheté une maison en mauvais état. Il y aura beaucoup de _____ à faire.

10. La Tour Eiffel fut _____ pour l'Exposition universelle de 1989.

Grammaire

Le futur simple

The **futur simple** (*simple future*) is formed by using the infinitive as the stem and adding the endings -**ai**, -**as**, -**a**, -**ons**, -**ez**, -**ont**. For the -**re** verbs, drop the -**e** from the infinitive before adding the endings. Note that if the main clause is in the **futur simple**, the dependent clause introduced by some conjunctions will also be introduced by the **futur simple**, whereas in English such a dependent clause will be in the present tense.

donner (to give)			
je donner**ai**	*I'll give*	nous donner**ons**	*we'll give*
tu donner**as**	*you'll give*	vous donner**ez**	*you'll give*
il/elle/on donner**a**	*he/she/one will give*	ils/elles donner**ont**	*they'll give*

Erwan me **donnera** sa guitare quand il **partira** en Inde.	*Erwan will give me his guitar when he goes to India.*
Les visiteurs **iront** au Louvre lorsqu'ils **seront** à Paris.	*The visitors will go to the Louvre when they are in Paris.*

venir (to come)			
je vien**drai**	*I'll come*	nous vien**drons**	*we'll come*
tu vien**dras**	*you'll come*	vous vien**drez**	*you'll come*
il/elle/on vien**dra**	*he/she/one will come*	ils/elles vien**dront**	*they'll come*

| Tu les **rencontreras** quand ils **viendront** à Calais. | *You'll meet them when they come to Calais.* |
| **Reviendrez**-vous à Paris? | *Will you come back to Paris?* |

Of course, as always, there are exceptions, and some stems are irregular. Here are a few examples: **aller (ir-)**, **avoir (aur-)**, **devenir (deviendr-)**, **devoir (devr-)**, **envoyer (enverr-)**, **être (ser-)**, **faire (fer-)**, **pouvoir (pourr-)**, **recevoir (recevr-)**, **savoir (saur-)**, **tenir (tiendr-)**, **voir (verr-)**, **vouloir (voudr-)**, and so on.

| L'ingénieur **écrira** une lettre à M. Alphand. | *The engineer will write a letter to Mr. Alphand.* |
| Sais-tu qui **signera** la pétition? | *Do you know who will sign the petition?* |

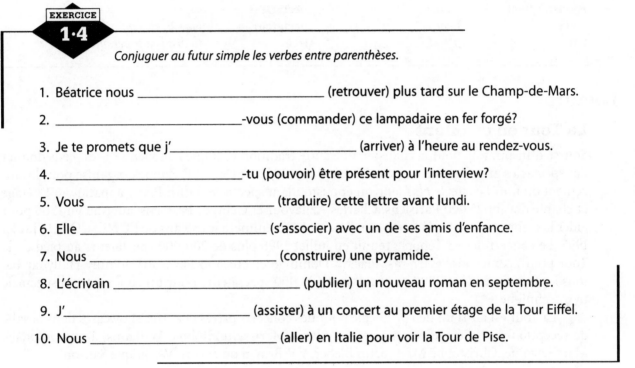

EXERCICE
1·4

Conjuguer au futur simple les verbes entre parenthèses.

1. Béatrice nous _____ (retrouver) plus tard sur le Champ-de-Mars.

2. _____-vous (commander) ce lampadaire en fer forgé?

3. Je te promets que j'_____ (arriver) à l'heure au rendez-vous.

4. _____-tu (pouvoir) être présent pour l'interview?

5. Vous _____ (traduire) cette lettre avant lundi.

6. Elle _____ (s'associer) avec un de ses amis d'enfance.

7. Nous _____ (construire) une pyramide.

8. L'écrivain _____ (publier) un nouveau roman en septembre.

9. J'_____ (assister) à un concert au premier étage de la Tour Eiffel.

10. Nous _____ (aller) en Italie pour voir la Tour de Pise.

Deuxième partie

VOCABULAIRE

Avant la lecture

anniversaire	*anniversary, birthday*	feu d'artifice	*fireworks*
au pied de	*at the foot of*	fontaine	*fountain*
battre les records	*to break the records*	lancement	*launching*
chanson	*song*	lumière	*light*
chanter	*to sing*	mairie	*office of the mayor, city hall*
conçu	*designed*	retransmettre	*to broadcast*
danse	*dance*	réunir	*to bring together*
dérouler (se)	*to take place*	rêver	*to dream*
époustouflant	*amazing*	spectacle	*show*
étage	*floor*	spectateur	*viewer, spectator*
feu	*fire*	tirer	*to display, to set off*

Lecture

La Tour en chantant

Source d'inspiration pour la chanson, une autre tradition veut que l'on vienne à ses pieds donner des spectacles grandioses comme le 25 septembre 1962 où Darryl F. Zanuck organise pour le lancement du film *Le jour le plus long* un époustouflant spectacle. Édith Piaf y apparaît au 1er étage et chante devant 25 000 Parisiens. Charles Aznavour et Georges Brassens suivront en 1966 pour aider la campagne contre la faim. Jean-Michel Jarre animera les 50 ans de l'UNESCO le 14 juillet 1995. Le concert des «3 Ténors» réunit en juillet 1998 plus de 200 000 spectateurs au pied de la Tour pour écouter José Carreras, Placido Domingo et Luciano Pavarotti. Johnny Hallyday bat tous les records en juin 2000 en réunissant 600 000 spectateurs pour un concert et un spectacle pyrotechnique.

La Tour est aussi un lieu privilégié pour des concerts privés et autres showcases dans la salle de réception du 1er étage comme ceux d'Alanis Morissette, Robbie Williams, Texas, Raphaël, Marc Lavoine, Christophe Maé, Justin Bieber, VV Brown ou encore Véronique Sanson.

Sa vocation artistique la plus originale: les spectacles pyrotechniques

Dès 1888, un feu d'artifice est tiré pour fêter l'achèvement de la construction du monument.

En 1937, pour l'Exposition des arts et techniques, une installation lumineuse est conçue par l'architecte André Granet. Tous les soirs, de magnifiques feux d'artifice, véritables fontaines à feu, sont tirés des trois étages de la Tour.

Plus récemment, le «Top de l'an 2000», une véritable danse de feu et de lumière, retransmise par 250 chaînes de télévision dans le monde, a fait rêver la planète. Spectacle réalisé par Groupe F et ECA2.

Enfin, le 14 juillet 2009, le traditionnel spectacle pyrotechnique a eu lieu sur la Tour (et non au Trocadéro où se déroule toujours le feu d'artifice offert par la Mairie de Paris célébrant la Fête nationale) sur le thème de son 120e anniversaire.

Avec l'aimable autorisation de www.tour-eiffel.fr

Répondre aux questions.

1. Pour le lancement de quel film un spectacle a-t-il été organisé le 25 septembre 1962?

   _____

2. Qui a chanté?

   _____

3. Pour quelle raison Charles Aznavour et Georges Brassens ont-ils chanté en 1966?

   _____

4. En quelle année ont eu lieu les 50 ans de l'UNESCO?

   _____

5. Qui sont les «3 Ténors»?

   _____

6. Combien de personnes ont assisté au concert de Johnny Hallyday en juin 2000?

   _____

7. Citez deux autres artistes ayant chanté au premier étage de la Tour Eiffel.

   _____

8. Pour quelle occasion un feu d'artifice fut-il tiré en 1888?

   _____

9. Qui conçoit l'installation lumineuse pour l'Exposition des arts et techniques de 1937?

   _____

10. Que signifie la fête du 14 juillet en France?

   _____

Compléter avec un mot de la liste de vocabulaire du texte (deuxième partie).

1. Retrouvons-nous _____ du grand arbre!

2. Hier, le marathonien kényan _____ tous les records de vitesse.

3. Il fait si chaud que les gens se baignent dans la _____ Saint-Michel.

4. Les Grandes Eaux de Versailles _____ au printemps en été.

5. Le _____ du film de Claire Denis aura lieu en mars.

6. Le restaurant Jules Verne se trouve au deuxième _____ de la Tour Eiffel.

7. Quel magnifique _____! J'adore les feux d'artifice.

8. Le 14 juillet, un feu d'artifice sera _____ sur le Vieux-Port de Marseille.

9. En raison de la pluie, le concert a été annulé et les _____ ont été remboursés.

10. Le feu d'artifice était incroyable, extraordinaire, _____.

Grammaire

Les nombres

Let's start with **les nombres** (*numbers*). Although ending consonants are generally silent in French, they are pronounced in the following numbers: **cinq**, **six**, **sept**, **huit**, **neuf**, **dix**. With **sept**, the **p** is silent, but the final **t** is pronounced. The final **x** in **six** and **dix** is pronounced like an **s**. When the numbers **cinq**, **six**, **huit**, and **dix** are followed by a word beginning with a consonant, their final consonant is mute (silent).

zéro	*zero*	**trente**	*thirty*
un	*one*	**quarante**	*forty*
deux	*two*	**cinquante**	*fifty*
trois	*three*	**soixante**	*sixty*
quatre	*four*	**soixante-dix**	*seventy*
cinq	*five*	**soixante et onze**	*seventy-one*
six	*six*	**soixante-douze**	*seventy-two*
sept	*seven*	**quatre-vingt**	*eighty*
huit	*eight*	**quatre-vingt-un**	*eighty-one*
neuf	*nine*	**quatre-vingt-dix**	*ninety*
dix	*ten*	**quatre-vingt-onze**	*ninety-one*
onze	*eleven*	**cent**	*one hundred*
douze	*twelve*	**cent un**	*one hundred one*
treize	*thirteen*	**cent quinze**	*one hundred fifteen*
quatorze	*fourteen*	**cent quarante-huit**	*one hundred forty-eight*
quinze	*fifteen*	**cent quatre-vingt-seize**	*one hundred ninety-six*
seize	*sixteen*	**deux cents**	*two hundred*
dix-sept	*seventeen*	**sept cent trente-neuf**	*seven hundred thirty-nine*
dix-huit	*eighteen*	**mille**	*one thousand*
dix-neuf	*nineteen*	**mille soixante**	*one thousand sixty*
vingt	*twenty*	**un million**	*a million*
vingt et un	*twenty-one*	**un milliard**	*a billion*
vingt-deux	*twenty-two*		

Six millions cinq cent vingt-trois mille huit cent neuf — *Six million five hundred twenty-three thousand eight hundred nine*

Mettre les nombres en toutes lettres.

1. 16 _____

2. 89 _____

3. 357 _____

4. 922 _____

5. 177 000 _____

6. 48 _____

7. 1 800 660 _____

8. 1515 _____

9. 77 444 _____

10. 6 133 281 793 _____

Note culturelle: The Eiffel Tower

Built for the 1889 Universal Exposition, the Eiffel Tower was intended as a temporary structure to be dismantled at the Exposition's end. However, its success and popularity with the public was such that it soon became permanent, its graceful outline quickly becoming synonymous with the city of Paris. What must it have been like to see it when it was still new? Fortunately, the Eiffel Tower was built only a few years before the birth of another great nineteenth-century invention: the motion picture, and it proved irresistible to early cinematographers. In 1900, James H. White, a Canadian-American filmmaker most remembered for his famous short entitled *The Kiss* (the first on-screen kiss), was sent by the Edison Company to film the Paris Exposition. There he made two of the earliest films in which the Eiffel Tower appears. In a 200-foot film entitled *Scene from the Elevator Ascending Eiffel Tower*, a camera positioned on top of the elevator looks out onto Paris as it rises and descends from the top of the Eiffel Tower. In a second film, *Panorama of the Eiffel Tower*, it is shot from below, with a camera that tilts up from the tower's base. Although brief, both films offer a hint of the type of excitement the Eiffel Tower generated with the public. Preserved by the US Library of Congress, they can still be viewed today.

Dis Maman, les frites ça pousse dans les arbres?

Première partie

<table>
<tr><td colspan="4">VOCABULAIRE</td></tr>
<tr><td colspan="4">Avant la lecture</td></tr>
<tr><td>à partir de</td><td>from, starting from</td><td>méconnaissance</td><td>ignorance, lack of knowledge</td></tr>
<tr><td>ainsi que</td><td>as well as</td><td></td><td></td></tr>
<tr><td>artichaut</td><td>artichoke</td><td>pastèque</td><td>watermelon</td></tr>
<tr><td>assiette</td><td>plate</td><td>pâtes</td><td>pasta</td></tr>
<tr><td>betterave</td><td>beet</td><td>poire</td><td>pear</td></tr>
<tr><td>courgette</td><td>zucchini</td><td>poireau</td><td>leek</td></tr>
<tr><td>en revanche</td><td>on the other hand</td><td>pomme de terre</td><td>potato</td></tr>
<tr><td>enquête</td><td>survey</td><td>quant à</td><td>as for</td></tr>
<tr><td>environ</td><td>approximately</td><td>steak haché</td><td>ground beef</td></tr>
<tr><td>figue</td><td>fig</td><td>surpoids</td><td>excess weight</td></tr>
<tr><td>frites</td><td>French fries</td><td>tiers</td><td>third</td></tr>
<tr><td>ignorer</td><td>to not know, to be unaware</td><td>un écolier sur cinq</td><td>one schoolchild out of five</td></tr>
<tr><td>jambon</td><td>ham</td><td>un sur trois</td><td>one out of three</td></tr>
<tr><td>légumes</td><td>vegetables</td><td></td><td></td></tr>
</table>

Lecture

Un enfant sur trois ne connaît ni poireau, ni courgette, ni artichaut

Une enquête de l'Association Santé Environnement France (ASEF) publiée jeudi 23 mai révèle la méconnaissance d'une majorité d'enfants au sujet de nombreux fruits et légumes ainsi que l'origine des aliments transformés comme les frites ou les nuggets. Une ignorance qui favorise les mauvaises pratiques alimentaires à l'origine du surpoids d'un écolier sur cinq.

Si les jeunes reconnaissent facilement les poires, les pastèques et les carottes, en revanche ils sont 87% à ne pas savoir ce qu'est une betterave. Un écolier sur trois ne sait pas non plus identifier un poireau, une courgette, une figue ou un artichaut.

Un quart d'entre eux ignorent que les frites sont faites à partir des pommes de terre. Quant aux chips et nuggets, ils sont environ 40% à ne pas savoir d'où ils viennent et près de la moitié d'entre eux ne savent pas l'origine du steak haché ou du jambon de leur assiette. Quant aux pâtes, ils sont seulement un tiers à savoir comment elles sont faites.

Répondre aux questions.

1. Quelle est l'origine des mauvaises pratiques alimentaires des enfants?

_____

2. Quel pourcentage d'écoliers est en surpoids?

_____

3. Est-ce qu'ils savent tous reconnaître les betteraves?

_____

4. Combien d'enfants savent identifier une courgette?

_____

5. Est-ce que les écoliers connaissent tous l'origine des chips?

_____

6. Quel pourcentage d'écoliers sait d'où vient le jambon?

_____

7. De quoi sont faites les frites?

_____

8. Qui a mené cette enquête?

_____

Compléter avec un mot de la liste de vocabulaire du texte (première partie).

1. Pour faire une quiche Lorraine, il faut des œufs, de la crème, du fromage et

du _____.

2. Les _____ sont idéales en été pour se rafraîchir.

3. Ma tante Alice prépare des cœurs d' _____ avec de la vinaigrette.

4. Mon ami italien Stefano fabrique ses _____ lui-même.

5. J'adore manger des _____ avec un hamburger.

Fruits et légumes

ananas	*pineapple*	haricot vert	*green bean*
aubergine	*eggplant*	oignon	*onion*
avocat	*avocado*	pamplemousse	*grapefruit*
banane	*banana*	pêche	*peach*
cerise	*cherry*	petit pois	*pea*
champignon	*mushroom*	pomme	*apple*
chou	*cabbage*	prune	*plum*
citrouille	*pumpkin*	radis	*radish*
fraise	*strawberry*	raisin	*grape*
framboise	*raspberry*	tomate	*tomato*

Grammaire

Un sur trois

In French, we use the preposition **sur** to talk about proportions. The English equivalent is *out of.*

Cette pharmacie est ouverte 7 jours **sur** 7, 24 heures **sur** 24.

This pharmacy is open 7 days a week, 24 hours.

Les Delanoë passent six mois **sur** douze au Maroc.

The Delanoës spend six months out of twelve in Morocco.

EXERCICE
2·3

Traduire les phrases suivantes.

1. One child out of five does not know where eggs come from.

   _____

2. One student out of three does not eat breakfast.

   _____

3. In Paul's kitchen, one plate out of two is broken.

   _____

4. One French person out of four doesn't eat enough vegetables.

   _____

5. In this small mountain village, one inhabitant out of two makes his own pasta.

   _____

Moi aussi, moi non plus

In an affirmative sentence, when someone makes a statement and another person agrees, the stressed pronoun is used, followed by **aussi**. In a negative sentence, when someone makes a statement and the other person disagrees, the stressed pronoun is followed by **non plus**. Watch out for the stressed pronouns (**moi, toi, lui, elle, nous, vous, eux, elles**).

—J'aime la salade d'épinards crus. —**Moi aussi.**	—I like raw spinach salad. —So do I.
—Léa n'aime pas les artichauts. —**Moi non plus.**	—Léa does not like artichokes. —Neither do I.
—Nous ne faisons jamais de barbecue. —**Eux non plus.**	—We never barbecue. —Neither do they.

EXERCICE 2·4

Compléter les phrases suivantes en admettant que les deux personnes en question soient d'accord.

1. —Je rêve de faire pousser des légumes. —_____. (je)

2. —Elle n'achète jamais de pastèque. —_____. (elle)

3. —Tu ne prépares pas souvent de ratatouille. —_____. (tu)

4. —Ils savent parler italien. —_____. (ils)

5. —Vous ne savez pas identifier un poireau. —_____. (vous)

Faux ami

Ignorer takes on different meanings depending on its usage. Let's look at a few examples:

J'**ignorais** que Marie voulait être chef pâtissière.	I didn't know Marie wanted to be a pastry chef.
Il **ignorait** tout de cette histoire.	He did not know about this story.
À la réception, l'hôtesse nous a totalement **ignorés**.	At the reception, the hostess totally ignored us (did not pay attention to us).
Tu **as ignoré** mes conseils en ajoutant trop d'ail dans la salade d'aubergines.	You didn't take into account (you ignored) my advice while adding too much garlic to the eggplant salad.

EXERCICE 2·5

*Traduire les phrases suivantes en utilisant **ignorer.***

1. Patrick didn't know this association had published a survey.

_____

2. Clara was not aware of their financial problems.

_____

3. Marc did not pay attention to us the whole evening.

_____

4. I don't know how he makes his famous pasta. It's a family secret.

_____

5. I don't know the chef's name.

_____

Deuxième partie

VOCABULAIRE

Avant la lecture

ajouter	*to add*	protéine	*protein*
assaisonnement	*seasoning*	quant à	*as for*
assez de	*enough*	sel	*salt*
auprès de	*with*	sirop	*syrup*
croissance	*growth*	sucre	*sugar*
jus de fruit	*fruit juice*	sucreries	*candy, sweets*
miser sur	*to rely on*	trop de	*too much*
plat	*dish*	viande	*meat*
poisson	*fish*	vitamines	*vitamins*

Lecture

Privilégier le fait-maison

Réalisée dans les écoles au cours du premier trimestre 2013, cette enquête indique également que les enfants ne boivent pas assez d'eau et consomment trop d'assaisonnement. À table, près d'un enfant sur quatre boit du sirop, du jus de fruit ou du soda et seulement 20% disent ne jamais ajouter de sel ou de sucre dans leur plat. Quant aux sauces mayonnaise et ketchup, ils sont 10% à déclarer en ajouter systématiquement.

Les 2 500 médecins de l'ASEF conseillent aux parents de remplacer à table les sodas par de l'eau, de multiplier les fruits et légumes, riches en vitamines et en minéraux. Ils recommandent aussi de limiter les sucreries, varier les viandes et poissons, riches en protéines, indispensables à la croissance de l'enfant et au développement de son système immunitaire et de miser sur le "*fait maison*", meilleur sur le plan nutritionnel que les préparations industrielles.

L'enquête a été réalisée en classe auprès d'un panel de 910 élèves ayant entre 8 et 12 ans au cours du premier trimestre 2013. Les questionnaires étaient entièrement anonymes.

Le Monde.fr avec AFP | 23.05.2013
Avec l'aimable autorisation de Le Monde

Répondre aux questions en faisant des phrases complètes.

1. Quand cette enquête a-t-elle été réalisée?

   _____

2. Est-ce que les enfants boivent assez d'eau?

   _____

3. Est-ce que les enfants consomment peu d'assaisonnement?

   _____

4. Quel est le pourcentage d'enfants qui boit du soda à table?

   _____

5. Quel est le pourcentage d'enfants qui ajoute du sel dans leur plat?

   _____

6. Qu'est-ce qu'un enfant sur dix rajoute systématiquement?

   _____

7. De combien de médecins est composé l'ASEF?

   _____

8. Combien de conseils donnent-ils dans ce passage?

   _____

9. Combien d'élèves ont été interrogés?

   _____

10. Quel âge ont les élèves?

   _____

11. Ont-ils mis leur nom sur le questionnaire?

   _____

EXERCICE
2·7

Identifier le verbe contraire.

1. conseiller _____   a. garder

2. ajouter _____   b. augmenter

3. limiter _____   c. savoir

4. remplacer _____   d. enlever

5. ignorer _____   e. déconseiller

Grammaire

Adverbes de quantité

Adverbs of quantity are generally followed by **de** and a noun.

assez de	*enough*	**peu de**	*few*
autant de	*as much as*	**plus de**	*more than*
beaucoup de	*many*	**tant de**	*so many*
pas mal de	*many (familiar)*	**trop de**	*too many*

Les Japonais consomment **beaucoup de** riz.   *The Japanese eat a lot of rice.*
On n'achète jamais de plats préparés, car ils   *We never buy prepared foods, because*
contiennent **trop de** sel.   *they contain too much salt.*

However, **bien des, la plupart des, encore du (de la, des)** are exceptions. The definite article is used and contracted with the preposition **de**.

La plupart des enfants aiment manger des   *Most children like to eat sweets while*
sucreries en regardant la télé.   *watching television.*
Donne-moi **encore du** fromage!   *Give me more cheese!*
Bien des cuisiniers étrangers sont formés en   *Many foreign cooks are trained in France.*
France.

EXERCICE
2·8

Traduire les phrases suivantes.

1. France buys lots of oranges from Morocco.

_____

2. I'm hungry, give me more potatoes. (two possibilities)

_____

3. Antoine has enough cherries in his garden to make jam.

_____

4. Most restaurants serve fish with rice.

_____

5. I have so many good memories from my trip to France!

_____

EXERCICE
2·9

Compléter avec un mot de la liste de vocabulaire du texte (deuxième partie).

1. —Veux-tu un _____ frais pour te rafraîchir? —Oui, je veux bien un jus de pommes.

2. Ce gâteau contient trop de _____. C'est mauvais pour les dents.

3. Les tomates sont riches en _____. C'est très bon pour la santé.

4. Les enfants en pleine _____ doivent manger de façon équilibrée.

5. Les médecins _____ sur la collaboration des parents pour changer les habitudes alimentaires de leurs enfants.

Note culturelle: Meet and eat your vegetables!

The results of the ASEF survey showing that many French children cannot identify common fruits and vegetables may seem surprising given that France is primarily an agricultural country. Fifty percent of French territory is devoted to farming, and the sector employs close to 1 million people (3.4 percent of the active population).* There is also a common, if perhaps erroneous, perception of France as a nation of food connoisseurs with an innate appreciation for good quality and taste. Although the results of this survey seem to contradict this view, it is important to note that the problem is not uniquely French. British chef and fresh food activist Jamie Oliver has long promoted the need for a "food revolution" with the simple goal of fresher food and better food education. In 2010, as part of a series for American television entitled *Jamie Oliver's Food Revolution,* he pays a visit to an elementary school in Huntington, West Virginia. There, he tells a class of six-year-olds that he is going to give them a test: he picks up individual items from a beautiful display of fresh vegetables and asks the children what they are. The results, which can be viewed in a clip entitled "Potato or Tomato?" (www.youtube.com/watch?v=bGYs4KS_djg), sadly parallel those of the French study. It would appear that in the United States as in France, children must be encouraged not only to eat their vegetables but to get to know them, too.

*Statistics from the European Federation of Animal Science, 2013.

Le miel qui soigne et qui régale

Première partie

VOCABULAIRE

Avant la lecture

abeille	bee	gouttelette	droplet
adoucir	to ease	humecter	to moisten
ambroisie	ambrosia	il s'agit	it concerns, it is about
apicole	pertaining to beekeeping	jabot	crop (body part)
		lèvre	lip
apiculteur	beekeeper	miel	honey
atout	advantage	miellat	honeydew
bonheur	happiness	muqueuse	mucous membrane
brûlure	burn	ORL	otorhinolaryngologist
butin	harvest, booty	(oto-rhino-	
butinage	gathering of pollen	laryngologiste)	
		pansement	bandage
chirurgien	surgeon	peau	skin
CHU (Centre Hospitalier Universitaire)	university hospital	plaie	wound
		puceron	aphid
		ragoûtant	appetizing
cicatrisant	healing substance	rayon	ray
		récolte	harvest
cicatriser	to heal	ruche	hive
couche de cire	layer of wax	sain	healthy
douceur	sweetness	sève	sap
embaumer	embalm	soigner	to heal
en moyenne	on average	soulager	to soothe
gorge	throat	trompe	proboscis

Lecture

On dit de lui qu'il est le nectar des dieux, symbole de douceur, d'amour, de bonheur, voire de longévité. Non seulement il a bon goût, mais en plus, il soigne. Les vertus thérapeutiques du miel ne sont plus aujourd'hui à démontrer.

À l'origine du miel, il y a bien sûr les très courageuses abeilles qui accomplissent un incroyable travail, qu'on appelle le butinage. Elles volent de fleur en fleur, attirées par les fines gouttelettes sucrées qui perlent sur leur surface et les aspirent tout simplement avec leur trompe, pour les stocker dans leur jabot, petit réservoir qui leur permet de filtrer le nectar et d'en éliminer les impuretés. Ce nectar est un liquide sucré, sécrété au niveau de la corolle des fleurs. Il contient des traces d'acides aminés, de vitamines et de minéraux.

Il y a également ce qu'on appelle le miellat. Beaucoup moins ragoûtant que le nectar, mais tout aussi riche il provient des excrétions laissées sur les végétaux par des insectes. Cela peut être, par exemple, des sucres rejetés par des pucerons ou de la sève d'arbre. Une fois lestées de ce précieux butin, les abeilles butineuses rentrent à la ruche et passent le relais aux ouvrières, chargées d'enrichir le tout en enzymes. Cette substance est travaillée puis séchée et enfin, protégée dans les cellules de la ruche sous une bonne couche de cire...

C'est ensuite l'apiculteur qui entre en scène, pour la récolte. Le mois de juin est le sommet de l'activité apicole, mais on trouve bien sûr du miel en toutes saisons, puisqu'il se conserve parfaitement.

Parce qu'il est riche en éléments nutritifs, mais aussi antiseptiques, cicatrisants, voire anti-inflammatoires, le miel a toujours été prisé pour ses vertus curatives. En Grèce, on offrait aux dieux de l'Olympe un mélange de miel et de lait, appelé ambroisie. Quant aux Égyptiens et aux Hébreux, ils ont très vite utilisé le miel pour en humecter les lèvres des nouveau-nés ou pour embaumer leurs morts.

Depuis la nuit des temps, l'histoire de l'utilisation médicale du miel est empreinte de spiritualité, mais aussi de pragmatisme et d'expérimentations.

Le miel a toujours été très utile pour adoucir les gorges enflammées ou pour soulager les brûlures et cicatriser les plaies. Cette dernière utilisation est aujourd'hui très répandue, surtout à l'étranger. En Angleterre, aux États-Unis et en Allemagne, le miel est couramment employé par les infirmières, dans les dispensaires et hôpitaux, pour faire des pansements aux patients dont les plaies cicatrisent difficilement.

Il s'agit surtout de personnes en difficulté financière, car l'autre atout du miel, c'est son prix. Il est beaucoup moins cher que les produits antiseptiques utilisés pour faire les pansements. En France, le pionnier de l'utilisation du miel à vertu cicatrisante était le professeur Bernard Descottes, aujourd'hui décédé, chirurgien viscéral du CHU de Limoges. Il avait réalisé une étude de cas sur 3 000 patients, dont les plaies ont cicatrisé très rapidement et proprement grâce au miel. Aujourd'hui, quelques services hospitaliers français suivent son exemple.

C'est le cas du service d'ORL et de chirurgie cervico-faciale de l'hôpital européen Georges-Pompidou, à Paris, où, en moyenne, un à cinq patients par mois bénéficient de pansements au miel, au cas par cas, selon leur état de santé et l'évolution de leurs plaies. On y utilise tout simplement du miel alimentaire qui semble satisfaire médecins et patients. Conservé au réfrigérateur, et à usage unique, il est très sain d'un point de vue bactériologique (c'est important de le préciser). Néanmoins, un miel «médical», portant la mention CE, a été mis au point par une jeune start-up. Ses atouts il est récolté par des apiculteurs locaux et testé en laboratoire. Mais il est plus cher que le miel alimentaire.

Enfin, sachez que le miel est également utilisé dans les services de cancérologie de certains hôpitaux. Il peut en effet soulager la peau exposée aux rayons de la radiothérapie et la muqueuse de la bouche soumise aux effets secondaires de la chimiothérapie.

Avec l'aimable autorisation de France5.fr

Répondre aux questions.

1. Les vertus thérapeutiques du miel, sont-elles connues?

_____

2. En quoi consiste le butinage?

_____

3. D'où vient le miellat?

_____

4. Quand a lieu le sommet de l'activité apicole?

_____

5. Quel rôle est joué par les ouvrières une fois les abeilles butineuses rentrées à la ruche?

_____

6. Comment les Égyptiens et les Hébreux utilisaient-ils le miel?

_____

7. Quelles sont les vertus curatives du miel?

_____

8. Le miel est-il utilisé pour faire les pansements?

_____

9. Qui était le pionnier de l'utilisation du miel à vertu cicatrisante en France?

_____

10. Pourquoi les oncologues utilisent-ils le miel?

_____

Identifier le mot contraire.

1. atout _____		a. âcreté
2. soulager _____		b. sécher
3. humecter _____		c. blesser
4. douceur _____		d. désavantage
5. cicatriser _____		e. affliger

Compléter avec un mot de la liste de vocabulaire du texte (première partie).

1. Le miel «médical» a beaucoup d'_____.

2. Les Égyptiens ont utilisé le miel pour _____ les morts.

3. Un thé au miel est très efficace pour _____ une gorge enflammée.

4. Chaque _____ n'a qu'une seule reine.

5. La _____ du miel peut masquer les goûts amers.

Grammaire

Voire

The adverb **voire** is used to reinforce an assertion or an idea. It may also be used to imply gradation or gradual progression. Here's an example from the text:

> On dit de lui qu'il est le nectar des dieux, symbole de douceur, d'amour, de bonheur, **voire** de longévité.

> *It is said to be the nectar of the gods, symbol of sweetness, love, happiness, **and even** of longevity.*

Voire is used here to emphasize the fact that in addition to all of the previously enumerated qualities, honey has one final property that sets it apart: it is also a symbol of longevity. In this sentence, **voire** can easily be replaced with **et même** (*and even*). It can be rendered into English as "and even," "indeed," or in some cases, "if not."

Note: Do not confuse **voire**, the adverb, with its homonym, **voir**, the verb *to see*.

Traduire les phrases suivantes en utilisant l'adverbe **voire**.

1. It will be very hard, if not impossible, to finish the project in time.

_____

2. The dermatologist considers honey the best, indeed the only, remedy for very dry skin.

_____

3. You will have to wait weeks, if not months, in order to get results.

_____

4. The beekeeper's work is difficult, if not dangerous.

_____

5. The use of honey to treat burns is advisable, and even recommended.

_____

Il s'agit de

Il s'agit de (*it is a matter of, it's about, it concerns, it is a question of*) is a fixed expression that introduces the subject of a work (book, film, etc.) or of a situation. Let's take a look at the following example from the text:

> **Il s'agit** surtout **de** personnes en difficulté financière, car l'autre atout du miel, c'est son prix.

> *It particularly concerns people in financial difficulty, since the other advantage of honey is its price.*

Here are some other examples of the way in which it is used:

> De quoi **s'agit-il**?
> Dans ce film, **il s'agit d**'un rapt.
> Il **ne s'agit pas d**'argent.
> **Il s'agit de** faire vite.

> *What is it about?*
> *This film is about an abduction.*
> *It's not a question of money.*
> *We must act quickly.*

EXERCICE 3·5

*Traduire les phrases suivantes utilisant l'expression **il s'agit de**.*

1. This is a serious matter, since it concerns your health.

_____

2. This film is a documentary about a serious problem: the disappearance of bees.

_____

3. It is not a question of time, but of location.

_____

4. It's about your future!

_____

5. His new book will be about beekeeping.

_____

Geographical names with prepositions

To express *in* or *to* with a geographical name, the preposition varies. Let's take a look at the following example from the text:

> **En** Angleterre, **aux** États-Unis et **en** Allemagne, le miel est couramment employé … pour faire des pansements.

> *In England, **in** the United States, and **in** Germany, honey is currently used … to make bandages.*

Here are some rules for using prepositions with geographical names:

- In most cases, the preposition **à** is used for cities.

> Je vais **à** Marseille la semaine prochaine.   *I am going to Marseille next week.*
> Ses parents habitent **à** Boston.   *Her parents live in Boston.*

- With countries, regions, states, and provinces, the article, preposition, or both change according to gender and number: **en** before feminine countries and regions, **en** before masculine countries beginning with a vowel, **au** before singular masculine countries, and **aux** before plural countries with a name in the plural.

> Leur entreprise se trouve **en Chine**.   *Their business is located in China.*
> Il va prendre sa retraite **au Mexique**.   *He is going to retire in Mexico.*
> Sa sœur habite **aux États-Unis**.   *Her sister lives in the United States.*

EXERCICE

3·6

Compléter avec la préposition appropriée.

1. Thibaut et Lily sont partis en lune de miel _____ Australie.

2. Nous sommes en train de construire une nouvelle usine _____ Pékin.

3. Maura a de la famille _____ Irlande.

4. Sa femme est en voyage d'affaires _____ Espagne.

5. _____ Maroc, on récolte du miel à la lavande.

6. Elle rêve de goûter la vraie cuisine thaïlandaise _____ Bangkok.

7. C'est _____ Grèce qu'on mange les meilleurs yaourts avec des noix et du miel d'acacia.

8. Nous allons faire de l'écotourisme _____ Portugal.

9. La conférence aura lieu _____ Vancouver ou _____ Washington, mais pas _____ Canada.

10. Y a-t-il toujours des volcans actifs _____ Italie?

*Formuler une phrase complète en utilisant le verbe **voyager** et les prépositions appropriées.*

1. Hélène/Athènes/Grèce

_____

2. Matthieu/San Francisco/Californie

_____

3. Véronique/Saint-Pétersbourg/Russie

_____

4. Xavier/São Paulo/Brésil

_____

5. Miyumi/Osaka/Japon

_____

6. Emma/Madras/Inde

_____

7. Denis/Copenhague/Danemark

_____

8. Éva/Buenos Aires/Argentine

_____

9. Carlos/Dakar/Sénégal

_____

10. Takako/Istanbul/Turquie

_____

Grammaire

Homophonie **sain/sein/saint/ceint**

Homophonous homonyms are words that are pronounced the same but that have different meanings, origins, or spelling. Make note of the differences in the following four homonyms: **sain** (*healthy*), le **sein** (*breast*), le **saint** (*saint*), **ceint** (*encircles* [*third-person singular, present tense of verb* **ceindre**]).

Compléter les phrases suivantes en utilisant un des quatre homonymes ci-dessus.

1. Mon frère n'est jamais frustré, il a la patience d'un _____.

2. Le jardin est _____ de murs couverts de lierre.

3. L'environnement dans cette région n'est pas très _____.

4. Le cancer du _____ est souvent traitable.

5. Le pape vient de canoniser trois nouvelles _____.

6. Sur cette plage, les femmes se font bronzer les _____ nus.

7. Le chevalier _____ son épée avant de se battre en duel.

8. Il ne suit pas un régime très _____.

Deuxième partie

VOCABULAIRE

Avant la lecture

150°C	*302°F*	**essuie-tout**	*paper towel*
à feu doux	*on low heat*	**essuyer**	*to wipe*
ajouter	*to add*	**estragon**	*tarragon*
arroser	*to baste*	**feuille de laurier**	*bay leaf*
canard	*duck*	**four**	*oven*
casserole	*saucepan*	**hacher**	*to chop*
chauffer	*to heat*	**jus d'orange pressée**	*freshly squeezed orange juice*
cuire	*to cook*	**moutarde**	*mustard*
cuisson	*cooking*	**oignon**	*onion*
diluer	*to dilute*	**préchauffer**	*preheat*
éplucher	*to peel*	**remuer**	*to stir*

Lecture

Canard à l'orange et au miel

Temps de préparation: 15 minutes
Temps de cuisson: 120 minutes

Ingrédients (pour 4 personnes)

1 canard
1 oignon
1 orange
50 cl de jus d'orange pressée
1 verre de vin blanc sec
3 cuillères à soupe de miel
1 cuillère à soupe de moutarde
1/2 cube de bouillon

1 feuille de laurier
thym, estragon
sel, poivre

Préparation de la recette

Préchauffer le four à 150°C (thermostat 5). Essuyer le canard à l'intérieur et à l'extérieur avec de l'essuie-tout. Le placer sur une plaque au four et laisser cuire 1 heure.

Pendant ce temps, faire chauffer un jus d'orange dans une casserole à feu doux. Ajouter le demi-cube, le miel, la moutarde, le vin blanc, le laurier. Remuer pour diluer le miel. Ajouter le thym, l'estragon, sel et poivre.

Éplucher l'orange. Éplucher l'oignon et le hacher. Réserver.

Sortir le canard du four et retirer tout le gras. Verser la préparation sur le canard. Ajouter l'orange et l'oignon haché et remettre au four 1 h à 150°C (thermostat 5). Arroser 2 ou 3 fois pendant la cuisson.

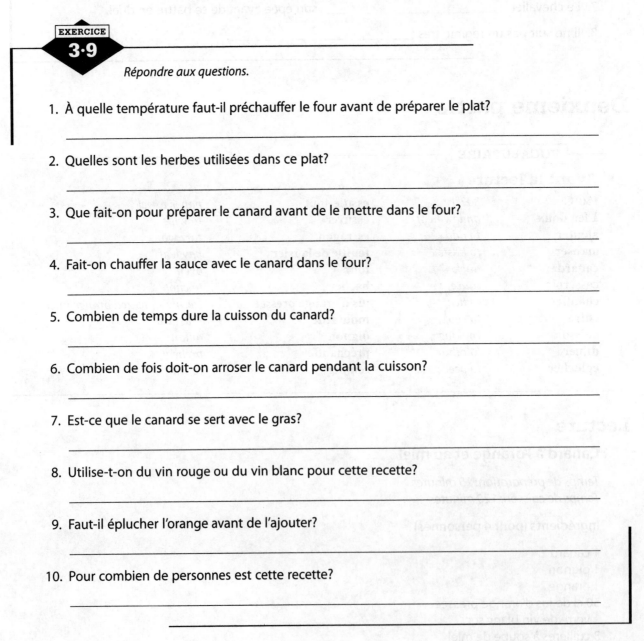

EXERCICE
3·9

Répondre aux questions.

1. À quelle température faut-il préchauffer le four avant de préparer le plat?

_____

2. Quelles sont les herbes utilisées dans ce plat?

_____

3. Que fait-on pour préparer le canard avant de le mettre dans le four?

_____

4. Fait-on chauffer la sauce avec le canard dans le four?

_____

5. Combien de temps dure la cuisson du canard?

_____

6. Combien de fois doit-on arroser le canard pendant la cuisson?

_____

7. Est-ce que le canard se sert avec le gras?

_____

8. Utilise-t-on du vin rouge ou du vin blanc pour cette recette?

_____

9. Faut-il éplucher l'orange avant de l'ajouter?

_____

10. Pour combien de personnes est cette recette?

_____

EXERCICE

3·10

Identifier le mot contraire.

1. ajouter _____   a. assécher

2. diluer _____   b. enlever

3. arroser _____   c. mouiller

4. essuyer _____   d. figer

5. remuer _____   e. concentrer

EXERCICE

3·11

Compléter avec un mot de la liste de vocabulaire du texte (deuxième partie).

1. Il faut _____ le four avant de faire cuire le canard.

2. Des _____ sont indispensables pour nettoyer la cuisine.

3. N'oubliez pas d'_____ une fois pendant la cuisson.

4. Il faut faire chauffer le jus d'orange dans une _____, puis ajouter les herbes.

5. _____ le miel avant de l'ajouter à la casserole.

Grammaire

L'utilisation de l'infinitif présent

In French, the present infinitive of a verb is used for general instructions, prescriptions, public notices, and proverbs. This is different from English, which generally uses the imperative in these kinds of texts. Take a look at the following examples:

Prendre trois fois par jour.	*Take three times a day.*
Ne pas marcher sur la pelouse.	*Keep off the lawn.*

One type of text in which the present infinitive is often used is the recipe. Although many current French cooking and household magazines tend to replace the present infinitive with the imperative, professional cookbooks and other instruction manuals still use the former. The earlier recipe for Duck with Orange and Honey is a case in point: it uses over fifteen verbs in the present infinitive! Here are some of them:

Préchauffer le four.	*Preheat the oven.*
Remuer pour diluer le miel.	*Stir to dilute the honey.*
Éplucher l'oignon et le **hacher**.	*Peel and chop the onion.*

Compléter les phrases suivantes en utilisant l'infinitif présent des verbes dans le vocabulaire du texte.

1. _____ le four avant de commencer la préparation.

2. _____ les pommes de terre avant de les faire frire.

3. _____ la sauce à feu doux.

4. _____ le persil très fin.

5. _____ de l'eau pour diluer le vin.

Traduire les phrases suivantes en utilisant l'infinitif présent.

1. This recipe is very simple to prepare.

   _____

2. The cooking time is short: only 20 minutes.

   _____

3. Peel the potatoes before adding them to the soup.

   _____

4. Take the turkey out of the oven in order to baste it.

   _____

5. This dish is prepared with thyme, bay leaves, and tarragon. Remove the bay leaves before serving.

   _____

6. I like to have freshly squeezed orange juice with my breakfast.

   _____

7. Add mustard to bring out the flavor of this dish.

   _____

8. This recipe only calls for five ingredients.

   _____

9. Season with salt and pepper before serving.

   _____

10. Cook the duck for 1 hour; then remove the fat before adding the sauce.

    _____

Note culturelle: Canard à l'orange

The great French chef Auguste Escoffier included a recipe for «Canard à l'Orange» in his encyclopedic work on French cooking, *Le Guide Culinaire*, but he did not invent the dish. The idea of combining citrus, honey, and meat dates back to the Middle Ages, when honey was often used to mask the taste of meat that was not quite at its freshest. In this dish, which most likely originated in the nineteenth century, the citrus and the honey provide distinct elements of taste. They are also used for very specific purposes: the citrus to counteract the fattiness of the duck, and the honey to provide contrast to the acid taste of the citrus (the bitter orange being the fruit most commonly used). Roast Duck in Orange Sauce, as it is often called on English-language menus, is now considered a classic. In the United States, it was Julia Child who helped to popularize it by demystifying its preparation, and in the 1960s it came to represent the sophistication and the tradition that is French cooking. Tastes change, and the dish is now considered somewhat retro—perhaps due to the belief that duck, with its high fat content, is not a "healthy" meat. However, today's leaner ducks, along with the healthful properties of the honey used in the sauce, could be just the thing to return it to a place of honor on the menu.

Jeu de mots: Huile

Il naviguait sur une mer d'**huile**.	*He was sailing on a calm sea.*
Les mécanismes de cet établissement sont bien **huilés**.	*The workings of this establishment are running smoothly.*
Ta remarque n'a fait qu'ajouter de **l'huile** sur le feu.	*Your remark only added fuel to the fire.*
Il faut mettre de **l'huile** dans les rouages.	*We need to oil the wheels.*
Les **huiles** de la compagnie passeront ce matin.	*The top brass of the company will stop by this morning.*
C'est une **huile** de l'UMP (Union pour un Mouvement Populaire).	*He is one of the big shots of the UMP.*
—De quoi ont-ils besoin? —**D'huile** de coude!	*—What do they need? —Elbow grease!*
Ça a fait tache **d'huile**.	*It spread like wildfire.*
Ça baigne dans **l'huile**.	*Everything is going smoothly.*
Elle préfère la crème à **l'huile** solaire.	*She prefers suntan cream to suntan oil.*
Mes dessins se vendent mieux que mes **huiles**.	*My drawings sell better than my oil paintings.*

Le retour de l'ours brun

Première partie

VOCABULAIRE

Avant la lecture

accouplement	*mating*	forêt	*forest*
à ce jour	*today, currently*	framboise	*raspberry*
actuel	*present-day*	gland	*acorn*
ancêtres	*ancestors*	hiberner	*to hibernate*
atteindre	*to reach*	isolement	*isolation*
berger	*shepherd*	marmotte	*marmot, woodchuck*
bien que	*although*	meurt	*dies*
carnivore	*carnivore*	myrtille	*bilberry, huckleberry*
chasse	*hunting, hunt*	naissance	*birth*
chasseur	*hunter*	noyau	*small group*
châtaigne	*chestnut*	omnivore	*omnivore*
confier à	*to entrust to*	ours brun	*brown bear*
croître	*to grow*	ourson	*bear cub*
debout	*standing*	poids	*weight*
de l'ordre de	*approximately*	repos	*rest*
donner naissance à	*to give birth to*	s'appuyer sur	*to rely on*
dormir	*to sleep*	siècle	*century*
effectif	*number*	sommeil	*sleep*
en baisse	*decreasing*	taille	*size*
faîne	*beechnut*	tanière	*den*
faune	*fauna*	ursidés	*Ursidae (bear family)*
foncé	*dark*		

Lecture

Avec un effectif estimé de 150 ours au début du XXe siècle, la population a été en baisse constante jusqu'à ne plus représenter qu'un noyau résiduel de 5 individus, localisé en Béarn, en 1995.

Une opération de réintroduction de trois individus en Pyrénées Centrales en 1996 et 1997, puis le renforcement de ce nouveau noyau par 5 individus en 2006, ont permis d'établir à ce jour une population d'une vingtaine d'individus, population qui croît lentement mais naturellement depuis 2006. Cette population reste cependant l'une des plus menacées d'Europe du fait de son isolement.

Le suivi technique et scientifique de la population a été confié à l'Office national de la chasse et de la faune sauvage, qui s'appuie sur des partenaires tels que les

Fédération nationale des chasseurs, le Parc national des Pyrénées, l'Office national des forêts, des éleveurs, des bergers, des associations.

Carte d'identité

Taille
L'ours brun mesure de 1,70 à 2,20 mètres debout.

Poids
Le poids de l'adulte varie considérablement en fonction du sexe. Le poids est de l'ordre de 90 kg pour une femelle et peut atteindre jusqu'à 300 kg pour un mâle.

Couleur
Beige à brun foncé

Longévité
20 à 25 ans en milieu naturel

Régime alimentaire
L'ours est un omnivore opportuniste. Il mange ce qu'il trouve facilement, en fonction des saisons: framboises, myrtilles, herbes, glands, faines, châtaignes, insectes, cadavres d'animaux, mammifères domestiques ou sauvages... soit en moyenne 70% de végétaux.

Repos hivernal
De décembre à mars, l'ours dort d'un sommeil léger. Bien que ses fonctions physiologiques soient ralenties, il n'hiberne pas comme la marmotte. Il peut quitter sa tanière pour profiter de la présence de nourriture par exemple.

Reproduction
En général l'ours commence à se reproduire à l'âge de quatre ans. L'accouplement a lieu entre mai et juin. La femelle donne naissance à un, deux ou trois oursons. Près d'un ourson sur deux meurt dans sa première année.

Classification
Ours brun (*Ursus arctos*), Linné 1758

- Classe: Mammifères (5000 espèces environ)
- Ordre: Carnivores (environ 249 espèces) (mais régime alimentaire omnivore)
- Famille: Ursidés (8 espèces)
- Genre: *Ursus*
- Espèce: *arctos*

Il y a 5 millions d'années, apparaît *Ursus minimus*, ancêtre probable d'*Ursus etruscus* (1,5 million d'années) qui est d'une taille équivalente à celle de l'ours brun actuel. *Ursus etruscus* donne naissance aux ours noirs américains, aux ours asiatiques actuels et aux ancêtres de l'ours brun. Les ours bruns seraient donc apparus en Asie et auraient colonisé l'Europe il y a seulement 250 000 ans. *Ursus arctos* apparaît vers −70 000 ans. En Europe, l'ours brun actuel (*Ursus arctos*) et l'énorme ours des cavernes (*Ursus spelaeus*, 1,5 million d'années à −12 000 ans) ont donc coexisté. Entre −70 000 et −40 000 ans, *Ursus arctos* s'installe en Amérique du Nord, et en Amérique centrale.

Répondre aux questions.

1. Combien d'ours y avait-il en France au début du XXᵉ siècle?

_____

2. Que s'est-il passé en 1996 et 1997?

_____

3. Combien y en a-t-il actuellement en France?

_____

4. Pourquoi ces ours sont-ils menacés?

_____

5. Qui s'occupe de faire le suivi des la population ursidée?

_____

6. Combien mesure un ours brun debout?

_____

7. Combien pèse un ours mâle?

_____

8. Combien de temps un ours brun peut-il vivre?

_____

9. Est-ce que l'ours brun mange des fruits?

_____

10. Mange-t-il de la viande?

_____

11. L'ours brun hiberne-t-il?

_____

12. À combien d'oursons la femelle ours peut-elle donner naissance?

_____

13. Quand les ancêtres des ours bruns sont-ils apparus?

_____

14. Sur quel continent vivaient-ils?

_____

15. Depuis combien de temps l'*Ursus arctos* existe-t-il?

_____

16. L' *Ursus arctos* existe-t-il sur le continent américain?

_____

EXERCICE 4·2

Identifier l'adjectif contraire.

1. léger _____   a. ancien

2. foncé _____   b. futur

3. nouveau _____   c. domestique

4. sauvage _____   d. lourd

5. actuel _____   e. clair

EXERCICE 4·3

Compléter avec un mot de la liste de vocabulaire du texte (première partie).

1. Lors de notre voyage au Canada, nous avons pu voir des ourses avec

   leurs _____.

2. À la naissance, _____ des oursons ne dépasse pas 500 grammes.

3. L'ours brun se nourrit de fruits, de poissons, de glands. C'est

   un _____.

4. La marmotte _____ tout l'hiver.

5. Noémie s'intéresse à la généalogie, elle veut savoir d'où viennent

   ses _____.

6. L'ours brun passe l'hiver dans une _____.

7. Le _____ est une personne qui s'occupe des moutons.

8. Luc fait partie du _____ dur de cette équipe scientifique.

Grammaire

Les verbes du premier groupe

Les verbes réguliers en -er

The verbs of the first group have an infinitive ending in **-er**. Most of them follow the same conjugation. The construction is easy: you remove the **-er** ending to get the stem. For example: **rester** (*to remain, to stay*) → **rest-**. Then you add the endings. For the **-er** regular verbs, they are: **-e, -es, -e, -ons, -ez, -ent.**

rester *(to stay)*			
je reste	*I remain*	nous rest**ons**	*we remain*
tu rest**es**	*you remain*	vous rest**ez**	*you remain*
il/elle/on rest**e**	*he/she/one remains*	ils/elles rest**ent**	*they remain*

Here are some common regular **-er** verbs: **aimer** *(to like, to love)*, **attraper** *(to catch)*, **bavarder** *(to chat)*, **chercher** *(to look for)*, **danser** *(to dance)*, **déjeuner** *(to have lunch)*, **demander** *(to ask)*, **habiter** *(to live)*, **sauter** *(to jump)*, **travailler** *(to work)*.

Combien de temps **restez**-vous en Martinique?	*How long are you staying in Martinique?*
Il ne **reste** plus rien à dire.	*Nothing remains to be said.*

EXERCICE 4·4

Mettre au présent le verbe entre parenthèses.

1. L'ours _____ (chercher) du miel.

2. Les oiseaux _____ (chanter) dans le jardin.

3. Tu _____ (dessiner) des animaux sauvages.

4. Nous _____ (déjeuner) dans la forêt.

5. La pluie _____ (tomber) depuis hier soir.

6. J'_____ (observer) les ours bruns.

7. Albane et Naïm _____ (étudier) pour devenir biologistes.

8. Lili _____ (parler) polonais et grec.

9. Vous _____ (travailler) pour le Parc national des Écrins.

10. L'ourson _____ (aimer) se rouler dans l'herbe.

Les verbes finissant en -ger

With verbs ending in **-ger**, the **-g-** becomes **-ge-** before the letter **o** in the present tense.

manger *(to eat)*			
je mange	*I eat*	nous man**ge**ons	*we eat*
tu manges	*you eat*	vous mangez	*you eat*
il/elle/on mange	*he/she/one eats*	ils/elles mangent	*they eat*

Here are a few examples of other -ger verbs: **nous changeons** (*we change*), **nous encourageons** (*we encourage*), **nous mélangeons** (*we mix*), **nous nageons** (*we swim*), **nous partageons** (*we share*), **nous protégeons** (*we protect*), **nous rangeons** (*we put away*), **nous voyageons** (*we travel*).

Nous **déménageons** la semaine prochaine.	*We are moving next week.*
Un ours brun **nage** dans la rivière.	*A brown bear is swimming in the river.*

Les verbes finissant en -cer

With verbs ending in -cer, the -c- becomes -ç- before the letter **o** in the present tense.

commencer *(to start)*			
je commence	*I start*	nous commençons	*we start*
tu commences	*you start*	vous commencez	*you start*
il/elle/on commence	*he/she starts*	ils/elles commencent	*they start*

Here are other **-cer** verbs: **nous annonçons** (*we announce*), **nous avançons** (*we move forward*), **nous balançons** (*we swing*), **nous finançons** (*we finance*), **nous grimaçons** (*we make a face*), **nous influençons** (*we influence*), **nous menaçons** (*we threaten*), **nous remplaçons** (*we replace*).

Le film **commence** à 21h.	*The film starts at 9 P.M.*
Ce gros chien **menace** le troupeau de vaches.	*This big dog is threatening a herd of cows.*

EXERCICE
4·5

Mettre au présent le verbe entre parenthèses.

1. L'ourse _____ (protéger) ses petits.

2. Nous _____ (voyager) toujours avec des amis.

3. L'Office national de la chasse et de la faune sauvage _____
   (exiger) la présence de tous les chasseurs à la réunion.

4. Je _____ (ranger) ma collection de chapeaux.

5. Vous _____ (changer) souvent d'avis.

6. L'ours mâle _____ (menacer) les oursons.

7. Les oiseaux _____ (annoncer) le retour du printemps.

8. Tu _____ (placer) les vases de fleurs sur les tables.

9. Nous _____ (annoncer) l'introduction de cinq ours dans les
   Pyrénées.

10. Audrey et Manon _____ (commencer) à répertorier les ours.

Homophonie: **une croix, il croit, il croît**

Homophonous homonyms are words that are pronounced in the same manner but have a different spelling and meaning. They can be nouns, verbs, or adverbs.

For example, **une croix** (*cross*), **il croit** (*he believes*), and **il croît** (*he grows*) have the same pronunciation, but the spelling is different.

Masculine nouns ending in -t

Masculine nouns ending in **-t** tend to be masculine:

le bouquet	*bouquet*	l'isolement	*isolation*
le chocolat	*chocolate*	le port	*harbor*
l'esprit	*spirit*	le restaurant	*restaurant*

Here are a few exceptions:

la dot	*dowry*	la nuit	*night*
la forêt	*forest*	la part	*share*
la mort	*death*	la plupart des	*most (people/things)*

Deuxième partie

VOCABULAIRE

Avant la lecture

aire	*area*	lâchés	*released*
balise VHF	*VHF beacon*	odorat	*sense of smell*
bougeant	*moving*	ouïe	*sense of hearing*
cadré	*structured*	par le biais de	*through, by means of*
chien	*dog*	poils	*hair*
comportement	*behavior*	provisoire	*temporary, provisional*
courir	*to run*	puces	*chips*
crotte	*dung*	quotidien	*on a particular day*
dispositif	*device*	rencontre	*encounter*
dresser (se)	*to rise, to stand*	repérer	*to spot, to locate*
éloigner (se)	*to move away*	ROB (Réseau Ours Brun)	*Brown Bear Network*
émetteur	*transmitter*	soit... soit	*or, either . . . or, whether*
empreinte	*print*	suivi	*observation, follow-up*
emprunter	*to take (a route)*	vagabonder	*to run loose*
faute de	*which can be blamed on*	viser à	*to aim to*
		vue	*sense of sight*
fuite	*escape*		
indice	*data, clue, sign*		

Lecture

Quel comportement adopter en cas de rencontre avec un ours?

Les ours sont par nature discrets, surtout vis-à-vis de l'homme. L'ours a une bonne ouïe, un très bon odorat et une vue moyenne. S'il entend un homme ou détecte son odeur, il cherchera à l'éviter.

Pour l'aider à vous repérer, vous pouvez manifester votre présence en faisant un peu de bruit. Il ne faut pas chercher à s'approcher d'un ours même à grande distance, qu'il soit accompagné d'ourson(s) ou seul. Il faut également toujours garder son chien à proximité, ne pas le laisser vagabonder, car il pourrait provoquer l'ours.

En cas de rencontre d'un ours à courte distance (moins de 50 m), il convient de l'aider à vous identifier, de vous manifester calmement en vous montrant, en bougeant et en parlant. Éloignez-vous progressivement en vous écartant du trajet qu'il pourrait emprunter dans sa fuite. *Ne courez pas.*

Si un ours se dresse sur ses pattes arrières, ce n'est pas un signe d'agressivité: il est curieux, il cherche à reconnaître les odeurs et à mieux vous identifier.

Les techniques du suivi de la population d'ours bruns. Des ours équipés d'émetteurs?

On pense souvent que les ours évoluant dans les Pyrénées sont tous équipés d'émetteurs permettant leur localisation quotidienne. Toutefois, la population d'ours bruns est une population animale sauvage et n'a donc pas vocation à être équipée d'émetteurs, puces ou balises VHF pour faire l'objet d'un suivi continu et permanent. L'équipement d'un ours peut être envisagé à titre provisoire et exceptionnel et ne peut répondre qu'à une demande particulière dans un contexte bien précis.

Les 3 ours lâchés en 1996 et 1997 ainsi que les 5 ours lâchés en 2006 ont été équipés d'émetteurs pour une durée temporaire. L'objectif de cet équipement était expérimental et scientifique (notamment pour connaître l'adaptation des ours à leur nouveau milieu) mais à terme, le dispositif cesse d'émettre faute de batteries. Ainsi, courant 2010, la totalité des émetteurs a cessé de fonctionner.

Le suivi indirect

La population d'ours est suivie de façon indirecte grâce à plusieurs techniques qui ont pour objectif de trouver des empreintes, des poils, des crottes ou tout autre signe de présence d'un ours. Cette collecte est réalisée:

- soit de façon non programmée, par tout utilisateur de la nature, qu'il soit membre du ROB ou non, (lors de missions professionnelles diverses, randonnées...), **c'est la méthode opportuniste**.
- soit de façon programmée, lors d'opérations de terrain cadrées par divers protocoles (itinéraires pédestres de prospection, stations de suivi, photo/vidéo automatique...), visant à harmoniser la pression d'observation dans l'espace, **c'est la méthode systématique**.

L'ensemble des indices collectés permettra ainsi de répondre aux objectifs précités (aire de répartition, statut démographique) par le biais d'analyses diverses (génétique, présences simultanées, empreintes, photos...).

Avec l'aimable autorisation du gouvernement français.
Ministère de l'Écologie et du Développement durable

Répondre aux questions.

1. Est-ce que l'ours entend bien?

   _____

2. A-t-il une bonne vue?

   _____

3. L'ours a-t-il peur des hommes?

   _____

4. Est-il dangereux de s'approcher d'un ours?

   _____

5. Que faut-il faire si on rencontre un ours?

   _____

6. Est-ce qu'un ours qui se dresse sur ses pattes arrières est agressif?

   _____

7. Les ours dans les Pyrénées sont-ils tous dotés d'un émetteur?

   _____

8. Y a-t-il des ours équipés d'émetteurs fonctionnels aujourd'hui dans les Pyrénées?

   _____

9. Comment peut-on effectuer un suivi indirect des ours?

   _____

10. À quoi servent les indices récoltés?

   _____

Compléter avec un mot de la liste de vocabulaire du texte (deuxième partie).

1. Si on rencontre un ours, il ne faut pas _____.

2. Les _____ des ours varient selon leur taille et sont très instructives.

3. Les ours bruns ont un excellent _____ qui leur permet de détecter des êtres vivants à cinquante mètres.

4. Quand on réintroduit un animal, on lui pose un _____ pour pouvoir le surveiller.

5. Quand mon chien voit un chat, il a peur et prend toujours la _____.

VOCABULAIRE

Les cinq sens

le goût	*taste*
l'odorat	*sense of smell*
l'ouïe	*hearing*
le toucher	*touch*
la vue	*sight*

Don't forget the sixth sense, which is unlike any of the five senses. *The Sixth Sense* is an American supernatural thriller film by M. Night Shyamalan (1999). It tells the story of a troubled boy, Cole Sear (Haley Joel Osment), who can see and talk to the dead. A child psychologist (Bruce Willis) tries to help him.

Trouver le sens correspondant à la phrase.

1. Mon chien Chouki sent les lapins à quarante mètres. _____   a. toucher

2. J'entends le coq de la ferme chanter tous les matins. _____   b. goût

3. Ces framboises sont délicieuses. _____   c. vue

4. Victor adore caresser mon chat Paulo. _____   d. ouïe

5. Ce coucher de soleil est magnifique. _____   e. odorat

Grammaire

Les verbes pronominaux

Pronominal verbs are preceded by the pronouns **me**, **te**, **se**, **nous**, **vous**, **se** in the infinitive and in conjugated forms. The pronouns **me**, **te**, **se** drop the **e** before a mute **h** or a vowel.

s'installer *(to settle)*			
je m'installe	*I settle*	nous nous installons	*we settle*
tu t'installes	*you settle*	vous vous installez	*you settle*
il/elle/on s'installe	*he/she/one settles*	ils/elles s'installent	*they settle*

Nous **nous occupons** d'organiser la réunion. We are in charge of organizing the meeting.
Je **me prépare** à partir en Australie. I am getting ready to go to Australia.
L'ours **se gratte** la tête. The bear is scratching his head.

In a negative sentence, the **ne** comes right after the subject and the **pas** follows the conjugated verb.

Alexis **ne se lève pas** avant dix heures. *Alexis does not get up before ten o'clock.*

Les oursons **ne s'éloignent pas** de leur mère. *Bear cubs don't go too far away from their mothers.*

How to form the interrogative: when the inversion is used, the reflexive pronoun remains in front of the verb.

Se couche-t-il tôt? *Does he go to bed early?*
Vous reposez-vous assez? *Do you rest enough?*

Let's consider the simple interrogative with **est-ce que**. An affirmative statement becomes interrogative when it is preceded by **est-ce que**. It is used in informal speech.

Est-ce que tu **te réveilles** la nuit? *Do you wake up during the night?*
Est-ce que vous **vous baladez** souvent dans le parc Georges Brassens? *Do you often take a walk in Georges Brassens Park?*

EXERCICE 4·9

Mettre au présent les verbes entre parenthèses.

1. Elsa _____ (s'asseoir) sur une chaise pliante.

2. Quand est-ce que tu _____ (se raser)?

3. Je _____ (se laver) les mains avant le repas.

4. Comment _____-vous (s'habiller) pour le mariage?

5. Elles _____ (se promener) avec leur chien.

6. Simon _____ (se regarder) dans le miroir pour se coiffer.

7. Nous _____ (se lever) pour partir.

8. Ma mère _____ (se recoiffer) toujours avant de sortir.

9. Je _____ (s'installer) dans le fauteuil de ma grand-mère.

10. Vous _____ (se maquiller) trop.

Traduire les phrases suivantes.

1. The bears in the Pyrénées are threatened by hunters.

2. The male brown bear is 1.7 to 2.2 meters tall standing up.

3. The bear eats fruits, animals, acorns, and insects. It's an omnivore.

4. The marmot hibernates unlike the bear.

5. In the wild, the brown bear's life span is twenty-five years.

6. The male bear is dangerous. He sometimes kills baby bears.

7. Vanessa believes black bears live in France.

8. The bear spots human beings thanks to his very good sense of smell.

9. Transmitters enable scientists to observe the newly introduced animals.

10. Approaching a bear is not recommended.

Note culturelle: Celebrating the bear

Every year bear festivals—**des fêtes de l'ours**—are held in towns throughout the Pyrenees region of France and Spain. The origins of these ancestral folkloric festivals date back almost to the dawn of time. Today, they serve as both a cultural reminder and a celebration of man's relationship with an animal that in ancient times was often viewed as a human double, due to its ability to stand and move on two legs. Bear festivals typically take place in late February or early March, timed to occur, symbolically, with the emergence of the bear from its den and the end of winter hibernation. They also coincide with **carnaval** season, which immediately precedes Lent, providing another example of the way in which an earlier pagan celebration was co-opted into a historically more recent Christian holiday. Bears appear as characters in many French legends and tales, including at least three fables by Jean de la Fontaine. One of the most famous of these legends is that of Jean de l'Ours, the son of a human woman and a great bear, whose superhuman strength made him a redoubtable opponent of evil in a number of medieval tales. In more recent times, however, the once formidable bear has undergone something of an image makeover, with its plush-toy representation serving to calm and comfort generations of children as the *teddy bear* in English and the **nounours** in French.

François Gabart, prince des mers

Le tour du monde en 78 jours

Première partie

> **VOCABULAIRE**
>
> ### Avant la lecture
>
> | | | | |
> |---|---|---|---|
> | **60 pieds** | *60 feet (long)* | **franchir** | *to cross* |
> | **à bord de** | *on board* | **ligne d'arrivée** | *finish line* |
> | **améliorer** | *to improve* | **mer** | *sea* |
> | **benjamin** | *youngest* | **monocoque** | *monohull* |
> | **bizut** | *freshman* | **patron de l'écurie** | *team manager* |
> | **boucler** | *to complete* | **pressé** | *pushing, ambitious* |
> | **c'est plié** | *it's done, it's over* | **sacre** | *coronation* |
> | **circumnavigation** | *circumnavigation* | **tour du monde** | *trip around the world* |
> | **course hauturière** | *ocean race* | | |
> | **en solitaire** | *solo* | **vainqueur** | *winner* |
> | **escale** | *layover, stopover* | | |

Lecture

Vendée Globe: Le sacre de François Gabart, prince des mers

Le tour du monde en 78 jours, c'est plié. Jules Verne n'aurait jamais pu imaginer qu'il puisse être réalisé par un jeune homme pressé de 29 ans seul à bord d'un monocoque de 60 pieds.

À 15h20, ce dimanche 27 janvier, François Gabart a officiellement franchi la ligne d'arrivée du Vendée Globe à bord de *Macif*, son monocoque Imoca de 60 pieds (18,28 m), bouclant sa circumnavigation en 78 jours 2 heures 16 minutes et 40 secondes.

Il améliore ainsi de 6 jours le record du vainqueur de la précédente édition (2008–2009), son mentor Michel Desjoyeaux, patron de l'écurie de course hauturière Mer Agitée qui l'a aidé dans la préparation de cette course autour du monde en solitaire sans escale et sans assistance. Son statut de bizut et de benjamin de la course en font le petit prince de cette 7e édition du Vendée Globe.

Gérard Muteaud
Le Nouvel Observateur, le 27 janvier 2013
Avec l'aimable autorisation du Nouvel Observateur

Répondre aux questions.

1. Qui est le vainqueur du Vendée Globe 2013?

   _____

2. Combien de jours a duré la circumnavigation du monde?

   _____

3. De combien de temps a-t-il amélioré le record?

   _____

4. Qui est le mentor de François Gabart?

   _____

5. Combien d'escales comporte la course?

   _____

6. Qui était le vainqueur de la précédente édition (2008–2009) du Vendée Globe?

   _____

7. François Gabart a-t-il déjà couru cette course?

   _____

8. Quel âge a-t-il?

   _____

   _____

Identifier les synonymes.

1. améliorer _____   a. traverser

2. vainqueur _____   b. cadet

3. benjamin _____   c. chef

4. patron _____   d. champion

5. franchir _____   e. perfectionner

Compléter avec un mot de la liste de vocabulaire du texte (première partie).

1. Jules Verne a écrit un livre intitulé «_____en quatre-vingts jours».

2. Son monocoque a été le premier à _____ la ligne d'arrivée.

3. Quand je voyage, je préfère un vol sans _____.

4. Vous devez passer la douane avant de _____ la frontière.

5. Mon petit frère est le _____ de la famille.

6. Ce bateau performant est construit pour les courses _____.

7. Un agent de sécurité est toujours _____ l'avion.

8. L'explorateur Magellan était le premier à faire la _____ du globe.

Grammaire

Telling time

In France, people use the twenty-four-hour clock to tell time. It is used "officially," as in plane and train schedules, and also in business (e.g., to set meeting times) or in everyday life (as in TV and movie theater schedules). In the earlier text, the arrival time of the winner of the Vendée Globe is given as 15h20, which is 3:20 P.M. However, in informal speech, the twelve-hour clock is commonly used. To convey the idea of A.M. and P.M., you have to be specific if there is doubt. Let's look at the following examples:

Le paquebot part à **vingt heures trente.**   *The ocean liner leaves at 8:30 P.M.*
La réunion commence à **dix heures.**   *The meeting starts at 10:00 A.M.*

Noon and *midnight* are **midi** and **minuit.** Both are masculine. So 12:30 A.M. is **minuit et demi.** The adjective **demi** remains in the masculine form.

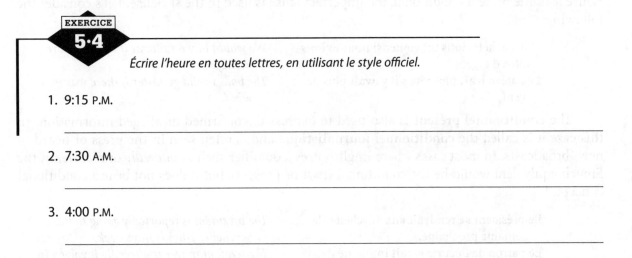

Écrire l'heure en toutes lettres, en utilisant le style officiel.

1. 9:15 P.M.

_____

2. 7:30 A.M.

_____

3. 4:00 P.M.

_____

4. 12:45 P.M.

_____

5. 2:10 A.M.

_____

Le conditionnel présent

The **conditionnel présent** (_present conditional_) is formed by adding the endings of the imperfect tense to the future stem of the verb. For **-er** and **-ir** verbs, the future stem is the entire infinitive form. For **-re** verbs, drop the final **-e** from the infinitive before adding the conditional endings. For verbs with an irregular future stem, use that stem to form the present conditional.

dire (_to say_)			
je **dirais**	_I would say_	nous **dirions**	_we would say_
tu **dirais**	_you would say_	vous **diriez**	_you would say_
il/elle **dirait**	_he/she would say_	ils/elles **diraient**	_they would say_

aller (_to go_)			
j'**irais**	_I would go_	nous **irions**	_we would go_
tu **irais**	_you would go_	vous **iriez**	_you would go_
il/elle **irait**	_he/she would go_	ils/ells **iraient**	_they would go_

The **conditionnel présent** is used to express a wish or a suggestion. For example:

Je **voudrais** faire un stage de voile.	_I would like to take sailing lessons._
Il **aimerait** dîner avec vous.	_He would love to have dinner with you._

It is also used to make a statement or a request more polite, as in the following examples:

Voudriez-vous nous accompagner?	_Would you like to come with us?_
Pourrais-je vous donner un conseil?	_Could I give you a piece of advice?_

The **conditionnel présent** is used when a condition is implied. Generally, when the main clause is in the present conditional, the imperfect tense is used in the **si** clause. Let's consider the following:

Nous **achèterions** un voilier si nous **avions** plus d'argent.	_We would buy a sailboat if we had more money._
Le bateau **irait** plus vite s'il y **avait** plus de vent.	_The boat would go faster if there was more wind._

The **conditionnel présent** is also used to express unconfirmed or alleged information. In this case it is called the **conditionnel journalistique** and is often seen in the press or heard in news broadcasts. In most cases where English uses a qualifier such as _allegedly_ or _reportedly_, the French equivalent would be the conditional (past or present), but it does not bear a conditional concept.

Le président **se rendrait** aux Seychelles la semaine prochaine.	_The president is reportedly going to the Seychelles Islands next week._
Le patron de l'écurie **serait** impliqué dans une affaire douteuse.	_The team manager is allegedly involved in fishy business._

In formal French, the verb **savoir**, when used in the **conditionnel présent**, acts as the equivalent of **pouvoir** (*can, to be able to*) in the present or simple future. For example:

Je ne **saurais** vous dire combien j'apprécie votre travail.
I will never be able to tell you how much I appreciate your work.

Je ne **saurais** comment vous remercier.
I don't know how to thank you.

EXERCICE 5·5

Mettre les verbes au présent du conditionnel.

1. prendre (vous) _____

2. aller (ils) _____

3. avoir (je) _____

4. pouvoir (tu) _____

5. savoir (elle) _____

6. lire (nous) _____

7. écrire (il) _____

8. manger (vous) _____

9. connaître (je) _____

10. finir (elles) _____

EXERCICE 5·6

*Mettre les verbes de la proposition **si** à l'imparfait, et ceux de la proposition principale au conditionnel.*

1. Si je (avoir) plus d'argent, je (travailler) moins.

_____

2. Si tu (inviter) Patrick, nous ne (venir) pas.

_____

3. Si son ordinateur (tomber) en panne, elle (piquer) une crise.

_____

4. Si vous y (aller), vous (s'amuser).

_____

5. S'ils (prendre) une décision rapidement, tout (être) plus facile.

_____

6. Si je (vendre) ma voiture, je (pouvoir) acheter un bateau à voiles.

_____

7. Si tu (écrire) à ton mentor, il (être) ravi.

_____

8. Si nous (pouvoir), nous (faire) le tour du monde.

_____

9. Si elle ne (venir) pas avec moi assister à l'arrivée des bateaux, j'(aller) seule.

_____

10. Si je ne (prendre) pas ces médicaments, je (avoir) le mal de mer.

_____

EXERCICE

5·7

*Traduire les phrases suivantes en utilisant **tu** si nécessaire.*

1. He would win the race if he had a faster sailboat.

_____

2. We would come if we had time.

_____

3. I would read her new book on sailing if I could find it in the bookstore.

_____

4. The director is reportedly making a new film on Marco Polo.

_____

5. Your mother would be delighted if you called her during the race.

_____

6. They would not go to the boat show if they had the choice.

_____

7. I would visit them if I had a car.

_____

8. She would repaint her boat if she were not so busy.

_____

9. This company is reportedly going to sponsor the race.

_____

10. I don't know how to thank you for your help.

_____

Deuxième partie

Lecture

Cartésien et instinctif

«François a eu de bons professeurs dont je fais partie avec Michel Desjoyeaux», sourit Kito de Pavant, «mais c'est surtout un élève doué.» Dans le milieu de la course au large, on ne compte plus les navigateurs aguerris contraints de rebrousser chemin et d'écourter leur carrière faute de sponsors après des casses à répétition lors de leurs sprints en Atlantique ou dans les mers australes.

Là est sans doute le secret de François Gabart: savoir chevaucher sa monture sans trop lui tirer sur la gueule, la connaître intimement pour l'accompagner dans ses longs surfs océaniques sans qu'elle se rompe sur l'obstacle. Sens marin, intuition, rapidité d'analyse: Gabart étonne par son sang-froid et ses nerfs en PBO (matière synthétique indéformable remplaçant à bord de Macif l'acier inox pour le haubanage du mât en carbone) qui lui ont permis de dormir près de 9h (fractionné par tranches) le jour où il a établi le nouveau record du nombre de milles parcourus en 24 heures en solitaire avec 545 milles (1.009 kms) au large du Cap Leeuwin.

Allure moyenne du bateau à ce moment-là: 23 nœuds avec des pointes à plus de 30 nœuds (plus de 50 km/h). Une promenade pour le jeune Charentais qui a chopé le virus de la voile lors d'une transat familiale organisée par Dominique Gabart, son père, à bord du *Pesk Avel* (poisson volant), un dériveur lesté de 38 pieds. Alors âgé de 6 ans, il passait des heures au bastingage dans l'espoir d'apercevoir au large les marins... de la première édition du Vendée Globe.

Dessine-moi une victoire

«Avoir un enfant qui vit son rêve, c'est magnifique», lance Catherine Gabart, la maman avant d'embarquer à bord de la vedette qui part rejoindre son fiston sur la ligne d'arrivée avec tout le clan Gabart. «Et si en plus il gagne, c'est encore mieux», ajoute le père qui a donné à ses enfants le goût du sport et de la compétition.

À 29 ans, celui qui incarne la synthèse parfaite entre maîtrise technique et capacités sportives, devient le symbole de cette nouvelle génération de marin à la tête bien pleine capable de tout sacrifier pour atteindre leurs objectifs. C'est Michel Desjoyeaux qui l'affirme: «le gamin n'a pas fini de vous surprendre».

Gérard Muteaud
le 27 janvier 2013
Avec l'aimable autorisation de Le Nouvel Observateur

EXERCICE 5·8

Répondre aux questions.

1. Qui sont les professeurs de François Gabart?

_____

2. Quel est le secret de François Gabart?

_____

3. Quelles sont les qualités qui lui permettent d'être un marin très performant?

_____

4. A-t-il établi de nouveaux records?

_____

5. Les parents de François Gabart sont-ils fiers de leur fils?

_____

6. De quelle région est-il originaire?

_____

7. Quel est le nom breton du bateau sur lequel la famille Gabart a fait une transat?

_____

8. Quelles sont les caractéristiques de la nouvelle génération de marins?

_____

Identifier les synonymes.

1. tranche _____		a. logique
2. cartésien _____		b. savoir-faire
3. choper _____		c. parvenir à
4. atteindre _____		d. attraper
5. maîtrise _____		e. section

Compléter avec un mot de la liste de vocabulaire du texte (deuxième partie).

1. Il est jeune, mais ce marin ne manque pas de _____.

2. La vitesse _____ est de 100 kilomètres sur cette route.

3. Si nous partons très tôt, _____ éviterons-nous des problèmes de circulation.

4. J'ai souvent le mal de mer, donc je n'aime pas faire de la _____.

5. Cet _____ est précoce—il n'a que cinq ans, et il sait déjà lire.

6. Elle préfère utiliser les couverts en argent au lieu de ceux

   en _____.

7. Ils ont beaucoup travaillé pour _____ leurs objectifs.

8. _____ la course, deux bateaux ont démâté.

9. Son bateau, _____ par le tandem Verdier, a remporté le Vendée Globe.

10. Arnaud aurait voulu être interprète, mais il n'est pas très _____ pour les langues.

Grammaire

Homonymes: le voile/la voile

Be sure to note the different meanings of the word **voile**: the meaning depends on the gender.

la voile *sail, sailing*
Ma cousine Thaïs fait de **la voile** tous les étés.
My cousin Thaïs goes sailing every summer.

le voile *veil*
Un voile de brume couvrait l'horizon.
A veil of mist was covering the horizon.

Faux ami: sans doute

Be careful when using the French expression **sans doute**—it is a false friend for the English speaker.

Translated literally, **sans doute** means *without doubt*. However, the true meaning of this expression is *probably*. If you wish to say "without a doubt" you must use **sans aucun doute**. If the sentence starts with **sans doute**, the inversion of the subject and the verb is needed.

Le mécanicien viendra **sans doute** demain.
The mechanic will probably come tomorrow.

Elle n'est pas encore arrivée. **Sans doute** s'est-elle trompée d'adresse.
She hasn't arrived yet. She probably got the wrong address.

Florence gagnera la course **sans aucun doute**.
Florence will win the race without a doubt.

The negative form

To make a sentence negative, you simply place **ne... pas** around the verb. When the **ne** precedes a verb starting with a vowel or a mute **h**, **ne** becomes **n'**.

Jérôme voyage en solitaire.
Jérôme travels alone.
Jérôme **ne** voyage **pas** en solitaire.
Jérôme doesn't travel alone.
Son mari aime les catamarans.
Her husband likes catamarans.
Son mari **n'**aime **pas** les catamarans.
Her husband does not like catamarans.

There are other negations besides **ne... pas**. They are constructed in the same way.

Ils **n'**anticipent **rien**.
They do not expect anything.
Je **ne** voyage **jamais** en été.
I never travel in the summer.
Elle **ne** connaît **personne** en Vendée.
She doesn't know anyone in Vendée.
Ce **n'**est **guère** possible.
It's hardly possible.
Son GPS **ne** marche **plus**.
His GPS no longer works.

EXERCICE 5·11

Compléter les phrases suivantes en conjuguant le verbe au présent à la forme négative.

1. Depuis que Maud prépare son tour du monde, nous (se voir/ne... guère).

_____

2. La maison où j'habitais quand j'étais jeune (exister/ne... plus).

_____

3. En pleine mer, on (s'ennuyer/ne... jamais).

   _____

4. Ils (inviter/ne... personne) sur leur yacht.

   _____

5. On approche du port, mais on (voir/ne... rien) dans le brouillard.

   _____

Le conditionnel passé

The **conditionnel passé** (*past conditional*) expresses what would have happened if another event had taken place, or if certain conditions had or had not been fullfilled. It is formed with the present conditional of **être** or **avoir** and the past participle of the main verb. The rules of agreement common to all compound tenses still apply.

voyager *(to travel)*			
j'**aurais voyagé**	*I would have traveled*	nous **aurions voyagé**	*we would have traveled*
tu **aurais voyagé**	*you would have traveled*	vous **auriez voyagé**	*you would have traveled*
il/elle **aurait voyagé**	*he/she would have traveled*	ils/elles **auraient voyagé**	*they would have traveled*

venir *(to come)*			
je **serais venu(e)**	*I would have come*	nous **serions venu(e)s**	*we would have come*
tu **serais venu(e)**	*you would have come*	vous **seriez venu(e)(s)**	*you would have come*
il/elle **serait venu(e)**	*he/she would have come*	ils/elles **seraient venu(e)s**	*they would have come*

The **past conditional** can be used to express regret or reproach.

| Il **aurait rebroussé** chemin. | *He would have turned back.* |
| Nous **serions rentrés** au port plus tôt. | *We would have come back to the harbor earlier.* |

The **conditionnel passé** is typically found in sentences where the **si** (dependent) clause is in the **plus-que-parfait** (*pluperfect*).

| Ils **auraient écourté** leur voyage s'il y avait eu une tempête. | *They would have cut their trip short if there had been a storm.* |
| Vous **ne seriez pas allés** aux Sables d'Olonne si votre fils n'avait pas gagné la course. | *You would not have gone to Les Sables d'Olonne if your son had not won the race.* |

Like the **conditionnel présent**, the **conditionnel passé** is used as a **conditionnel journalistique** to make an unconfirmed statement. Take a look at the following examples:

| Plusieurs bateaux de la course Vendée Globe **auraient démâté**. | Several boats in the Vendée Globe race reportedly lost their masts. |
| Un catamaran **se serait écrasé** contre des rochers près du cap de Bonne-Espérance. | A catamaran reportedly crashed against rocks near the Cape of Good Hope. |

The **conditionnel passé** is also used with **au cas où** (in case).

| Au cas où elle **n'aurait pas obtenu** la bourse, appelez-moi. | In case she didn't get the scholarship, call me. |
| Au cas où tu **n'aurais pas décroché** un stage de voile d'ici la fin du mois, je t'engagerais. | In case you did not get a sailing internship by the end of the month, I would hire you. |

EXERCICE 5·12

*Conjuguer les verbes en parenthèses en utilisant d'abord le **conditionnel passé**, puis le **plus-que parfait**.*

1. Nous _____ (aller) avec vous à l'île de Bréhat, si nous

   _____ (avoir) plus de temps.

2. J'_____ (voir) le film *Océans*, si je _____ (ne pas devoir) assister à une réunion.

3. Elle _____ (lire) *Mémoires du large* d'Éric Tabarly, s'il

   _____ (être) disponible à la bibliothèque.

4. Tu _____ (arriver) le même jour, si tu _____ (ne pas rater) le ferry.

5. Ils _____ (boucler) la course en trois jours, si la mer (ne pas se

   déchaîner _____.

EXERCICE 5·13

Traduire les phrases suivantes en utilisant le conditionnel passé journalistique.

1. The sailor allegedly lied to the police.

   _____

2. The storm reportedly destroyed dozens of boats.

   _____

3. The team manager reportedly resigned.

   _____

4. The president reportedly found sponsors for the next regatta.

_____

5. Corentin allegedly signed a contract with Macif.

_____

Note culturelle: Satellite navigation

Some consider the Vendée Globe to be the Mount Everest of sailing: one sailor, in a monohull, circumnavigating the globe nonstop and without assistance. Well, almost without assistance, because a race like the Vendée Globe would not be possible without the use of satellite navigation. Since ancient times, humans have always looked to the sky and the stars to orient themselves. Satellite navigation continues in this tradition with its unique ability to provide precise information about a boat's location without depending on the position of the stars to do so.

Sailors now have the benefit of international services that have been created to make ocean travel safer by monitoring weather, radio communications, and sea rescues, all with the use of satellites. Satellite communications technology now makes it possible to capture signals from a cluster of satellites orbiting Earth. These signals are continuously emitted, making it possible to precisely identify positions. How does it work? Each satellite is equipped with an extremely accurate clock. It sends signals indicating the time the message was sent. The land receiver has the exact coordinates of each satellite stored in its memory, so it is able to identify the satellite emitting the signal by comparing the emitting time with the time it is received. The receiver then calculates the distance between itself and the satellite. When the receiver simultaneously receives signals from three satellites, it is then able to calculate its exact position: GPS at work.

Jeu de mots: Chat

On s'est promené dans Bordeaux mais il n'y avait pas un **chat** dans la rue.	_We walked around Bordeaux but there wasn't a soul in the street._
Je ne connais pas la réponse, je donne ma langue au **chat**.	_I don't know the answer; I give up._
Anaïs a un **chat** dans la gorge.	_Anaïs has a frog in her throat._
Il ne faut pas réveiller le **chat** qui dort.	_Let sleeping dogs lie._
Chat échaudé craint l'eau froide.	_One bitten, twice shy._
Il faut appeler un **chat** un **chat**.	_Call a spade a spade._
Quand le **chat** n'est pas là, les souris dansent.	_When the cat's away, the mice will play._
Valentin a d'autres **chats** à fouetter.	_Valentin has other fish to fry._
Il n'y a pas de quoi fouetter un **chat**.	_There's nothing to get worked up about._
Gabrielle et Maxence ont joué au **chat** et à la souris avant de décider de sortir ensemble.	_Gabrielle and Maxence played cat and mouse before deciding to go out together._
Les deux frères sont toujours comme chien et **chat**.	_The two brothers always fight like cats and dogs._

Le Louxor renaît de ses cendres

Première partie

VOCABULAIRE

Avant la lecture

accueillir	to accommodate, welcome	défraîchi	faded, worn
actuellement	presently	disposer de	to have
affichage sauvage	unauthorized billposting	échelle	scale
		effriter (s')	to crumble, decline
ancrage	anchoring	festival	festival
apercevoir	to catch sight of, to notice	haut-lieu	mecca for (looking for something else)
arrondissement	district	joyau	gem
assister à	to attend	mener	to run, lead, manage
avoir raison de	to get the better of, to damage	métro aérien	elevated subway
		permettre	to make it possible to
borgne	shady, recessed	salle	theater
carrefour	crossroads	surplomber	to overhang
cinéma d'art et d'essai	art house cinema	trottoir	sidewalk
		vécu	lived, experienced
cinéphile	film enthusiast	vendeur à la sauvette	street peddler
court-métrage	short film		
dédier à	to dedicate to		

Lecture

Un cinéma d'art et d'essai va redonner vie à ce joyau égyptisant des années 1920. Découvrez l'histoire de ce haut-lieu de Barbès, par ceux qui l'ont vécue

Sa façade borgne surplombe le carrefour des boulevards Magenta-La Chapelle. On l'aperçoit furtivement depuis le métro aérien à la station Barbès. Mais depuis sa fermeture en 1987, le Louxor est devenu quasi-invisible.

L'affichage sauvage a eu raison de ses murs défraîchis. La mosaïque d'autrefois s'effrite sous les couches successives de papiers. À peine si les vendeurs à la sauvette qui arpentent les trottoirs de cet antique cinéma savent que le Louxor a jadis accueilli le «Tout-Paris».

Ce bâtiment de style néo-égyptien fut pourtant, de son inauguration dans les années 1920 à l'après-guerre, l'une des salles de cinéma les plus prestigieuses de la capitale.

L'histoire du Louxor par ceux qui l'ont vécue

Le jeudi 22 avril! 2010, Bertrand Delanoë a dévoilé les grandes lignes du projet de réhabilitation: «La renaissance du Louxor enchantera tous les cinéphiles et tous les amoureux de Paris, qui savent combien l'originalité et le style de cette salle mythique enrichissent le patrimoine de notre Ville. Le Louxor est, avec le Rex, la Cigale, la Pagode, un fragment de l'histoire culturelle de notre capitale, le souvenir vivant des années 1920, mais aussi une beauté rare, une forme d'exotisme dans le meilleur sens du terme.»

D'ici 2013, trois salles de cinéma d'art et d'essai vont voir le jour dans cet ancien Palais du cinéma. Elles proposeront une programmation atypique dédiée au cinéma du Sud, mais aussi un espace d'exposition et de restauration.

L'essence de ce projet mené par l'architecte Philippe Pumain (désigné en 2008 comme architecte chargé de la réhabilitation du Louxor) permet avant tout de réaliser la synthèse entre l'évolution d'un quartier en pleine mutation et l'héritage historique du lieu.

Le projet

À l'échelle du quartier, la réhabilitation du Louxor fait suite aux projets culturels du 104, du Centre musical Fleury Goutte d'or et des Trois baudets.

S'élevant à la frontière de trois arrondissements, le 9e, 10e et 18e, le projet de cinéma d'art et d'essai s'inscrit dans un quartier en pleine mutation et participera à rééquilibrer l'est parisien, actuellement sous-équipé en cinéma.

Le futur complexe cinématographique disposera de 3 salles et intégrera des activités de restauration et d'exposition.

Les trois salles du Louxor permettront au futur exploitant qui sera désigné dans le cadre d'une délégation de service public (DSP) de développer une programmation art et essai de films en sortie nationale mais aussi, dans une logique plus événementielle, des avantpremières, des reprises de festivals, des cycles thématiques. Tous les genres cinématographiques (documentaire, court-métrage) seront présents au Louxor et une place particulière sera consacrée aux créations des pays du Sud (Amérique du Sud, Asie, Afrique...).

Le Louxor sera également un point d'ancrage de la politique cinématographique de la Ville de Paris à destination des plus jeunes. Ainsi, chaque automne, «Mon 1er festival» (2–12 ans) y sera programmé et les maternelles, écoles et collèges du quartier pourront, dans le cadre des dispositifs d'éducation au cinéma («Mon premier cinéma», «École au Cinéma» et «Collège au Cinéma»), assister, tout au long de l'année, à des programmations qui leur seront dédiées.

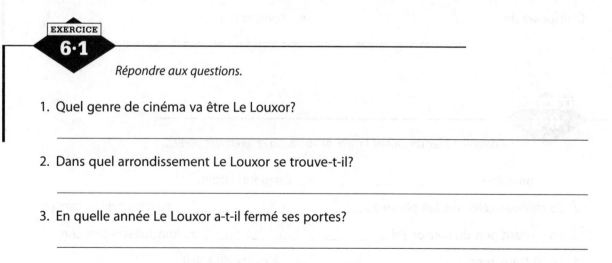

EXERCICE
6·1

Répondre aux questions.

1. Quel genre de cinéma va être Le Louxor?

   _____

2. Dans quel arrondissement Le Louxor se trouve-t-il?

   _____

3. En quelle année Le Louxor a-t-il fermé ses portes?

   _____

4. Dans quel état se trouvait le Louxor au début de la réhabilitation?

_____

5. La programmation du Louxor sera-t-elle traditionnelle?

_____

6. Le Louxor accueillera-t-il de jeunes enfants?

_____

7. Qu'est-ce que «le cinéma du Sud»?

_____

8. Après la réhabilitation, combien de salles le Louxor comprendra-t-il?

_____

9. Comment le futur exploitant du Louxor sera-t-il désigné?

_____

10. Quels genres cinématographiques figureront au programme du Louxor?

_____

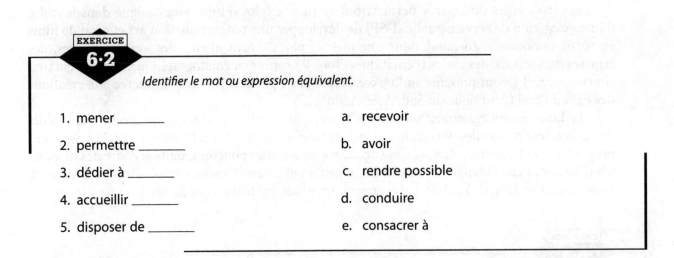

EXERCICE
6·2

Identifier le mot ou expression équivalent.

1. mener _____   a. recevoir

2. permettre _____   b. avoir

3. dédier à _____   c. rendre possible

4. accueillir _____   d. conduire

5. disposer de _____   e. consacrer à

EXERCICE
6·3

Compléter avec un mot de la liste de vocabulaire (première partie).

1. Cet immeuble _____ un grand jardin.

2. Ce cinéaste célèbre a fait plusieurs _____ au début de sa carrière.

3. En passant près du Louxor, j'ai _____ au loin Juliette Binoche.

4. Les rideaux sont _____ à cause du soleil.

5. Le garagiste ne peut pas réparer notre voiture car il ne _____ pas de bons outils.

6. C'est un vrai _____ mais il préfère les music-halls.

7. La police a chassé des _____ installés dans le marais.

8. Ton appartement se trouve dans quel _____?

9. Ce _____ international se spécialise dans les films d'Asie.

10. Ils nous ont _____ chaleureusement.

Vocabulaire: Faux amis

The **faux amis** (*false friends*)—in vocabulary as in life—can be treacherous. What exactly is a false friend? In language terms, it means a foreign-language word that looks and sounds like an English word but that diverges in meaning. In some cases, the foreign-language word has multiple meanings, only one of which is the same as the English-language word. Let's look at some examples from the text.

Actuellement, assister, ponctuel, and sauvage

* **actuellement**/*actually* (adverb)

Le taux d'intérêt est **actuellement** très bas.	*The interest rate is very low **at the moment**.*
Actuellement, nous n'habitons pas à Paris.	*We do not **currently** live in Paris.*

But

*What did she **actually** say?*	Qu'a-t-elle dit **exactement**?
*Did they **actually** arrive on time?*	Sont-ils **vraiment** arrivés à l'heure?

Other options for *actually* are **en fait** and **à vrai dire**.

* **assister**/*to help* (verb)
Now let's consider a verb. In its transitive form, the verb **assister** is not at all "false"; it means "to assist" or "to help":

J'**assiste** mon professeur dans ses recherches.	*I **am helping** my professor with his research.*
Le médecin avait besoin d'une infirmière pour l'**assister**.	*The doctor needed a nurse **to help** him.*

In the text, however, **assister** is used in its intransitive form with the preposition **à**, and it means something quite different:

Nous **assisterons au** mariage de notre cousin.	*We **will be attending** our cousin's wedding.*
Il **a assisté à** la naissance de son fils.	*He **was present** at the birth of his son.*

* **ponctuel**/*punctual* (adjective)
Adjectives can also be false friends:

Les financements pour les projets culturels sont **ponctuels**.	*The financing for cultural projects are **one-time shots**.*
Les pannes d'électricité sont devenues plus **ponctuelles**.	*Power failures have become more **sporadic**.*

So how do we convey the idea of being *punctual* or *on time*?

> Ta cousine est d'habitude très **ponctuelle**.　　*Your cousin is usually very **punctual**.*

♦ **sauvage**/*savage* (adjective)
Here is another "two-faced" adjective from the earlier text: **sauvage**. Sometimes, it can be a real friend:

> Le combat au corps à corps était vraiment **sauvage** pendant la guerre!　　*Hand-to-hand combat was really **savage** during the war!*
> Son jardin est plein de fleurs **sauvages**.　　*Her garden is full of **wildflowers**.*

But it can also be two-faced!

> L'immigration **sauvage** est un problème dans certains pays.　　***Illegal** immigration is a problem in some countries.*
> Les adolescents peuvent être **sauvages**.　　*Teenagers can be **unsociable**.*

As we have seen earlier, false friends, at best, can make your meaning unclear; at worst, their use can make what you are saying downright embarrassing. The best way to avoid the assumption that words that look alike in both languages are equivalent is to learn their meaning.

EXERCICE
6·4

Traduire les mots entre parenthèses. Méfiez-vous des faux amis!

1. Mes amies sont _____ en voyage en Asie. (*currently*)

2. Je vais _____ le vernissage de la nouvelle exposition. (*to attend*)

3. Sa grand-mère ne comprend pas pourquoi son petit-fils est

   si _____. (*unsociable*)

4. Les attentats terroristes sont devenus plus _____. (*sporadic*)

5. Avec tant de sources, ses recherches doivent être plus _____.
   (*specific*)

6. Qu'est-ce que tu as _____ écrit dans cette lettre? (*actually*)

7. _____ Solange ne travaille pas. Elle cherche un boulot. (*at present*)

8. Qu'est-ce que le témoin a vu _____? (*actually*)

9. Méfiez-vous des animaux _____! (*wild*)

10. Nous avons besoin d'un architecte pour nous _____ dans ce projet. (*to help*)

Grammaire

L'accord des participes passés avec l'auxiliaire **avoir**

The article on **Le Louxor** tells us about the project (**le projet**) and the history (**l'histoire**) of the theater **par ceux qui l'ont vécue**. Why is there an **e** at the end of **vécue**? Here, the verb **vivre** is being used in the **passé composé**, formed by combining the present tense of the auxiliary verb **avoir** with the past participle **vécu**. Unlike verbs that are conjugated with the auxiliary verb **être**, which must always agree in gender and number with the subject, verbs that use **avoir** generally do not require agreement of the past participle. However, there is an exception: when the direct object precedes the verb, the past participle must agree with the object. In this phrase, the direct object is represented by the pronoun **l'**, which is standing in for **l'histoire**, a feminine noun. Since it appears before the verb, there must be agreement. Consider the following examples:

J'ai commandé **la tarte aux fraises** comme dessert.	*I ordered the strawberry tart for dessert.*
Je **l'**ai commandé**e** comme dessert.	*I ordered it for dessert.*
Ma sœur a raccourci **ses trois jupes en soie**.	*My sister shortened her three silk skirts.*
Ma sœur **les** a raccourci**es**.	*My sister shortened them.*

EXERCICE 6·5

Reformuler les phrases suivantes en remplaçant l'objet direct par un pronom. Faire attention à l'accord du participe passé.

1. On a complètement refait cette salle du cinéma.

_____

2. Cédric a pris ses vacances au mois de juillet.

_____

3. Léa a trouvé ses chaussettes sous le lit.

_____

4. Je n'ai pas du tout aimé les deux derniers films d'Almodovar.

_____

5. Nous avons trouvé la programmation du Louxor très originale.

_____

Deuxième partie

VOCABULAIRE

Avant la lecture

à même de	*directly on*	intervenir	*to play a part, participate in*
à mobilité réduite	*with limited mobility*	mât	*pole, post*
agir de (s')	*to concern, be a matter of*	œuvre	*work*
aménagé	*built, fitted out*	paroi	*wall (interior)*
banaliser (se)	*to become commonplace*	parterre	*orchestra*
cinéma parlant	*talking films, "talkies"*	parti pris	*approach*
dégager	*to unearth*	permis de construire	*building permit*
dénombrer	*to count, list*	rendre hommage	*to pay tribute*
dispositif	*mechanism, device*	reprise	*revival*
donner sur	*to open onto*	rez-de-chaussée	*ground floor*
écran	*screen*	rythmer	*to punctuate*
emplacement	*place*	siège	*seat*
épiderme	*skin, thin covering*	soubassement	*base*
escamotable	*retractable*	sous-sol	*basement*
fauteuil	*armchair*	tentative	*attempt*
grille	*railing*	toiture	*roofing*
hall	*lobby*	vitrail	*stained-glass window*
intégrisme	*fundamentalism*	voûté	*arched, vaulted*

Lecture

Au 1er semestre 2013, le Louxor rouvrira ses portes et comportera

Une Grande salle, baptisée salle Youssef Chahine, à la mémoire du réalisateur égyptien. En rendant hommage à l'auteur de «L'Émigré» (1994) ou du «Destin» (1997), lauréat en 1997 du Prix du 50e Festival de Cannes pour l'ensemble de son travail, il s'agit, pour la Ville de Paris, de saluer une personnalité infiniment attachante et de perpétuer ses combats contre toute forme d'intolérance et d'intégrisme.

Cette salle, la plus grande, aura une capacité de 342 sièges dont 8 emplacements pour personnes à mobilité réduite (PMR). Elle se trouve au rez-de-chaussée, à l'emplacement de la salle originelle (qui comportait à l'ouverture en 1920 environ 1200 places, réparties du parterre aux deux balcons qui le surplombent). L'écran d'origine qui était peint à même le mur sera conservé et doublé, lors des projections d'un écran escamotable semblable à celui que l'on peut voir au Grand Rex.

- Caractéristiques techniques: 342 fauteuils dont 8 emplacements pour personnes à mobilité réduite (PMR).
- Écran escamotable 5,67m × 9,42m.

Une salle moyenne pourra accueillir 140 sièges dont 4 emplacements pour PMR. Son équipement sonore autorisera à l'occasion la tenue ponctuelle de concert. Elle se trouve au sous-sol, lequel sera réaménagé sur le site des anciennes caves voûtées au-dessus desquelles s'élevait le bâtiment haussmannien d'origine, avant que l'architecte Zipcy ne conçoive le Louxor sur le site.

- Caractéristiques techniques: 140 fauteuils dont 4 emplacements pour PMR.
- Écran fixe 3,05m × 7,29m. Dispositif scénographique permettant d'accueillir des spectacles.

Une petite salle également située au sous-sol pourra accueillir 74 sièges dont 3 emplacements PMR.

- Caractéristiques techniques: 74 fauteuils dont 3 emplacements pour PMR.
- Écran fixe 2,70m × 4,80m.

Une salle d'exposition de 34m² sera aménagée au premier étage.

Un café-club sera aménagé dans un espace d'environ 35m² avec une terrasse d'une surface équivalente, donnant sur le carrefour Barbès, et la ligne du métro aérien.

La rénovation architecturale

Concernant la rénovation architecturale, le parti pris adopté par Philippe Pumain est de respecter dans la grande salle la volonté de l'architecte concepteur du Louxor, André Zipcy.

La bâtisse sera réhabilitée «au plus près du bâtiment d'origine», selon l'architecte. De grands mâts, tels qu'il en existait devant les temples égyptiens et qui ont figuré sur la façade originelle du Louxor, seront réinstallés. Des vitraux vont aussi être restitués. «Quand le cinéma est devenu parlant dans les années 1930, le décor a été recouvert en se banalisant pour devenir une simple moquette sur les murs, comme dans beaucoup de cinémas. J'ai proposé de retrouver le décor d'origine et la cohérence entre les façades et l'intérieur», souligne encore M. Pumain.

Il s'agit avant tout de retrouver la cohérence esthétique entre les façades néo-égyptiennes et les parois intérieures de la salle. Le décor néo-égyptien, masqué depuis les années 1930 par un décor «néo-grec» puis par 2 décors superposés dans les années 1950 et 1980, a été partiellement dégagé et documenté. Il sera restitué sur les nouvelles parois de la grande salle.

Dans le porche, le hall et l'escalier principal, le décor de 1921, encore partiellement présent sous les niveaux postérieurs, a été dégagé et sera restauré en place et complété quand cela sera nécessaire. L'ensemble des dégagements et consolidations des décors existants a été réalisé préalablement au chantier principal, par une entreprise spécialisée.

Le chantier

6 entreprises spécialisées interviendront en fonction de leur spécialité sur le chantier à venir. Parmi les principaux travaux de restauration et de réfection, on dénombre:

- La restauration-restitution des décors intérieurs peints (motifs et faux marbres).
- La restauration des épidermes en granito et inscriptions en façade (Louxor Palais du Cinéma...).
- La restauration et complément des mosaïques en façade.
- La réfection des vitraux disparus sur les différentes baies en façade.
- La restauration des éléments métalliques en façade (grilles avec soleils ailés, marquise, grilles en soubassement).
- La restitution des grands mâts «égyptiens» qui rythmaient la façade à l'origine.

Le Louxor en 10 dates

6 octobre 1921: Inauguré en 1921, œuvre de l'architecte Zipcy et du décorateur céramiste Tibéri. La salle est réalisée par le groupe Lutetia-Wagram.

1930: La Société des cinémas Pathé (SGCP) devient propriétaire du Louxor.

1954: Pathé rénove entièrement la salle.

5 octobre 1981: Les façades et la toiture sont inscrites à l'inventaire supplémentaire des monuments historiques.

1983: Pathé se sépare du Louxor. La société Textile diffusion le rachète.

Entre 1983 et 1987: Trois tentatives de reprise par des boîtes de nuit ont échoué.

1987: Le Louxor ferme ses portes.

2003: La Ville de Paris le rachète pour prévenir sa dégradation.

Janvier 2010: Obtention du permis de construire.

Premier trimestre 2013: Ouverture du Palais du cinéma

Mairie10.paris.fr

Avec l'aimable autorisation de la mairie du Xe arrondissement de Paris

---

EXERCICE 6·6

Répondre aux questions

1. Quand le Louxor rouvrira-t-il ses portes?

_____

2. Qui est Youssef Chahine?

_____

3. Combien de sièges aura la plus grande salle?

_____

4. Combien de décors la salle du Louxor a-t-elle connus?

_____

5. Combien d'emplacements, en tout, seront disponibles pour des personnes à mobilité réduite (PMR)?

_____

6. Combien d'entreprises spécialisées interviendront sur le chantier à venir?

_____

7. Après la fermeture du Louxor, les tentatives de reprise par des boîtes de nuit ont-elles réussi?

_____

8. Quel est le parti pris adopté par l'architecte Philippe Pumain pour la grande salle?

_____

9. L'arrivée du cinéma parlant a-t-elle eu un effet nuisible sur le décor de la grande salle?

_____

10. Quel rôle la ville de Paris a-t-elle joué?

_____

Compléter avec un mot de la liste de vocabulaire du texte (deuxième partie).

1. La pluie risque d'inonder le _____ de notre immeuble.

2. La banque dispose de plusieurs _____ de sécurité pour empêcher la fraude.

3. Camille _____ sa journée de travail avec plusieurs pauses.

4. Après de vaines _____, il a laissé abandonner l'idée de tourner un film sur les Champs-Élysées.

5. À la Géode, nous avons vu *Arctique* sur un _____ géant hémisphérique.

6. L'entreprise a _____ ses bureaux afin de les rendre plus accessibles aux PMR.

7. Gabriel doit avoir un _____ avant de commencer la restauration de sa maison à la campagne.

8. Aux États-Unis, on appelle _____ «le premier étage».

9. Les chambres de luxe sont plus chères parce que les fenêtres _____ sur le jardin.

10. La violence _____ partout dans le monde.

Grammaire

Les verbes en -oir

Although most French verbs conform to recognizable spelling patterns, some do not—much to the dismay of those trying to learn their conjugations! Verb tables typically give conjugations for verbs ending in **-er**, **-ir**, and **-re** and then provide lists of those that are irregular. Let's examine one category of those irregular verbs: those ending in **-oir**. Many of the most commonly used verbs, such as **pouvoir, vouloir,** and **savoir** end in **-oir** but work differently. Here we will concern ourselves with the conjugation of one of these verbs that occurs in the Louxor text: **apercevoir** (*to notice, to catch a glimpse of*). Watch out for the cedilla (**ç**)!

	PRÉSENT	FUTUR	IMPARFAIT	CONDITIONNEL
j'	aperçois	apercevrai	apercevais	apercevrais
tu	aperçois	apercevras	apercevais	apercevrais
il/elle	aperçoit	apercevra	apercevait	apercevrait
nous	apercevons	apercevrons	apercevions	apercevrions
vous	apercevez	apercevrez	aperceviez	apercevriez
ils/elles	aperçoivent	apercevront	apercevaient	apercevraient

	PASSÉ COMPOSÉ	PASSÉ SIMPLE	SUBJONCTIF
j'	ai aperçu	aperçus	aperçoive
tu	as aperçu	aperçus	aperçoives
il/elle	a aperçu	aperçut	aperçoive
nous	avons aperçu	aperçûmes	apercevions
vous	avez aperçu	aperçûtes	aperceviez
ils/elles	ont aperçu	aperçurent	aperçoivent

The following verbs follow the same pattern: **concevoir** (*to conceive*), **décevoir** (*to disappoint*), **percevoir** (*to perceive*), **recevoir** (*to receive*).

EXERCICE

6·8

Mettre le verbe au temps demandé.

1. Nous _____ une invitation pour assister à la première du *Voyage dans la Lune* restauré et colorisé. (recevoir/passé composé)

2. Ils _____ une partie de la Cinémathèque de leur fenêtre. (apercevoir/présent)

3. Elle _____ son public. (ne jamais décevoir/futur)

4. Je _____ une présence dans la salle obscure. (percevoir/imparfait)

5. Albert-Khan _____ un merveilleux jardin chez lui à Boulogne. (concevoir/passé simple)

Vocabulaire: Verbs that multitask

Some French verbs are almost dazzling in their versatility. Let's take a look at two of them used in the text: **intervenir** and **réaliser**. At first glance, these two verbs appear rather straightforward with definitions quite close to the English words they resemble: **intervenir**, *to intervene*; **réaliser**, *to realize*. Yet they can also be used to convey a broad range of other definitions that cannot be found in their English counterparts.

Intervenir

Le gouverneur va **intervenir** dans le dialogue social.	*The governor will **participate** in the negotiations between labor and management.*
Les ONG doivent **intervenir** afin d'éviter une crise humanitaire.	*NGOs must **take action** in order to avoid a humanitarian crisis.*
Un accord **est intervenu** entre les deux parties.	*An agreement **was reached** between the two parties.*
Le hasard n'**intervient** que pour très peu dans le succès.	*Luck **plays** only a small **part** in success.*
Il vaut mieux ne pas **intervenir** dans les affaires des autres.	*It is better not **to interfere** in other people's business.*
Son licenciement **est intervenu** peu après celle du président.	*His dismissal **took place** shortly after that of the president.*
Le médecin a dû **intervenir** pour sauver la vie de la victime.	*The doctor had **to operate** to save the victim's life.*

As you can see, there are many cases where translating **intervenir** as *to intervene* would simply be incorrect.

Réaliser

Another multitasking French verb that appears in the text is **réaliser**.

Youssef Chahine **a réalisé** des films en Égypte et en France.	*Youssef Chahine **directed** films in Egypt and in France.*
Emma est en train de **réaliser** son rêve de devenir vétérinaire.	*Emma is in the process of **fulfilling** her dream of becoming a veterinarian.*
L'entrepreneur **n'a pas réalisé** les travaux nécessaires pour la restauration de l'immeuble.	*The contractor **did not complete** the work needed to restore the building.*
Un faussaire **réalisera** tous les tableaux pour le film.	*A forger **will create** all of the paintings for the film.*
Maxime vient de **réaliser** le meilleur score de sa carrière.	*Maxime has just **achieved** the best score of his career.*

EXERCICE 6·9

*Compléter avec **intervenir** ou **réaliser** à la forme nécessaire.*

1. Le président est _____ dans les débats de l'Assemblée.

2. Emmanuelle était très jeune quand elle a _____ son rêve de devenir actrice.

3. En Chine, on ne peut pas _____ de films sans avoir l'autorisation de l'État.

4. Il doit prendre la décision d' _____ sinon tout est perdu!

5. Si le film a du succès, il _____ de gros bénéfices.

EXERCICE 6·10

*Traduire les phrases suivantes en utilisant **vous** et l'inversion si nécessaire.*

1. People with limited mobility will find this movie theater accessible.

_____

2. The French movie *L'Artiste* pays tribute to Hollywood before the arrival of talking films.

_____

3. This theater has a huge lobby with beautiful stained-glass windows.

_____

4. We attended the revival of *Les Misérables*.

_____

5. Do you need a building permit to renovate your house?

_____

6. This meeting room is equipped with ten seats and a retractable screen.

_____

7. The film is about three men and a baby.

_____

8. Many scenes of *Zazie dans le métro* were shot in the elevated subway of Paris.

_____

9. During the outdoor screening of *La Classe de neige*, the audience was seated directly on the floor.

_____

10. His attempt to stay in the race was successful.

_____

Note culturelle: «Egyptomania»

In 1912, the discovery of a painted bust of Queen Nefertiti, followed by Howard Carter's discovery of the undamaged tomb of King Tutankhamen in 1923, both helped create a worldwide fad for all things Egyptian. This fad was reflected in design by the Art Deco style and in architecture by the «Egyptian Revival» style. Le Louxor, which opened in Paris in October 1921, was a perfect example of this fad, inside and out. The «Egyptomania» that seized the French imagination was not something new. More than a century earlier, Napoleon's Egyptian campaigns (1798–1801) and the discovery of the Rosetta Stone in 1799 had also generated great interest and excitement in France. It 1822, it was a Frenchman, Jean-François Champollion, who first deciphered the Egyptian scripts of the Rosetta Stone. In 1829, Egypt offered France a gift: an obelisk from the Luxor Temple. Today it stands in the center of the Place de la Concorde, placed there by King Louis-Philippe in 1836. France's experience in Egypt had a profound and long-lasting effect on both countries. In 1985, Egyptian director Youssef Chahine used Napoleon's Egyptian adventures as inspiration for his film *Adieu Bonaparte*. It seems appropriate that the Grande Salle of the renovated Le Louxor bears his name.

Comment devenir cinéaste, designer graphique, architecte d'intérieur...

Première partie

VOCABULAIRE

Avant la lecture

accueillir	*to welcome*	être inscrit à	*to be listed in*
affiche signalétique	*information sign*	faire preuve de	*to demonstrate, show*
ajout	*addition*	former	*to train*
aménagement	*development*	intervenir	*to be involved in*
bande dessinée	*comic strip, comic book*	maquette	*model, artwork*
cadre	*framework*	mener à	*to lead to*
champ	*field*	métier	*craft*
concepteur	*designer*	outil	*tool*
conduire	*to lead to*	ressortissant	*relevant to*
conférer	*to award*	restaurateur	*restorer*
connaissance	*knowledge*	salarié	*salaried employee*
de plus en plus	*more and more*	susceptible de	*likely to*
en tant que	*as*	tel que	*such as*
enseignement	*education*	tendre à	*to tend to*

Lecture

Les métiers des arts plastiques et du design

Les écoles supérieures d'art forment des artistes et des créateurs dans les champs de l'art, de la communication et du design. Ces concepteurs de haut niveau exerceront leur activité dans des domaines qui peuvent aller de la création expérimentale à la construction d'objets et d'images ou à l'aménagement d'espaces publics (scénographie de théâtre, de musées...) ou privés. L'acquisition progressive de connaissances techniques, pratiques et théoriques, la pluridisciplinarité et la transversalité, qui sont la marque des écoles d'art, donnent aux étudiants la possibilité de développer leurs recherches personnelles dans un cadre largement ouvert sur le monde. Les analyses relatives à l'insertion professionnelle des jeunes diplômés montrent que les études dans les écoles supérieures d'art mènent, selon les options, à différents métiers.

Ils exercent en tant que salariés ou indépendants, et, grâce à l'enseignement généraliste de haut niveau dispensé dans les écoles d'art, font souvent preuve d'une grande polyvalence. En phase avec l'époque contemporaine, ils choisissent une spécialisation, mais restent ouverts à d'autres secteurs de la création et continuent à se former tout au long de leur vie.

Ainsi, l'option art peut permettre de devenir peintre, sculpteur, vidéaste, photographe, auteur de bande dessinée, etc.

L'option communication est souvent choisie par de futurs artistes particulièrement intéressés par les nouveaux outils, l'installation et le multimédia. Elle accueille aussi les futurs designers graphiques, généralistes susceptibles de concevoir des outils de communication pour des institutions publiques ou privées, culturelles ou commerciales (affiches, logos, signalétique), d'intervenir dans l'édition sous toutes ses formes (livres, journaux, maquettes, illustration, typographie, direction artistique) et dans le champ du design interactif comme concepteur multimédia ou web designer (sites Internet, jeux vidéo).

Les options design tendent de plus en plus à préciser leur domaine de spécialisation par l'ajout d'une mention, permettant ainsi aux futurs étudiants de choisir une école en fonction de son orientation: design de produits, design d'espaces publics ou privés, design textile, design de vêtements, design sonore, design de services, design graphique multimédia, etc.

De plus les écoles supérieures d'art conduisent aussi à d'autres activités professionnelles dans le domaine culturel auxquelles mènent également des formations dispensées par des universités ou d'autres écoles. Il s'agit le plus souvent d'accompagnement des pratiques artistiques telles que les métiers de l'exposition: concepteur d'événements, commissaire d'exposition, régisseur (d'œuvres, image, lumière, son), scénographe, restaurateur d'œuvres d'art, galeriste, médiateur culturel, critique d'art, etc.

Les diplômés des écoles supérieures d'art exercent aussi les métiers de l'enseignement dans toutes les disciplines ressortissant aux études d'art.

L'ensemble des diplômes obtenus après cinq années d'études confère désormais le grade de master développant la mobilité des étudiants d'arts plastiques vers d'autres établissements d'enseignement en France ou en Europe. Ils sont inscrits au niveau I dans le Répertoire national des certifications professionnelles.

EXERCICE

7·1

Répondre aux questions.

1. À quels métiers forment les écoles supérieures d'art?

_____

2. Dans quels domaines peuvent-ils travailler?

_____

3. Les étudiants peuvent-ils se spécialiser?

_____

4. Quelles sont les options proposées?

_____

5. Quelle option doivent choisir les étudiants qui veulent travailler dans l'édition?

_____

6. Citez trois types de design.

_____

7. Un étudiant issu d'une école supérieure d'art peut-il travailler dans le domaine culturel?

_____

8. Citez cinq métiers qu'il peut exercer.

_____

9. Les diplômés des écoles supérieures d'art peuvent-ils être enseignants?

_____

10. Quel diplôme obtiennent-ils?

_____

EXERCICE

7·2

Identifier l'adjectif contraire.

1. progressif _____   a. vieux

2. nouveau _____   b. spécialisé

3. généraliste _____   c. bas

4. haut _____   d. soudain

5. jeune _____   e. archaïque

EXERCICE

7·3

Compléter avec un mot de la liste de vocabulaire du texte (première partie).

1. Cette entreprise emploie quinze _____.

2. Alexandra s'intéresse aux œuvres détériorées du XVIe siècle, elle rêve de

   devenir _____.

3. Un sculpteur a besoin de bons _____.

4. Lucas est architecte. Son bureau est rempli de _____ d'immeubles haussmanniens.

5. L'école 42 de Xavier Niel _____ des informaticiens gratuitement.

6. Vendredi dernier, le directeur de l'École des beaux-arts de Beaune a chaleureusement

   _____ les étudiants de première année.

7. Préfères-tu les _____, les romans graphiques ou les mangas?

8. _____ directeur pédagogique, je vous conseille fortement de suivre ce cours de design multimédia.

9. Grâce à sa formation, Jérôme est devenu très performant, et il travaille

   _____ vite.

10. Yves est un éducateur né, il fera carrière dans l' _____.

Grammaire

Le présent des verbes du 2ᵉ groupe

We studied the -**er** verbs in Chapter 4. Now let's explore the second group verbs ending in -**ir**. They are regular and follow this pattern.

choisir *(to choose)*			
je choisis	*I choose*	nous choisissons	*we choose*
tu choisis	*you choose*	vous choisissez	*you choose*
il/elle/on choisit	*he/she/one chooses*	ils/elles choisissent	*they choose*

Vous ne **choisissez** pas très bien vos amis!	*You don't pick your friends very well!*
Le peintre **choisit** soigneusement ses pinceaux et ses gouaches.	*The painter carefully chooses his brushes and his gouaches.*

Among the regular -**ir** verbs are **s'agir** (*it is a matter of*), **avertir** (*to inform*), **s'enrichir** (*to get rich*), **finir** (*to end, to finish*), **grandir** (*to grow, to grow up*), **mûrir** (*to ripen*), **réagir** (*to react*), **réfléchir** (*to think about, to reflect*), **remplir** (*to fill*), **réussir** (*to succeed*), **vieillir** (*to get old*). They follow the same pattern.

EXERCICE 7·4

Conjuguer les verbes entre parenthèses au présent.

1. Nous _____ (applaudir) les nouveaux diplômés.

2. Les étudiants _____ (obéir) aux consignes du professeur de dessin.

3. Le directeur _____ (réagir) toujours positivement à nos sujets de thèse.

4. Vous _____ (réfléchir) et vous me donnez une réponse d'ici vendredi matin!

5. Martin _____ (rougir) à chaque fois que le professeur lui demande de présenter son travail devant la classe.

6. Les pêches _____ (mûrir) lentement sur la table de la cuisine.

7. Selma _____ (ne pas vieillir)!

8. Ils _____ (grossir) parce qu'ils mangent entre les repas.

9. Je vous _____ (avertir) que la bibliothèque sera fermée pendant les vacances.

10. Benoît! Tu _____ (grandir) à vue d'œil!

Note culturelle: Specialized training—theater

The **Conservatoire national supérieur d'art dramatique (CNSAD)** is France's National Academy of Dramatic Arts. It is a higher education institution administered by the French Ministry of State for Culture. CNSAD's main function is to provide specialized teaching of dramatic art, in the form of three-year diploma courses and professional training. Its teaching covers all the theory and performance skills required in the acting profession. The curriculum, which is regularly modified, reflects the makeup of the faculty—working actors and professionals, all widely recognized in their respective fields—and collaboration with other French or foreign drama schools. CNSAD accepts around thirty students per year, chosen by competitive examination, for a full-time, three-year course that will equip them for a career in acting. On completion of the course, they are awarded a special CNSAD diploma (soon to be replaced by a national diploma). CNSAD also provides young professional actors and stage directors with specific training tailored to their needs. This consists of short courses run by major figures from the theater world. Courses take place in France or other countries.

Deuxième partie

VOCABULAIRE

Avant la lecture

à dessein	*intentionally*	figurer	*to appear*
à la pointe de	*on the cutting edge*	formation	*formation*
allier à	*to combine*	haut niveau	*top level*
apprentissage intensif	*intensive apprenticeship*	impression	*printing*
architecture intérieure	*interior design*	inscrire (s')	*to be included in, added to*
armature	*framework*	investissement	*investment*
atelier	*workshop*	numérique	*digital*
beaux-arts	*fine arts*	pari	*bet, wager*
concours	*competition*	partenariat	*partnership*
conjuguer	*to combine*	participer à	*to participate in*
dédiée	*devoted to*	partie	*portion, part*
démarche	*approach*	reconnu	*recognized*
enjeu	*issue*	remise à niveau	*upgraded*
ENSCI (École nationale	*Paris Design Institute*	renouveler	*to replace*
supérieure de		réseau	*network*
création industrielle)		siècle	*century*
enseignement	*education*	souci	*concern*
équipe	*team*	sous la conduite de	*under the supervision of*
exposition	*exhibition, show*	vêtement	*clothing*
favoriser	*to encourage*		

Lecture

L'École nationale supérieure des arts décoratifs (EnsAD) propose un cursus en 5 ans avec une spécialisation dans l'un des 10 secteurs de formation offerts: architecture intérieure, art espace, cinéma d'animation, design graphique/multimédia, design objet, design textile et matière, design vêtement, image imprimée, photo, vidéo, scénographie.

La formation allie enseignements théoriques, pratique des techniques artistiques (qu'elles soient traditionnelles ou à la pointe des technologies contemporaines), culture de l'innovation et exercice de la réflexion critique. Les voyages d'études, les «workshops», les plateaux interdisciplinaires sont ainsi proposés aux étudiants dans le souci d'une pédagogie très vivante et constamment renouvelée, dont l'armature est constituée par des enseignants eux-mêmes professionnels de haut niveau. Les élèves ont la possibilité d'effectuer une partie de leur cursus à l'étranger (Erasmus, accords avec des universités européennes, américaines, chinoises, etc.), de participer à des expositions, des concours, des festivals, des salons et de bénéficier de partenariats pédagogiques avec des entreprises.

L'École nationale supérieure de création industrielle (ENSCI) est la seule école nationale supérieure exclusivement consacrée au design industriel. Ses diplômes sont des diplômes reconnus au grade de master et des post-masters.

Le design, tel qu'envisagé à l'ENSCI, est l'art de donner forme aux objets à dessein. Le dessein est humain, social, sociétal, économique. Les objets sont ceux du XXIe siècle, matériels et immatériels, systèmes, produits, services. La forme va de l'enveloppe extérieure visible, palpable, voire audible, de l'objet jusqu'à sa structure interne; la première étant indissociable de la seconde.

L'ENSCI–Les Ateliers forme les designers du XXIe siècle. Elle les prépare à être des médiateurs et des intégrateurs de divers champs disciplinaires ou de diverses fonctions dans l'entreprise. La pédagogie se construit à la confluence des arts, des sciences humaines et sociales, de l'ingénierie et des technologies, de l'économie et du management.

L'ENSCI a fait le pari d'une formation ambitieuse et pluridisciplinaire, théorique et pratique, avec l'apprentissage intensif du projet dans des «ateliers de projets» dirigés par des designers professionnels.

L'ENSCI a ouvert en 2009 une résidence au cœur d'un laboratoire du CEA à Grenoble (LETI). L'objectif est de rapprocher les élèves designers de la recherche afin d'inventer des futurs possibles en proposant de nouveaux usages de technologies par la création d'objets, matériels et/ou immatériels, répondant à des enjeux contemporains. Cette implantation constitue une réelle innovation organisationnelle, une «première mondiale», et s'inscrit sur l'axe stratégique majeur de l'ENSCI: rapprocher sciences (dont SHS) et création, recherche et design.

L'ENSCI est membre fondateur du Pôle de recherche et d'enseignement supérieur «Hautes études, Sorbonne, arts et métiers» et un acteur de l'Initiative d'excellence «Paris Novi Mundi Université» (IDEX PNMU), dans le cadre des Investissements d'avenir.

L'École nationale supérieure des beaux-arts (Beaux-arts de Paris) (ENSBA) forme des étudiants se destinant à la création artistique de haut niveau. La formation conjugue les éléments fondateurs d'une démarche artistique et les enjeux de l'art contemporain. La pédagogie est articulée autour du travail en atelier de pratiques artistiques, sous la conduite d'artistes de renom. Elle favorise la diversité des pratiques, la multiplicité des champs d'expérimentation et la transdisciplinarité. Parallèlement, les enseignements théoriques constituent un socle indispensable de la formation, ainsi que les enseignements des techniques de création, des plus traditionnelles aux plus innovantes. Les enseignements sont répartis par départements: pratiques artistiques, technicités, enseignements théoriques, langues, et par pôles: dessin, impression-édition, numérique.

L'École nationale supérieure de la photographie (ENSP) est la seule école nationale supérieure d'art en France spécifiquement dédiée au médium photographique. Organisée autour d'ateliers techniques dont les équipements sont constamment renouvelés et remis à niveau, structurée par une solide équipe d'artistes enseignants, de chercheurs et de chefs d'ateliers, la pédagogie fait, tout au long de l'année, appel à un grand nombre d'intervenants (photographes, vidéastes, artistes, historiens de l'art et de la photographie, critiques, écrivains, théoriciens...).

Les travaux des étudiants et anciens étudiants font l'objet d'expositions régulières, en France et à l'étranger, et beaucoup figurent dans des collections publiques et privées nationales et internationales, ainsi que dans les publications de l'École qui sont aussi outils de recherche: la revue «Infra-mince» et la collection «Anticaméra».

La formation, ouverte sur un vaste réseau de relations internationales, prépare les étudiants à une insertion professionnelle dans les contextes les plus divers: les milieux artistiques, le journalisme et les médias, l'enseignement ou la recherche, et la plupart des métiers demandant des compétences en matière d'images numériques, fixes ou animées (édition, photothèques, conservation, milieux médicaux et scientifiques...). La pluridisciplinarité est donc valorisée, associant les aspects pratiques, techniques et théoriques.

Avec l'aimable autorisation du ministère de la Culture et de la Communication

EXERCICE

7·5

Répondre aux questions.

1. Combien de temps dure le cursus à l'École nationale supérieure des arts décoratifs?

_____

2. Citez trois spécialisations possibles dans cette école.

_____

3. La formation est-elle uniquement théorique?

_____

4. Dans quelle école peut-on apprendre le design industriel?

_____

5. Où se trouve l'École nationale supérieure de création industrielle?

_____

6. Quel rôle jouent certains artistes de renom dans cette école?

_____

7. Quelle est la spécificité de l'École nationale supérieure de la photographie?

_____

8. Citez quatre types d'intervenants possibles dans cette école.

_____

9. L'école permet-elle aux étudiants de trouver assez facilement un emploi?

_____

10. Les œuvres des étudiants sont-elles exposées uniquement en France?

_____

Identifier le synonyme.

1. concours _____   a. apprenti

2. dessein _____   b. domaine

3. élève _____   c. objectif

4. apprentissage _____   d. compétition

5. champ _____   e. formation

Compléter avec un mot de la liste de vocabulaire du texte (deuxième partie).

1. Mes amis ont fait le _____ que je remporterais le premier prix du concours de photographie.

2. De très nombreux artistes aspirent à être _____ par le public et la critique.

3. Sonia s'est _____ aux Beaux-arts de Paris.

4. Le peintre a oublié de _____ son passeport pour aller au Brésil.

5. Édouard Manet a révolutionné le monde pictural au XIXe _____.

6. Pour être admis dans cette école, les étudiants doivent passer

   un _____.

7. Jérôme est toujours au courant de tout. Il est _____ de l'actualité.

8. Une vingtaine d'artistes vont suivre une _____ sur la numérisation des images.

9. Ce livre sur l'architecture est disponible en version papier

   et _____.

10. Lise a acheté un appareil photo numérique reflex. Il est très cher, mais c'est un bon

    _____ pour l'avenir.

Grammaire

Faire

Faire (*to do, to make*) is a very versatile verb. Here are a few expressions with **faire**:

faire un pari	*to bet*	**faire l'école**	*to play hooky*
faire appel	*to appeal, to call on*	**buissonnière**	
faire des études	*to study*	**faire signe à qn**	*to wave*
faire la cuisine	*to cook*	**faire de la**	*to be involved in*
faire un dessin	*to draw*	**politique**	*politics*
Ça fait combien de	*How long has it*	**faire la queue**	*to stand in line*
temps que... ?	*been that . . . ?*	**faire la une**	*to make the front*
faire 20 degrés	*to be twenty*		*page*
	degrees	**faire sa valise**	*to pack*
faire chaud/froid	*to be hot/cold*	**faire le ménage**	*to clean*
faire grève	*to strike*	**s'en faire**	*to worry*
faire une promesse	*to promise*	**se faire à**	*to get used to*
faire une farce à qn	*to play a trick on sb*	**se faire mal**	*to hurt oneself*

EXERCICE
7·8

*Traduire les phrases suivantes en utilisant **tu** si nécessaire.*

1. I bet Clément is going to break his camera again.

   _____

2. The opening of the exhibition made the front page of *Nice-Matin*.

   _____

3. Delphine is studying cinema in Lyon.

   _____

4. We have been standing in line for two hours.

   _____

5. The teachers are striking to protest against the education reform.

   _____

6. Yesterday afternoon, a group of architecture students played hooky to go and see the documentary *My Architect*.

   _____

7. Can you draw nudes?

   _____

8. Stéphane will get used to his new life at the Nimes School of Fine Arts.

   _____

9. How long has it been that you have not talked to your music teacher?

_____

10. Don't worry! The admission competition will be easy.

_____

Féminisation des noms de profession

Professions are masculine when they refer to a man and feminine when they refer to a woman. In many instances, the same form is used for both genders.

l'artiste	*artist*
le critique/la critique	*critic* (**la critique** also means *criticism*)
le designer/la designer	*designer*
le photographe/la photographe	*photographer*
le vidéaste/la vidéaste	*video maker*

In numerous instances, to change the gender to feminine, add an **-e**.

l'enseignant/l'enseignante	*teacher*
l'écrivain /l'écrivaine	*writer*

There are many other possible endings depending on the noun.

l'historien/l'historienne	*historian*	**le costumier/la costumière**	*costume designer*
le théoricien/la théoricienne	*theoretician*	**le pâtissier/la pâtissière**	*pastry chef*
l'intégrateur/l'intégratrice	*integrator*	**l'espion/l'espionne**	*spy*
le médiateur/la médiatrice	*mediator*	**le champion/la championne**	*champion*
le chercheur/la chercheuse	*researcher*	**le poète/la poétesse**	*poet*
le chanteur/la chanteuse	*singer*	**l'hôte/l'hôtesse**	*host*

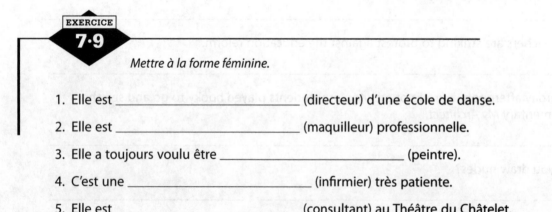

EXERCICE 7·9

Mettre à la forme féminine.

1. Elle est _____ (directeur) d'une école de danse.

2. Elle est _____ (maquilleur) professionnelle.

3. Elle a toujours voulu être _____ (peintre).

4. C'est une _____ (infirmier) très patiente.

5. Elle est _____ (consultant) au Théâtre du Châtelet.

6. Elle est _____ (informaticien) au ministère de la Culture et de la Communication.

7. Elle est _____ (libraire) à la librairie Tschann.

8. Elle est _____ (danseur) étoile à l'Opéra de Paris.

9. Sa _____ (fiancé) est égyptienne.

10. Elle rêve d'être _____ (acteur).

Note culturelle: Specialized training—music, dance, and sound

The **Conservatoire national supérieur de musique et de danse de Paris** (Paris Conservatory) is also administered by the Ministry of Culture. Its mission is to provide highly specialized education and professional training in the fields of music, dance, and new sound technologies. The program combines training in theory with practical knowledge and experience needed to work in these arts in a wide variety of professions. For music students, training includes classical and contemporary instrumental disciplines, ancient music, jazz and improvised music, vocal disciplines, writing, composition, conducting, musicology and analysis, music education, and teacher training. The dance program provides training in both classical and modern dance and choreography, preparing graduates to work as dance performers, dance notaters, and choreographers. In sound technology, students are trained to work as artistic directors or sound engineers for radio or sound recordings; as musical, artistic, and technical directors and consultants for major musical productions; as sound designers for film and video; and as sound consultants in other technical fields. While at the Conservatory, students can also work as apprentices on many of the more than three hundred music and dance performances in its three public performance spaces and in partner institutions in Paris, throughout France, and abroad.

Jeu de mots: **Amour**

Jonas était fou d'**amour**.	*Jonas was madly in love.*
On ne peut pas vivre d'**amour** et d'eau fraîche.	*One cannot live on love alone.*
L'**amour** libre était à la mode dans les années 1960.	*Free love was in fashion in the 1960s.*
À tes **amours**!	*Here's to you!*
Hervé l'a fait pour l'**amour** de l'art.	*Hervé did it for the love of it.*
Son manque d'**amour-propre** nous a déçus.	*His lack of self-esteem disappointed us.*
Son mal d'**amour** l'isolait de sa famille.	*Her lovesickness isolated her from her family.*
C'est un enfant de l'**amour**.	*He is a love child.*
L'**amour** est aveugle.	*Love is blind.*
Comment vont les **amours**?	*How is your love life?*
C'est un **amour** de petit bébé.	*It's a darling little baby.*
C'est une de mes anciennes **amours**.	*She is one of my old flames.*
Mathilde et Samuel filent le parfait **amour**.	*Mathilde and Samuel are very much in love.*

Madame ou Mademoiselle?

Première partie

VOCABULAIRE

Avant la lecture

à l'encontre	*against, contrary to*	jusqu'à	*while stocks last*
autant que possible	*as much as possible*	épuisement des stocks	
avoir vécu	*to be a thing of the past, to have lived*	lancer	*to launch*
		loi	*law*
bannir	*to prohibit*	Matignon	*official residence of the prime minister*
campagne	*campaign*		
case	*box*		
circulaire	*circular, memorandum*	nom d'usage	*usual name*
communiqué	*press release*	nom patronymique	*surname*
dernier	*latter*		
disposition	*provision*	préconisation	*recommendation*
droits des femmes	*women's rights*	préjuger	*to prejudge*
		prolonger	*to extend, to continue*
également	*also*		
en outre	*moreover, what is more*	satisfaire de (se)	*to be satisfied with*
exiger	*to require*	selon	*according to*
faire état de	*to report*	souligner	*to emphasize*
formulaire	*form*	supprimer	*to delete*
il s'agissait	*it concerned, it was about*	tenir compte de	*to take into account*
		toutefois	*however*
imprimé	*printed*	veuf (-ve)	*widower/widow*

Lecture

FÉMINISME—Ils seront remplacés par des «madame»...

Les «mademoiselle» ont vécu. Ce terme, de même que le «nom de jeune fille» ou le «nom d'épouse», va disparaître des formulaires administratifs, selon une nouvelle circulaire des services du Premier ministre, datée de ce mardi.

Rappelant que «par le passé, plusieurs circulaires ont appelé les administrations à éviter l'emploi de toute précision ou appellation de cette nature», le document souligne que «ces préconisations méritent aujourd'hui d'être réaffirmées et prolongées pour tenir compte des évolutions de la législation».

«Équivalent de "monsieur" pour les hommes»

Matignon invite donc les ministres concernés et les préfets à «donner instruction» aux administrations «d'éliminer autant que possible de leurs formulaires et correspondances les termes «mademoiselle, nom de jeune fille, nom patronymique, nom d'épouse et nom d'époux»».

Ils seront remplacés par «madame», «pris comme l'équivalent de «monsieur» pour les hommes, qui ne préjuge pas du statut marital de ces derniers», par «nom de famille» (dans le Code civil depuis une loi de 2002) et par «nom d'usage», car les termes «nom d'époux» et «nom d'épouse» ne permettent pas «de tenir compte de manière adéquate de la situation des personnes veuves ou divorcées ayant conservé (...) le nom de leur conjoint».

Le texte rappelle en outre que «madame» et «mademoiselle» ne constituent pas «un élément de l'état civil des intéressées» et que l'alternative n'est commandée «par aucune disposition législative ou réglementaire».

Les formulaires déjà imprimés pourront toutefois être utilisés «jusqu'à épuisement des stocks», est-il encore précisé.

Les associations invitent «les entreprises à suivre le mouvement»

Les organisations «Osez le féminisme!» et les «Chiennes de garde» avaient lancé en septembre une campagne pour la suppression «de la case «mademoiselle»» dans les documents administratifs, estimant qu'il s'agissait d'une discrimination à l'encontre des femmes, ainsi contraintes de faire état de leur situation matrimoniale.

En novembre, la ministre des Solidarités Roselyne Bachelot, en charge du droit des femmes, avait indiqué avoir demandé au Premier ministre François Fillon la disparition du terme «mademoiselle». Dans un communiqué mardi, les associations «Osez le féminisme!» et les Chiennes de garde se félicitent de cette circulaire, tout en prévenant qu'elles ne se satisferont «pas de simples déclarations» et exigeant des «résultats concrets».

Elles invitent également «les entreprises et les organismes privés à suivre le mouvement en supprimant également ces termes de tous leurs formulaires». La ville de Fontenay-sous-Bois (Val-de-Marne) avait annoncé la semaine dernière qu'elle bannissait le terme «mademoiselle» de ses formulaires.

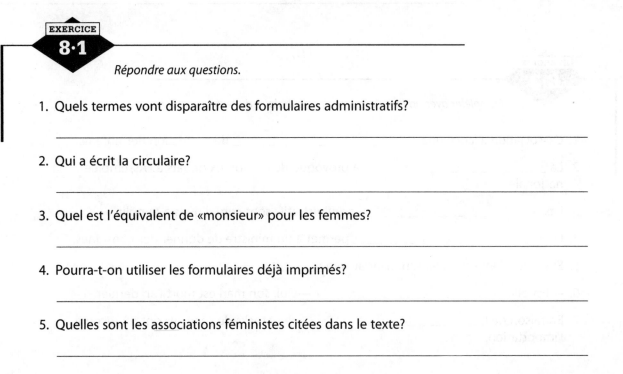

EXERCICE

8·1

Répondre aux questions.

1. Quels termes vont disparaître des formulaires administratifs?

_____

2. Qui a écrit la circulaire?

_____

3. Quel est l'équivalent de «monsieur» pour les femmes?

_____

4. Pourra-t-on utiliser les formulaires déjà imprimés?

_____

5. Quelles sont les associations féministes citées dans le texte?

_____

6. Quelle est la première ville à avoir banni le terme «mademoiselle»?

_____

7. Que s'est-il passé au mois de septembre?

_____

8. Quel(le) ministre est intervenu(e)?

_____

9. Les entreprises et organismes privés sont-ils obligés de se conformer à cette circulaire?

_____

10. Comment s'appelle la résidence du Premier ministre?

_____

EXERCICE

8·2

Identifier le synonyme du verbe.

1. disparaître _____   a. être digne

2. éviter _____   b. continuer

3. mériter _____   c. s'en aller

4. prolonger _____   d. offrir

5. donner _____   e. contourner

EXERCICE

8·3

Compléter avec un mot de la liste de vocabulaire du texte (première partie).

1. L'association a lancé une _____ de protection des enfants.

2. La _____ a provoqué de nombreux débats à l'Assemblée nationale.

3. Les _____ administratifs sont compliqués à remplir.

4. Une _____ permet à un ministre de donner des consignes.

5. Si le président est réélu, son mandat sera _____ de cinq ans.

6. —Est-elle _____? —Oui, son mari est mort l'an dernier.

7. En raison de l'_____ des stocks de sucre, ils ont dû recourir à l'importation.

8. Le Premier ministre _____ que toute son équipe soit présente à la réunion.

9. _____ la ministre des Solidarités, le budget de l'année prochaine est trop maigre.

10. La Redoute va _____ une nouvelle marque de maquillage pour les jeunes filles.

Grammaire

Irregular verbs **vivre** and **prendre**

In the first part of the text, you've encountered some third group verbs. Although they are irregular, certain patterns are discernible. Let's look at **vivre** (*to live*) and **prendre** (*to take*).

vivre (*to live*)			
je vis	*I live*	nous vivons	*we live*
tu vis	*you live*	vous vivez	*you live*
il/elle/on vit	*he/she/one lives*	ils/elles vivent	*they live*

Les femmes **vivent** plus longtemps que les hommes.	*Women live longer than men.*
Clara **vit** dangereusement.	*Clara lives dangerously.*

Vivre is used in many idiomatic expressions:

Dimitri est facile à **vivre**.	*Dimitri is easygoing.*
Ils **vivent** au jour le jour.	*They live from hand to mouth.*
Qui **vivra** verra.	*What will be will be.*
On ne peut pas **vivre** d'amour et d'eau fraîche.	*One cannot live on love alone.*

The verbs **survivre** (*to survive*) and **poursuivre** (*to pursue*) follow the same pattern.

prendre (*to take*)			
je prends	*I take*	nous prenons	*we take*
tu prends	*you take*	vous prenez	*you take*
il/elle/on prend	*he/she/one takes*	ils/elles prennent	*they take*

Il **prend** le journal sur la table.	*He takes the paper on the table.*
Julia **prend** de belles photos.	*Julia takes nice pictures.*
Qu'est-ce que tu **prends** pour le petit déjeuner?	*What do you want for breakfast?*
C'est à **prendre** ou à laisser.	*Take it or leave it.*

The verbs **apprendre** (*to learn*), **comprendre** (*to understand*), **surprendre** (*to surprise*), and **entreprendre** (*to undertake*) are conjugated like **prendre**.

Conjuguer les verbes au présent.

1. Je (vivre) à Nantes depuis cinq ans.

   _____

2. Monsieur le Ministre, (apprendre)-vous par cœur vos discours?

   _____

3. Ton engagement politique me (surprendre).

   _____

4. Nous (poursuivre) en justice tous ceux qui ne se conforment pas au règlement.

   _____

5. Les membres de l'association (suivre) les directives à la lettre.

   _____

6. Nous (prendre) le temps de lire le contrat avant de le signer.

   _____

7. Cette tradition (survivre) malgré les grands bouleversements de la société.

   _____

8. Iris et Nicolas (entreprendre) des études de droit à Lyon.

   _____

9. Savez-vous de quoi ils (vivre)?

   _____

10. Jonathan (ne pas comprendre) ce document administratif.

    _____

Tenir

Tenir (*to hold*) is also a third group verb. It is very handy as it is used in many idiomatic expressions. Other verbs, including **venir** (*to come*), **obtenir** (*to obtain*), **appartenir** (*to belong*), **maintenir** (*to maintain*), **contenir** (*to contain*), and **devenir** (*to become*), follow the same pattern. Let's conjugate **tenir**:

tenir (*to hold*)			
je tiens	*I hold*	nous tenons	*we hold*
tu tiens	*you hold*	vous tenez	*you hold*
il/elle/on tient	*he/she/one holds*	ils/elles tiennent	*they hold*

Batiste **tient** sa fille dans ses bras.	*Batiste is holding his daughter in his arms.*
Océane **tient** une pancarte de la main gauche.	*Océane is holding a placard in her left hand.*
Le café la **tient** éveillée.	*Coffee keeps her awake.*
Mathias me **tient** toujours la porte.	*Mathias always holds the door for me.*

Here are some common usages of the verb **tenir**.

Laura **tient** à sa sœur.	*Laura is fond of her sister.*
Tu **tiens** vraiment à signer cette pétition?	*Do you really want to sign this petition?*
Mes fils **tiennent** de leur grand-père. Ce sont de vrais militants.	*My sons take after their grandfather. They are true militants.*
Le maire ne **tient** pas ses promesses.	*The mayor does not keep his promises.*
Je vous **tiens** responsable de l'échec de notre mission.	*I hold you responsible for the failure of our mission.*
On **tient** à douze à cette table?	*Can this table seat twelve?*
Vos grosses valises ne **tiennent** pas dans le coffre de ma voiture.	*Your big suitcases won't fit in the trunk of my car.*
Ce genre de fleurs ne **tient** pas.	*This type of flowers does not last.*
La réussite du projet ne **tient** qu'à vous.	*The success of the project depends on you alone.*
Tiens, tiens...	*Well, well . . .*

EXERCICE 8·5

*Traduire les phrases suivantes en utilisant les verbes ci-dessus et **vous** si nécessaire.*

1. Are you going to the demonstration today?

_____

2. Enzo takes after his mother.

_____

3. The women we met this morning belong to this association.

_____

4. Carole never keeps her promises.

_____

5. These minerals contain iron.

_____

6. The box that contains all the forms won't fit in this corner.

_____

7. They always get what they want.

_____

8. Five hundred soldiers are trying to maintain peace in the Ivory Coast.

_____

9. My uncle is attached to his old car.

_____

10. Charlotte is fond of her grandfather.

_____

Tout

As an adjective, **tout** (*all*) has four forms: **tout**, **toute**, **tous**, and **toutes**. It agrees in gender and number with the noun it modifies. The final **-t** of **tout** and the final **-s** of **tous** are silent.

Tout le monde s'intéresse à ce sujet.	*The whole world is interested in this topic.*
Ils ont manifesté **toute** la semaine.	*They demonstrated the entire week.*
L'employé a imprimé **tous** les formulaires.	*The employee printed all the forms.*
La discrimination affecte **toutes** les femmes.	*Discrimination affects all women.*

EXERCICE

8·6

*Compléter avec la forme correcte de l'adjectif **tout**.*

1. As-tu rempli _____ le formulaire?

2. Il a plu _____ la journée.

3. _____ ces déclarations sont absurdes.

4. Le ministre a demandé _____ les documents.

5. Le gouvernement incite _____ les entreprises à s'engager.

Deuxième partie

VOCABULAIRE

Avant la lecture

accord	*agreement*	intitulé	*entitled*
acquis	*acquired*	l'emporter sur	*to prevail*
appliquer (s')	*to apply*	manifester	*to demonstrate*
bousculer	*to shake up*	offrir	*to offer*
c'est pas sorcier!	*it's easy!*	participe passé	*past participle*
comporter	*to include*	proche	*near, close*
consciemment	*consciously*	règle	*rule*
habitude	*habit*	remettre	*to deliver*
inculquer	*to instill*	transmettre	*to communicate to*

Lecture

ÉGALITÉ—Elles appellent à manifester devant l'Académie française ce mardi soir pour remettre une pétition lancée l'an dernier sur le sujet...

Après le «mademoiselle» sur les formulaires officiels, les féministes ont décidé de s'attaquer aux règles d'accord de la langue française qui veulent que «le masculin l'emporte sur le féminin». Ce mardi à partir de 18h, plusieurs associations féministes et la Ligue de l'enseignement appellent à manifester devant l'Académie française. L'occasion également pour «L'égalité, c'est pas sorcier!», «Femmes Solidaires» et «la Ligue de l'enseignement» de remettre la pétition lancée en mars 2011 intitulée «Que les hommes et les femmes soient belles».

«Les garçons et les filles sont belles»

Objectif: réhabiliter la règle de proximité, qui s'est appliquée avant le 17e siècle et l'unification de la langue française par Richelieu. Selon cette règle, l'accord de l'adjectif ou du participe passé peut se faire avec le nom le plus proche, au féminin ou au masculin, alors qu'usuellement, dans une phrase qui comporte plusieurs sujets masculins et féminins, le masculin l'emporte pour l'accord du participe passé et de l'adjectif. Ce qui donnerait: «Les hommes et les femmes sont belles», et non plus «Les hommes et les femmes sont beaux».

«Quand on apprend aux enfants que "le masculin l'emporte sur le féminin", on leur transmet un monde de représentation où le masculin est considéré comme supérieur au féminin. On leur inculque, consciemment ou non, l'idée de la supériorité d'un sexe sur l'autre», expliquent les associations dans un communiqué. «En la réhabilitant aujourd'hui, nous voulons offrir une nouvelle liberté à la langue. Nous voulons bousculer les esprits, les libérer d'habitudes acquises qui soutiennent le sexisme.»

Bérénice Dubuc
21 février 2012
Avec l'aimable autorisation d'archives@20minnutes.fr
En février 2012, sur les conseils de la ministre des Solidarités et de la Cohésion sociale, Roselyne Bachelot, le Premier ministre François Fillon préconisait la suppression du terme *Mademoiselle*. En décembre 2012, le Conseil d'État a validé cette suppression de tous les documents officiels.

Répondre aux questions.

1. Où la manifestation est-elle prévue?

2. Quelle règle de grammaire dérange les féministes?

3. À quelle heure commence la manifestation?

4. Quel est le nom de la pétition?

5. Quelles sont les associations à l'origine de la pétition?

6. Qui a unifié la langue française?

7. En quoi consiste la règle de proximité?

8. Quel impact la règle en vigueur a-t-elle sur les enfants?

9. Quel est le masculin de «belles»?

10. Quel est l'objectif principal de ce changement?

Compléter avec le vocabulaire du texte (deuxième partie).

1. Il y a toujours des exceptions aux _____ en français.

2. Toute la famille est partie _____ devant l'Académie française.

3. Il y aura du monde à la manifestation. Attention de ne pas vous

   faire _____.

4. Il est difficile de changer les _____ prises dans l'enfance.

5. Quel est la règle d'_____ avec les verbes précédés d'un pronom
   objet direct?

Grammaire

Adjectifs

Qualificative adjectives are used to describe people, things, and situations. The adjectives agree in gender and number with the noun they modify. Some adjectives do not change in the feminine form, like **tranquille** (*quiet*) and **facile** (*easy*). Others are created by adding a final **e** as in **petit/petite** (*small*) and **français/française** (*French*). Many have an irregular form, which follows a pattern like **brésilien/brésilienne** (*Brazilian*), **mélodieux/mélodieuse** (*melodious*), **créatif/créative** (*creative*), and so on. However, some are just irregular and need to be memorized: **nouveau/nouvelle** (*new*), **vieux/vieil/vieille** (*old*), **beau/bel/belle** (*beautiful*), and **fou/fol/folle** (*crazy*).

EXERCICE 8·9

Mettre les adjectifs au féminin.

1. Cette _____ (nouveau) loi vient d'être adoptée.

2. Marine est une femme _____ (indépendant) et _____ (généreux).

3. Ma nièce est encore _____ (naïf).

4. Les femmes _____ (italien) ont signé une pétition contre le président.

5. Le maire de Fontenay-sous-Bois a une voix _____ (profond).

6. De _____ (beau) fleurs décorent la salle de réunion de l'organisation.

7. Ils ont dû prendre des décisions _____ (difficile) pendant la crise.

8. Quelle est la réponse _____ (exact) à ce problème?

9. Lise a eu une envie _____ (fou) de chocolat blanc.

10. J'ai retrouvé de _____ (vieux) affiches des années 1960.

EXERCICE 8·10

Choisir l'adjectif logique.

1. Les règles d'accord sont _____ bavardes/complexes/silencieuses.

2. Les manifestants étaient _____ recyclés/motivés/relatifs.

3. Richelieu était un homme _____ idiot/paresseux/cultivé.

4. La langue française est _____ belle/placide/passive.

5. Le Code civil est _____ cynique/compliqué/gai.

Note culturelle: Matignon

The Hôtel de Matignon, or simply Hôtel Matignon, is the official residence and office of the French prime minister. It was originally a "**hôtel particulier**," a term used to describe a private mansion typically owned by a member of the French nobility. It dates back to 1719 when the land on which it was built was acquired by Charles-Louis de Montmorency Luxembourg, prince de Tingry and marshal of France. Designed by architect Jean Courtonne in the baroque style, it proved very expensive to build and was sold shortly before construction was completed to Jacques de Matignon, prince of Monaco. Over the course of two centuries, it changed owners many times. Among the most famous to occupy it were Talleyrand in 1808, Napoléon 1st in 1812, and the Austro-Hungarian Embassy from 1889 to 1914. Confiscated by the French government in 1922, in 1935 it became the official residence of the president of the Council of Ministers, and later that of the prime minister. Located at 57 rue de Varenne in the seventh arrondissement of Paris, its surrounding park, designed in 1902 by Achille Duchêne, is the largest private green space in Paris. Its French- and English-style gardens are open to the public on the first Saturday of the month. Much like the White House, which is used to refer not only to the residence but to the president and his cabinet, the term *Matignon* is commonly used as a synonym for the prime minister and his government.

Les ministres prennent une leçon de féminisme

·9·

VOCABULAIRE

Avant la lecture

à l'abri de	shielded from	**parité**	equality between
a priori	in principle		men and
ancré	deeply rooted		women
chef d'orchestre	(orchestra) conductor	**parmi**	among
compte tenu	considering	**peine**	difficulty
concours	competitive	**peser au**	to weigh in the
	examination	**trébuchet**	balance
confus	embarrassed	**piqûre de**	booster shot
conseiller (-ère)	adviser	**rappel**	
constat	observation	**poste de**	management
de bonne grâce	willingly	**direction**	position
droits de la femme	women's rights	**précaire**	insecure
écrasant	overwhelming	**pressé d'en finir**	in a hurry to be
égalitaire	egalitarian		done with
enseignant	teacher	**privé**	private sector
équilibrer	to balance	**proviseur**	principal
éveiller la	to raise consciousness	**rendre compte**	to realize
conscience		**(se) de**	
faire un effort	to make an effort	**renvoyer**	to send back
fonctionnaire	civil servant	**retard**	delay
formation	training	**sensibilisation**	raising awareness
heurter à (se)	to come up against	**témoigner**	to state, to declare
inégalité	inequality	**tenir à**	to insist on
jupe	skirt	**Trésor**	Treasury
machisme	male chauvinism	**vécu quotidien**	day-to-day
mésaventure	mishap		experience
metteur en scène	director	**vivier**	pool, breeeding
paritarisme	principle of gender		ground
	equality	**volonté**	will

Lecture

Sur ordre de Matignon, tous les ministres doivent passer une heure au cabinet de Najat Vallaud-Belkacem pour une «sensibilisation» aux inégalités entre hommes et femmes. [...] Il s'agit de 45 minutes de Powerpoint expliqué par Caroline De Haas, conseillère de la ministre des droits des femmes. «Le terme qu'on a choisi, c'est séance de sensibilisation et les mots ont été pesés au trébuchet», explique d'emblée Najat Vallaud-Belkacem. «Il ne s'agit pas d'apprendre des choses aux ministres. Mais il s'agit d'éveiller leur conscience sur l'ampleur des inégalités qui subsistent dans notre société.» [...]

«Si on ne fait pas un effort, on laisse ce qui semble "naturel" se reproduire et, dans notre société, le naturel, c'est les inégalités», explique Caroline De Haas, fondatrice de l'association Osez le féminisme. Exemple: l'État et ses centaines de milliers de fonctionnaires. A priori plus égalitaire que le privé, les femmes y sont là aussi plus souvent précaires que les hommes, et moins payées. Surtout, plus on monte dans la hiérarchie, plus elles disparaissent: à l'entrée au concours, la parité est strictement respectée mais, aux postes de direction, la proportion de femmes tombe à 20%!

Mais qu'en pensent les ministres? Seize d'entre eux ont déjà suivi la «sensibilisation»... De plus ou moins bonne grâce: quand certains ont tenu à ce que l'ensemble de leur administration profite du séminaire, d'autres sont arrivés manifestement pressés d'en finir. Mediapart les a tous contactés. Cinq d'entre eux ont accepté de témoigner—des femmes, uniquement—et trois hommes ont répondu... par l'intermédiaire d'une de leurs collaboratrices. Leur bilan est positif: «une piqûre de rappel utile», selon l'expression de Michèle Delaunay, qui les a tous renvoyés à leur vécu quotidien, dans les cabinets ministériels comme dans les hautes sphères de l'administration.

«Après la formation, je me suis dit que je n'avais pas tout à fait la parité dans mon cabinet. Je l'ai presque. Mais j'ai un homme de plus. J'aurais pu avoir une femme de plus», témoigne la ministre déléguée aux handicapés Marie-Arlette Carlotti. «Chez nous, la volonté de paritarisme s'est heurtée au nombre insuffisant de candidates. Sans doute cela fait-il plus rêver les garçons que les filles d'entrer dans un cabinet», explique Catherine Joly, directrice adjointe du cabinet de Benoît Hamon. Sans compter le faible «vivier de femmes sur certaines questions», par exemple à la direction du Trésor.

Au ministère des Sports, Valérie Fourneyron parle de «retards majeurs» dans un secteur où «aucune femme n'est présidente de fédération olympique» et où «on ne compte qu'une femme parmi les directeurs techniques nationaux olympiques». Même chose au Quai d'Orsay où Laurent Fabius a toutes les peines du monde à équilibrer les nominations d'ambassadeurs. «Compte tenu des critères spécifiques de la diplomatie, le vivier est super limité», explique-t-on à son cabinet.

Même dans des domaines plus féminisés, les ministres se sont heurtés à des problèmes identiques. «Dans la haute hiérarchie, la présence masculine est prépondérante bien qu'on compte une majorité écrasante de femmes, de l'ordre de 70%, chez les enseignants», témoigne la ministre déléguée à la réussite éducative George Pau-Langevin. Les proviseurs sont majoritairement des hommes et seulement 25% des recteurs sont des femmes. «C'est comme ça: on considère que les postes à responsabilité doivent être occupés par des hommes», lâche la ministre.

Un constat que partage sa collègue de la culture, Aurélie Filippetti. «À la tête des établissements dans le domaine de la culture, on trouve 87% d'hommes. Les pièces de théâtre jouées sont écrites à 85% par des hommes, et cela concerne également les auteurs contemporains. On voit très peu de femmes metteurs en scène. Dans la musique, on compte un nombre infime de femmes chefs d'orchestre et très peu de femmes compositeurs sont jouées», détaille l'ancienne députée de Moselle. «J'ai demandé qu'on me constitue un vivier de femmes... Moi je dis, à compétences égales, entre un homme et une femme, préférez toujours la femme!»

Depuis l'arrivée de François Hollande à l'Élysée, les nominations ont en très grande majorité bénéficié aux hommes (à 85%). Au parlement, l'épisode de la robe de Cécile Duflot a rappelé le machisme ancré des députés. «À l'Assemblée, cela va un peu mieux, il y a plus de femmes, plus de jeunes aussi. Mais comme tout le monde, j'ai été très frappée par la mésaventure arrivée à Cécile Duflot», témoigne Aurélie Filippetti.

«J'ai eu l'avantage d'être investie à un certain âge, et donc un peu à l'abri du sexisme ordinaire», raconte sa collègue du gouvernement George Pau-Langevin. «Je n'ai jamais eu de problème à aller en jupe à l'Assemblée. Il y a simplement une forme de condescendance à l'égard des femmes. Avec des députées PS, nous sommes allées voir le président Bernard Accoyer à la fin d'une séance pour lui dire qu'il interrompait beaucoup plus les femmes que les hommes. Il était confus. Il ne s'en était pas rendu compte...»

27 octobre 2012 Par Lénaïg Bredoux et Michaël Hajdenberg
Avec l'aimable autorisation de médipart.fr

EXERCICE

9·1

Répondre aux questions.

1. Qui est chargé de faire la présentation sur la sensibilisation?

_____

2. Expliquer ce qu'est la sensibilisation.

_____

3. La société est-elle égalitaire ou inégalitaire?

_____

4. Quelle est la proportion de femmes aux postes de direction dans la fonction publique?

_____

5. Combien de ministres ont déjà suivi la formation?

_____

6. Qui est la ministre déléguée aux handicapés?

_____

7. Combien de femmes sont présidentes de fédération olympique?

_____

8. Quel paradoxe constate-t-on dans l'Éducation nationale?

_____

9. Y a-t-il beaucoup de femmes chefs d'orchestre?

_____

10. Quel reproche les députées ont-elles adressé à Bernard Accoyer?

_____

Identifier le synonyme.

1. enseignant _____   a. administrateur

2. metteur en scène _____   b. professeur

3. conseiller _____   c. réserve

4. fonctionnaire _____   d. consultant

5. vivier _____   e. artiste

Compléter avec un mot de la liste de vocabulaire du texte.

1. Paul était très _____ d'avoir pris Camille pour une fille.

2. Il est important de constituer un _____ de candidats susceptibles d'être recrutés par la suite.

3. Le président de l'Assemblée _____ beaucoup à équilibrer le temps de parole entre les députés des deux sexes.

4. Ce sont des préjugés profondément _____ dans les esprits.

5. Quelle _____! Ta robe est complètement trempée!

6. La loi sur la _____ de 2000 est une loi française visant à favoriser l'égal accès des hommes et des femmes aux mandats électoraux et aux fonctions électives.

7. Hélène travaille pour l'État. Elle a passé un concours pour

   être _____.

8. La loi _____ à la réalité: les partis politiques préfèrent payer une amende plutôt que d'appliquer la loi sur la parité.

9. Comment expliquez-vous le _____ de certains hommes politiques? Il est inacceptable de se comporter ainsi avec les femmes!

10. Un effort concerté devrait être entrepris pour _____ des individus et les sensibiliser à tout ce qui porte atteinte à la dignité des femmes.

Grammaire

Chez

The preposition **chez** is commonly used in front of first names like chez Claire (*at Claire's*) to refer to someone's house. **Chez** Maxim, **Chez** Henri (*Maxim's, Henri's*) refers to the restaurant's chef or owner.

La réunion aura lieu dimanche **chez** Sophie.	*The meeting will take place at Sophie's.*
Le restaurant **Chez** Clément se trouve dans le 8e arrondissement.	*Clement's is located in the 8th district.*

However, **chez** is also used in other idiomatic expressions such as:

Chez Air France, les salaires sont plus attrayants.	*At Air France, salaries are more attractive.*
Chez Duras, le fleuve—l'eau en général—joue un rôle essentiel.	*With Duras, the river—water in general—plays an essential role.*
Chez certains enfants, l'acquisition du langage est plus rapide.	*With some children, language acquisition is faster.*

EXERCICE 9·4

Traduire les phrases suivantes.

1. We'll discuss these issues at Valérie's.

   _____

2. With Jonathan, everything is obsessional.

   _____

3. We'll celebrate our victory at André's.

   _____

4. Emma will come to our house tonight.

   _____

5. With Stendhal, anecdotes are frequently used.

   _____

Note culturelle: In French politics, clothes make the (wo)man

On July 17, 2012, Cécile Duflot, French housing minister, was to answer questions at a session of the National Assembly. As she walked to the podium, the seated deputies, mostly men, began to whistle and jeer in disapproval. Was this reaction due to her politics or to her personal unpopularity? No. It was because of . . . her attire! On that hot July day, Minister

Duflot chose to wear a knee-length short-sleeved blue and white print dress. Nothing revealing. But for a majority of the deputies, described in the press as macho or simply ignorant, such a dress was deemed inappropriate. The issue of what women in politics should wear is paradoxical. In France, women were long prohibited from wearing pants by a decree dating back to 1799! Although not officially repealed until April 2010, it had long been ignored, even by the National Assembly, which authorized women to wear pants in 1980. But dresses are not prohibited. Was it the color? Again, there is no protocol listing "authorized" colors. Perhaps it was simply an attempt to perpetuate a conservative and rather out-moded concept of "appropriate attire." The reaction experienced by Minister Duflot has occurred before and has not been limited solely to women. In the summer of 2008, a male deputy requested special authorization for male deputies to remove their jackets due to the incredibly hot weather. It was rejected. And years earlier, in 1985, Minister of Culture Jack Lang had dared to wear a suit by French designer Thierry Muglier with a Mao-style jacket. Although it was dark in color and a model of sartorial sobriety, Lang was roundly jeered by the seated deputies. It seems that then, as now, the business of what a politician is wearing can become as much of an issue as the business of governing itself.

Jeu de mots: **Souffle**

Il n'y avait pas un **souffle** de vent.	*There wasn't a breath of air.*
Ça nous a coupé le **souffle**.	*That took our breath away.*
C'est à vous couper le **souffle**.	*It's breathtaking.*
Pour jouer de la trompette, il faut du **souffle**.	*To play the trumpet, you need a lot of wind.*
Sa vie ne tient qu'à un **souffle**.	*His/her life hangs by a thread.*
Ils sont arrivés en haut de la colline à bout de **souffle**.	*They arrived on top of the hill completely out of breath.*
Tu ne manques pas de **souffle**!	*You've got some nerve!*
Son entreprise a trouvé un deuxième **souffle**.	*His/her company found its second wind.*
Nina a un **souffle** au cœur.	*Nina has a heart murmur.*
Quel **souffle** du génie chez ce scientifique!	*This scientist is so inspired!*
La célèbre actrice a rendu son dernier **souffle**.	*The famous actress breathed her last.*

Le Canal de Lachine au cœur de l'histoire de Montréal

Première partie

VOCABULAIRE

Avant la lecture

à deux reprises	*twice*	maillet	*mallet*
affectés	*assigned*	main d'œuvre	*manpower*
approvisionnait	*supplying*	marteau	*hammer*
accroissement	*increase*	mettre fin à	*to terminate*
barre de fer	*iron rod*	mildiou	*mildew*
burin	*chipping chisel*	pelle	*shovel*
ciseau	*chisel*	pic	*pickax*
creuser	*to dig*	pioche	*pickax*
de l'aube au crépuscule	*from dawn to dusk*	plaque tournante	*hub*
		pomme de terre	*potato*
déversoir	*outlet*	poursuivre (se)	*to continue*
écluse	*lock, lock-gate*	procurer	*to furnish*
élargissement	*widening*	relier	*to connect*
équerre	*cross-staff, square*	remonter	*to date back*
excavatrice à vapeur	*steam-powered digging machine*	sans le sou	*penniless*
		seau	*bucket*
fendre	*to split, to cleave*	tailler la pierre	*to cut (hew) stone*
fond	*bottom*	tarière	*drill*
fonds	*funds, capital*	truelle	*trowel*
fuir	*to flee*	voilier	*sailboat*
hache	*axe*		

Lecture

Le rêve des Français

Le projet d'un canal contournant le Sault-Saint-Louis (rapides de Lachine) remonte aux toutes premières années qui ont suivi la fondation de Ville-Marie (Montréal). En 1671, l'abbé François de Salignac de La Mothe-Fénelon énonce les avantages que procurerait un canal reliant Montréal et Lachine. François Dollier de Casson, supérieur du Séminaire de Saint-Sulpice de Montréal, relance l'idée en 1680, affirmant qu'un tel canal permettrait d'approvisionner en eau les moulins de Montréal et faciliterait la navigation vers les «pays d'en haut». Les travaux débutent en 1689. L'attaque de Lachine par les Iroquois met fin à l'entreprise. Ils se poursuivent en

1700, sous la direction de Gédéon de Catalogne qui doit les abandonner par manque de fonds, à la mort de Dollier de Casson en 1701.

La détermination des marchands

Il faut attendre le début du XIXe siècle pour que le rêve se matérialise. Le canal de Lachine devient une nécessité pour les marchands de Montréal qui ambitionnent de faire de leur ville l'une des principales plaques tournantes du commerce nord-américain. Les travaux débutent en 1821. Le canal est achevé en 1825.

Le premier canal permet le passage de petits voiliers à fond plat. Avec l'accroissement du trafic et l'augmentation du tonnage des navires, il doit être élargi à deux reprises: les travaux ont cours de 1843 à 1848 et de 1873 à 1885.

Constituant la majorité de la main-d'œuvre affectée à la construction du canal de Lachine, les Irlandais s'établissent alors à Griffintown. À compter de 1845 et jusqu'aux années 1850, ces derniers affluent au Canada. Ils sont pour la plupart des paysans sans le sou. Chassés de leur pays par la maladie, le mildiou, qui frappe la pomme de terre, aliment de base d'une bonne partie de la population, ils fuient la Grande Famine autant qu'ils recherchent un avenir meilleur.

N'ayant comme seule force de travail que leurs bras, les Irlandais seront au cœur de la construction et des deux élargissements successifs du canal de Lachine. La mise en chantier d'une voie navigable exige de creuser un canal, d'aménager des écluses en maçonnerie, de percer des tunnels et de construire des drains, des déversoirs, etc. Ces exploits d'ingénierie hydraulique seront réalisés avec du matériel de base: pelles, pics, pioches, seaux, tarières, bêches, barres de fer pour excaver et fendre le roc. Truelles, burins, maillets, etc. pour tailler la pierre, haches, marteaux, ciseaux, équerres, etc. pour fabriquer des portes d'écluses.

Quant au dernier élargissement, si les excavatrices à vapeur sont mises à contribution, une bonne partie du travail est toujours réalisée à main d'homme. À l'œuvre de l'aube au crépuscule, six jours durant, ces hommes durs à la tâche excaveront, beau temps, mauvais temps, un canal de 15,5 km dans un sol composé au tiers de roc.

EXERCICE 10·1

Répondre aux questions.

1. En quelle année apparaît pour la première fois le projet d'un canal reliant Montréal à Lachine?

_____

2. Qui a énoncé les avantages de ce canal?

_____

3. Quand commencent les travaux?

_____

4. Qui a retardé la construction du canal?

_____

5. Pourquoi a-t-on élargi le canal?

_____

6. Qui a constitué la majorité de la main-d'œuvre construisant le canal?

_____

7. Quelles sont les étapes de la construction d'un canal?

_____

8. Citez trois outils dont on a besoin pour fabriquer des portes d'écluse.

_____

9. Les excavatrices à vapeur ont-elles éliminé le travail manuel?

_____

10. Quelle est la longueur du canal?

_____

EXERCICE 10·2

Identifier le mot contraire.

1. avantage _____   a. loisir

2. travail _____   b. mou

3. élargissement _____   c. bombé

4. plat _____   d. désavantage

5. dur _____   e. rétrécissement

EXERCICE 10·3

Compléter avec un mot de la liste de vocabulaire du texte (première partie).

1. Le canal a été construit pour _____ Montréal à Lachine.

2. Ce canal _____ les moulins de Montréal.

3. Les Irlandais ont été _____ à la construction du canal.

4. Des _____ successifs du canal ont été nécessaires.

5. Le _____ a obligé les Irlandais à quitter leur pays.

Grammaire

Le participe présent

The **participe présent** (*present participle*) is an extremely versatile verb form in French. In this text, for example, it is used to avoid using a pronoun. Thus instead of saying, **un canal *qui contourne* les rapides de Lachine**, we can make the phrase a little more concise: **un canal *contournant* les rapides de Lachine**.

The **present participle** also allows us to construct a causative sentence.

Contournant les rapides de Lachine, le canal était très utile pour le commerce.	*As it went around the rapids of Lachine, the canal was very useful for commerce.*
Travaillant avec acharnement, Djuna était en mesure de terminer ses études en trois ans.	*Since she worked very hard, Djuna was able to graduate in three years.*

When an action precedes another one, **avoir** and **être** in the **participe présent** can be combined with a **participe passé**. Note that the past participle agrees with the subject of the sentence if the verb is conjugated with **être**: **ayant relié** (*having connected*), **ayant creusé** (*having dug*), **ayant traversé** (*having crossed*), **étant allé(e)(s)** (*having gone*), and **nous étant retrouvé(e)s** (*having met*).

Ayant quitté leur pays, les Irlandais ont dû chercher du travail très rapidement.	***Having left*** *their country, the Irish had to find work very quickly.*
Ne s'étant pas reposés pendant des semaines, les ouvriers étaient épuisés.	***Not having rested*** *for weeks, the workers were exhausted.*

EXERCICE
10·4

Traduire les phrases suivantes.

1. Having fled the famine, some Irish workers settled in Canada.

_____

2. Not knowing how to find more funds, Gédéon de Catalogne had to abandon the project.

_____

3. Having walked along the canal all day, François Dollier de Casson was very tired.

_____

4. Having waited years for the opening of the canal, the merchants were delighted.

_____

5. Having fought with courage, they won the battle.

_____

Usage des majuscules pour les nationalités

In English, words denoting nationality are always capitalized. For example:

*My friend Adrien is **French**.*   Mon ami Adrien est **français**.
*Jessica loves **French** food.*   Jessica adore la cuisine **française**.

In French, things are more complicated: nouns are capitalized, while adjectives are not. For example:

Adrien est un **Français** qui vit à l'étranger.   *Adrien is a **Frenchman** who lives abroad.*
Chloé aime la musique **française**.   *Chloé likes **French** music.*

EXERCICE 10·5

Compléter les phrases en utilisant des noms ou des adjectifs de nationalité.

1. La construction du canal Lachine était le rêve des _____.

2. Les _____ se sont établis à Griffintown.

3. Les Français ont utilisé la main d'œuvre _____ pour la construction du canal Lachine.

4. Rembrandt était un grand peintre _____.

5. Grâce au canal, les marchands _____ ont fait de leur ville un centre économique de premier ordre.

EXERCICE 10·6

Traduire le texte suivant.

Not long after the founding of Montreal in 1608, prominent citizens realized the immense economic benefits of a canal that would link Montreal and Lachine. Started in the seventeenth century, the canal was completed in the nineteenth century, despite many interruptions. Driven from their country by the devastating potato famine around 1850, many Irish families settled in Canada. The Irish workers constituted most of the labor for the building of the canal.

_____

_____

_____

_____

_____

Deuxième partie

VOCABULAIRE

Avant la lecture

achalandé	busy	mensuellement	monthly
aménager	to develop, to adapt	mettre à l'écart	to put aside
annuellement	yearly	meunerie	milling industry
avoisiner	to border on	navire	ship
bâtiment	building, ship	nord	north
bâtisse	building	ouvrier	worker
berge	bank	peinture	paint
chantier naval	shipyard	raffinerie de sucre	sugar refinery
clouterie	nail factory	remblayer	to fill up
dénombrer	to count	rembourrage	to pack, to stock
désuet	outdated	renouveler (se)	to renew oneself
donner lieu à	give rise to	scierie	sawmill
ébénisterie	cabinetmaking	sud	south
emprunter	to traverse, to take (a path)	suranné	old-fashioned
enterrer	to bury	témoin	witness
est	east	travailleur	worker
façonner	to form, to shape	usine d'outils	tool factory
ferroviaire	rail	veille	eve
maillon	link		

Lecture

Au milieu du XIXe siècle, une chaîne de canaux, dont le canal de Lachine constitue le premier maillon, est aménagée pour faciliter la navigation entre Montréal et les Grands Lacs. À cette même époque, les premières entreprises s'installent sur les berges du canal, attirées notamment par son potentiel hydraulique. De 1847 à 1945, le Sud-Ouest de Montréal renferme la concentration d'établissements industriels la plus diversifiée du Canada.

Durant ses meilleures années, à la veille de la grande crise de 1929, près de 15 000 navires empruntent annuellement le canal. Pourtant, 30 ans plus tard, celui-ci est remplacé par la Voie maritime du Saint-Laurent. Mis à l'écart, partiellement remblayé à compter des années 1960, il ferme ses portes à la navigation en novembre 1970.

Des entreprises importantes connaissent leur heure de gloire sur les berges du canal. Dès les débuts, la production des trois meuneries établies autour du bassin n° 2 totalise 65% de la production de l'Est du Canada, et celle des clouteries voisines, plus de 80%. Le chantier naval d'Augustin Cantin, dans le secteur Saint-Gabriel, est de loin le plus important de Montréal. La Canada Sugar Company, première raffinerie de sucre canadienne fondée par John Redpath en 1854, occupe une centaine d'ouvriers qui produisent mensuellement 3000 barils de sucre. L'entreprise de Frothingham & Workman de la Côte Saint-Paul se classe parmi les plus grosses usines d'outils de l'époque.

Plus de 600 entreprises ont occupé les terrains avoisinant le canal, depuis sa construction jusqu'à nos jours. Ensemble, elles couvrent tous les groupes de production manufacturière. Continuellement, de nouvelles entreprises viennent remplacer les plus désuètes et les moins performantes.

L'interdépendance entre ces entreprises constitue un autre trait dominant de ce corridor. Les chantiers navals et les usines de matériel roulant ferroviaire en sont les éléments moteurs. Une multitude d'entreprises spécialisées dans l'une ou l'autre des étapes de la production (scieries, ébénisteries, entreprises de peinture ou de rembourrage, fonderies, etc.) forment de véritables grappes industrielles.

L'industrialisation du canal a contribué à façonner les profils social et urbain de la ville. Elle a donné lieu à l'expansion rapide de la force ouvrière. Des milliers de travailleurs attirés par les nouvelles usines se sont installés à proximité de leur lieu de travail, donnant naissance aux quartiers ouvriers du Sud-Ouest de Montréal.

Aujourd'hui, à proximité du canal, on dénombre quarante complexes industriels regroupant plus de 200 bâtiments dont certains, comme ceux de la Redpath Sugar, datent de la deuxième moitié du XIXᵉ siècle. Fait surprenant: les fonctions de plusieurs de ces bâtisses perpétuent leur vocation. En effet, vingt-trois de ces complexes sont toujours en activité, dont douze dans leur vocation initiale.

Les activités industrielles sont encore très présentes dans la partie ouest du canal. Des complexes industriels imposants occupent d'immenses superficies. De plus, un couloir de transport routier et ferroviaire, comptant parmi les plus développés et les plus achalandés de la région métropolitaine, longe la rive nord du canal sur une grande distance.

En se renouvelant et en se modernisant, l'industrie s'est délestée de ses machines démodées et de ses bâtiments surannés. Mais l'histoire du canal possède encore des milliers de témoins: les hommes, les femmes et les enfants qui y ont travaillé, les nombreuses bâtisses et structures toujours utilisées, les innombrables vestiges enterrés et, enfin, tous ces souvenirs révélés par les photos, les plans, les cartes et les documents anciens.

Avec l'aimable autorisation du site d'information du gouvernement du Canada

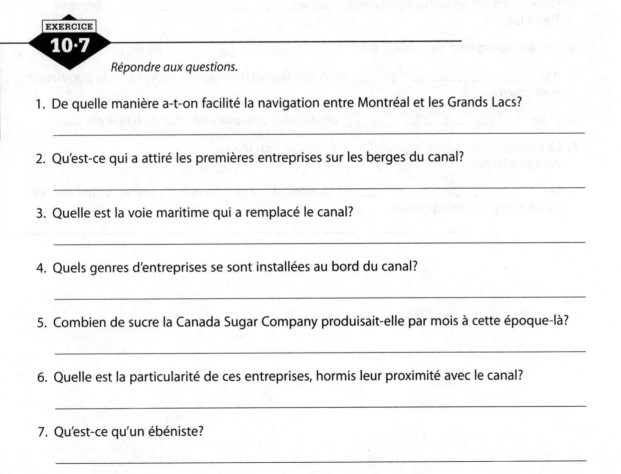

EXERCICE 10·7

Répondre aux questions.

1. De quelle manière a-t-on facilité la navigation entre Montréal et les Grands Lacs?

2. Qu'est-ce qui a attiré les premières entreprises sur les berges du canal?

3. Quelle est la voie maritime qui a remplacé le canal?

4. Quels genres d'entreprises se sont installées au bord du canal?

5. Combien de sucre la Canada Sugar Company produisait-elle par mois à cette époque-là?

6. Quelle est la particularité de ces entreprises, hormis leur proximité avec le canal?

7. Qu'est-ce qu'un ébéniste?

8. Comment l'industrialisation du canal a-t-elle façonné le profil social de Montréal?

_____

9. Où sont les quartiers ouvriers à Montréal?

_____

10. Y a-t-il des bâtiments industriels datant du XIXᵉ siècle qui sont toujours en activité?

_____

_____

Compléter avec un mot de la liste de vocabulaire du texte (deuxième partie).

1. Le développement économique du Brésil a _____ de grands changements sociaux.

2. Maélys a _____ la route qui mène au sommet de la montagne.

3. Une _____ est une usine où l'on fabrique des clous.

4. Tout le monde connaît les grands navires qui sortent du _____ de Saint-Nazaire, aussi appelé *Chantiers de l'Atlantique*.

5. Nous avons fait restaurer notre armoire par le _____ Édouard Tremblay.

6. Un témoignage est sans valeur si le _____ ne dit pas la vérité.

7. À la _____ de la Révolution française, la majorité de la population était pauvre.

8. Cette _____ produit des centaines de kilos de farine par jour.

9. La nouvelle installation industrielle est constituée en trois _____ ultra-modernes.

10. Les _____ du Québec exportent du bois de chêne, de merisier et d'érable dans le monde entier.

VOCABULAIRE

Les métiers de l'artisanat

bûcheron	*lumberjack*	menuisier	*carpenter, cabinetmaker*
carreleur	*tiler*	meunier	*miller*
charpentier	*carpenter*	ouvrier de chantier	*naval shipyard worker*
conducteur de train	*train conductor*	peintre	*painter*
cordonnier	*shoemaker, shoe repairer*	plâtrier	*plasterer*
couvreur	*roofer*	scieur	*sawyer*
dentellière	*lacemaker*	tanneur	*leather worker*
ébéniste	*cabinetmaker, restorer*	tapissier	*upholsterer*
fileur	*spinner*	terrassier	*road worker*
forgeron	*blacksmith*	tisserand	*weaver*
maçon	*mason*	vitrier	*glazier*
marbrier	*marble worker*		

Note culturelle: The Atwater Market

The Atwater Market, one of Montréal's best-known public markets, has been serving local residents since 1933. Located in the St-Henri district on the site of the former Saint Antoine Market and near a basin of the Lachine Canal, it was built as one of a series of major public works projects initiated by the Canadian federal government as a way of stimulating the economy following the 1929 stock market crash. Designed by architect Ludger Lemieux and typical of Art Deco and 1930s architecture, it was built at a cost of more than one million dollars. Over the years, in addition to operating as a farmers market, the building was used for a variety of political, military, social, and sports purposes, including as a food warehouse for soldiers during World War II. In 1968, the city threatened to close the market, planning to convert it into a recreation center. Public protests caused the city to reconsider the plan, and the market was reopened in 1982 after improvements had been made. Further renovations, repairs, and adaptations were carried out in 1989 and 1993. Today, the market is frequented both by Montreal residents and by people from all over the region in search of fresh, high-quality produce. The Atwater Market was identified by the City of Montreal's Built Heritage Evaluation as a building of exceptional heritage value.

Tout ce que vous avez toujours voulu savoir sur Marie-Antoinette sans oser le demander

Première partie

VOCABULAIRE

Avant la lecture

amant	*love*	**héritier**	*heir*
attirer (s') les foudres	*to provoke an angry response*	**jeu de cartes**	*card game*
		jouer de la harpe	*to play the harp*
cérémonial	*etiquette (of the court)*	**lever**	*to get up*
		lieu	*place*
coiffeur	*hairdresser*	**mélomane**	*music lover*
consacrer	*to devote*	**modiste**	*milliner, hatmaker*
coterie	*set, clique*	**naissance**	*birth*
cour	*court*	**naître**	*to be born*
dauphin	*heir apparent*	**œuvre**	*work*
dédié à	*dedicated to*	**palais autrichien**	*Austrian palace*
demeurer	*to live, stay, remain*	**peu à peu**	*gradually, little by little*
divertir	*to amuse, entertain*		
divertissement	*entertainment*	**pourtant**	*yet, nevertheless*
doit (devoir)	*owes (to owe)*	**repas**	*meal*
engouement	*infatuation, craze*	**réticences**	*misgivings*
épouse	*wife, spouse*	**soumettre à (se)**	*to submit to*
étiquette	*etiquette, protocol*	**surnom**	*nickname*
fournisseur	*supplier*	**surnommer**	*to nickname*
frère aîné	*older brother*	**susciter**	*to arouse, provoke*

Lecture

Reine de France (1755–1793)

Décrite par son frère, l'empereur Joseph II, comme «aimable et honnête», Marie-Antoinette, princesse autrichienne et épouse de Louis XVI, demeure l'un des personnages les plus fascinants de l'histoire de Versailles. Dédiée à l'organisation des divertissements de la cour, entourée de sa coterie et réticente au cérémonial imposé par sa fonction, la reine s'attire peu à peu les foudres de l'opinion publique jusqu'à sa fin tragique pendant la Révolution française.

Fille de François Ier de Lorraine, empereur du Saint-Empire romain germanique, et de Marie-Thérèse de Habsbourg, archiduchesse d'Autriche, Marie-Antoinette naît à Vienne le 2 novembre 1755. Son mariage avec le futur Louis XVI, le 16 mai 1770, est en partie l'œuvre du ministre Choiseul, l'un des principaux artisans de la réconciliation franco-autrichienne. Cette union suscite pourtant quelques réticences dans l'opinion publique, marquée par des années de guerre contre l'Autriche. Les cérémonies coïncident avec l'inauguration, à Versailles, de la salle de l'Opéra royal. Lieu où elle rencontre, des années plus tard, son amant supposé, Axel de Fersen.

Une reine à la cour

Louis XVI lui confie le soin de divertir la cour. Appréciant les divertissements, la reine fait organiser des représentations théâtrales deux à trois fois par semaine et ressuscite les grands bals. Elle tient aussi le jeu de la cour dans le salon de la Paix et montre un vif engouement pour le billard et les jeux de cartes. Mélomane, Marie-Antoinette joue de la harpe. Amatrice d'art, elle place sous sa protection l'ébéniste Riesener, grand fournisseur de meubles, ainsi que le peintre Élisabeth Vigée-Lebrun qui lui doit en grande partie sa carrière de portraitiste. Elle est à l'origine d'une trentaine de portraits de la souveraine. La reine consacre également beaucoup de temps à la mode, conseillée quotidiennement dans le choix de ses robes par sa couturière et modiste Rose Bertin. Son coiffeur, Léonard, lui compose des coiffures enrichies de plumes qu'elle affectionne.

Marie-Antoinette dans l'intimité

Marie-Antoinette occupe l'appartement de la reine dans lequel elle doit se soumettre aux obligations de sa fonction: lever, toilette, audiences, repas publics... Mais habituée au cérémonial simple des palais autrichiens, elle supporte mal les contraintes de l'étiquette versaillaise et recherche une vie plus intime. Entourée d'amis qui forment une coterie, elle se réfugie souvent dans ses Cabinets intérieurs, au Petit Trianon, offert par Louis XVI, ou encore au Hameau, véritable village pittoresque créé de toutes pièces.

Après huit longues années de mariage, alors que la cour attend un héritier, elle donne enfin naissance à son premier enfant en 1778. «Madame Royale», à laquelle Marie-Antoinette donne le surnom de «Mousseline la sérieuse», est bientôt suivie par le dauphin Louis Joseph Xavier-François, né en 1781. Quelques années plus tard, elle met au monde Louis-Charles, qu'elle surnomme «Chou d'amour» et qui devient Dauphin à la mort de son frère aîné en 1789, puis Sophie-Béatrice.

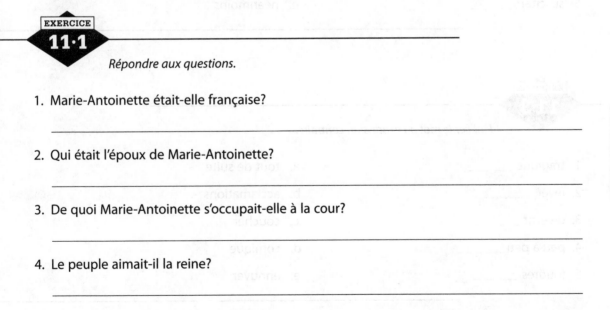

EXERCICE

11·1

Répondre aux questions.

1. Marie-Antoinette était-elle française?

_____

2. Qui était l'époux de Marie-Antoinette?

_____

3. De quoi Marie-Antoinette s'occupait-elle à la cour?

_____

4. Le peuple aimait-il la reine?

_____

5. Marie-Antoinette était-elle musicienne?

_____

6. Existe-t-il des portraits de Marie-Antoinette?

_____

7. Marie-Antoinette s'intéressait-elle à la mode?

_____

8. Marie-Antoinette était-elle à l'aise avec l'étiquette versaillaise?

_____

9. Qui est «le Dauphin»?

_____

10. À combien d'enfants Marie-Antoinette a-t-elle donné naissance?

_____

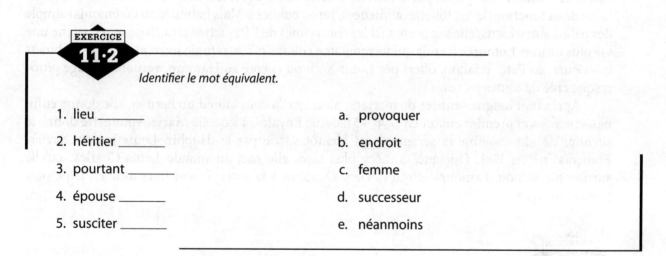

EXERCICE
11·2

Identifier le mot équivalent.

1. lieu _____   a. provoquer

2. héritier _____   b. endroit

3. pourtant _____   c. femme

4. épouse _____   d. successeur

5. susciter _____   e. néanmoins

EXERCICE
11·3

Identifier le mot ou expression contraire.

1. tragique _____   a. tout de suite

2. lever _____   b. acclamations

3. divertir _____   c. coucher

4. peu à peu _____   d. comique

5. foudres _____   e. ennuyer

Compléter avec un mot de la liste de vocabulaire du texte (première partie)

1. Je ne comprends pas son _____ pour les mangas japonais.

2. Thomas est l'_____ de la fortune de son oncle.

3. Caroline _____ tout son temps à ses recherches.

4. L'écrivain est toujours accompagné de sa petite _____ d'admirateurs.

5. Elle a été très malade pendant des mois, mais elle guérit _____.

6. Le Machu Picchu est un _____ sacré dans le monde.

7. Mon frère a du mal à _____ aux caprices de son patron.

8. Léa est un nom court, qui n'a pas de _____.

9. Les questions d'_____ sont toujours très importantes lors d'un dîner diplomatique.

10. Il est difficile de _____ des enfants quand il pleut, car ils ne peuvent pas jouer dehors.

Grammaire

The causative form

Responsible for seeing to it that the court was kept properly entertained, **la reine *fait organiser* des représentations théâtrales.** The construction used in this sentence, **fait organiser,** is known as the causative, and its use indicates that the queen herself did not organize these theatricals, but saw to it that someone else did. The causative form is created by adding an infinitive to the verb **faire.** It expresses the idea of having something done by someone else or of causing something to happen. Let's take a look at the following examples:

Je lave le linge.	*I do the laundry.*
Je **fais laver** le linge.	*I have the laundry done.*
Il a réparé la roue du carrosse.	*He repaired the carriage's wheel.*
Il **a fait réparer** la roue du carrosse.	*He had the carriage's wheel repaired.*
Les princesses coiffent leurs chiens.	*The princesses groom their dogs.*
Les princesses **font coiffer** leurs chiens.	*The princesses have their dogs groomed.*

In each of these sentences, it is the subject (**je, il, Les princesses**) who is the ultimate cause of a particular action that may be performed by another subject.

Mettre les phrases suivantes à la forme causative.

1. La comtesse envoie des fleurs à la reine pour son anniversaire.

   _____

2. La marquise remeublera son château dans la vallée de la Loire.

   _____

3. Vous envoyiez des lettres d'amour au duc de Lorraine.

   _____

4. La reine a organisé un grand bal masqué pour fêter l'anniversaire du roi.

   _____

5. Après la tempête, nous avons remplacé toutes les fenêtres abîmées dans la galerie des Glaces.

   _____

6. L'intendant accroche un nouveau tableau d'Élisabeth Vigée-Lebrun dans le salon.

   _____

7. Mirabeau relut son manuscrit.

   _____

8. Ils vident les appartements du comte afin de les rénover.

   _____

9. La dame de compagnie de la reine fait ses chapeaux à Paris.

   _____

10. Marie-Antoinette élevait des moutons dans son Hameau.

   _____

Traduire les phrases suivantes.

1. Marie Antoinette gave birth to four children.

   _____

2. She was a music lover. She loved to play the harp.

   _____

3. Versailles is the most beautiful of all the royal palaces.

_____

4. Marie Antoinette didn't like court etiquette.

_____

5. We are going to have the ballroom redone by a well-known decorator.

_____

6. Marie Antoinette's craze for monumental hairdos was criticized.

_____

7. The children's behavior incurred the heir apparent's anger.

_____

8. Many Austrian palaces were the work of Italian architects.

_____

9. His wife and his elder brother are heirs to his fortune.

_____

10. The milliner is looking for a supplier of silk ribbon.

_____

Note culturelle: Marie Antoinette in film

The character and story of Marie Antoinette would seem to be made for cinema, a fact not lost on even the earliest filmmakers. The first film portrayal of her life was a 1904 silent short entitled *Marie Antoinette*, produced in France by Pathé Frères. As was the custom at the time, no cast members are identified, so we do not know the name of the first actress to play her on-screen. The next version worthy of note is a 1922 German silent film, *Marie Antoinette, the Love of a King*. Designed to be a showcase for Polish actress Diana Karenne, the big-budget film and its star were panned for her morose interpretation of the queen. The 1938 Hollywood classic, *Marie Antoinette*, directed by W. S. Van Dyke for MGM and starring Norma Shearer, was a lavish historical drama considered one of the best films of the 1930s. More recently, Sofia Coppola's 2006 *Marie Antoinette*, with Kirsten Dunst as the doomed queen, and French director Benoît Jacquot's 2012 film version of the best-selling novel by Chantal Thomas entitled *Farewell My Queen (Les Adieux à la Reine)*, with Austrian actress Diane Kruger appropriately cast in the lead role, are positive proof of the public's continued fascination with Marie Antoinette.

Deuxième partie

VOCABULAIRE

Avant la lecture

à l'écart de	*away from, out of the way*	haie	*hedge*
abriter	*to shelter*	hameau	*hamlet*
aménager	*to lay out*	invité	*guest*
artichaut	*artichoke*	jacinthe	*hyacinth*
barque	*small boat*	laiterie	*dairy*
calomnier	*to slander*	maison	*house*
cerisier	*cherry tree*	moulin	*mill*
châtaignier	*chestnut tree*	ombrager	*to shade*
chou-fleur	*cauliflower*	palis	*picket fence*
cible	*target*	pêche	*fishing*
colombier	*dovecote*	phare	*lighthouse*
désavouer	*to disown, disavow*	pommier	*apple tree*
enfermé	*shut up in, imprisoned*	procès	*trial*
entouré de	*surrounded with*	quarantaines	*stock (plant)*
escarpolette	*swing*	remeublé	*refurnished*
escroquerie	*swindle, fraud*	restes	*(mortal) remains*
ferme	*farm*	servir de	*to act, serve as*
fermier	*farmer*	songer à	*to consider*
giroflées	*gillyflower*	tenter	*to try, attempt*
grange	*barn*	verger	*orchard*

Lecture

La reine désavouée

Sous l'influence de sa mère, elle tente avec maladresse de jouer un rôle politique mais elle est peu appréciée par la cour. Madame Adélaïde lui donne le surnom péjoratif «d'Autrichienne» qui l'accompagne jusqu'à sa fin. La Reine devient la cible privilégiée des pamphlets, libelles et caricatures, surtout à partir de 1785, où l'Affaire du Collier, escroquerie dont elle n'est vraisemblablement que la victime, sert de prétexte pour la calomnier. Dans son petit théâtre à Trianon, elle ose jouer *Le Mariage de Figaro*, pièce écrite en 1778 par Beaumarchais et très critique contre la société de l'Ancien Régime, que le Roi avait fait interdire. La rupture avec la cour est consommée.

Son attitude ambiguë au moment de la Révolution française—elle donne l'image d'une reine hésitant entre fuite et conciliation—accélère sa fin tragique. Enfermée au Temple après le 10 août 1792, elle est transférée à la Conciergerie quelque temps après l'exécution du roi en 1793. C'est avec un très grand courage qu'elle endure son procès, devant le Tribunal révolutionnaire, puis son exécution, le 16 octobre 1793, sur l'actuelle place de la Concorde. En 1815, ses restes sont déposés dans la basilique Saint-Denis, crypte royale.

Le Hameau

La vie rurale

Marie-Antoinette, cherchant à fuir la cour de Versailles, commande en 1783, son Hameau. Elle y retrouve régulièrement les charmes de la vie paysanne, entourée de ses dames de compagnies. L'ensemble devient d'ailleurs une véritable exploitation agricole, dirigée par un fermier, dont les produits alimentaient les cuisines du Château. Sous le Premier Empire, le Hameau est remeublé avec délicatesse pour l'Impératrice Marie-Louise.

À peine le premier jardin aménagé aux abords du Petit Trianon fut-il terminé que Marie-Antoinette songea à en établir un second, dans son prolongement vers la porte Saint-Antoine. Sur ce nouveau territoire, la reine développa un aspect déjà antérieurement ébauché par Louis XV à la Ménagerie de Trianon: le goût rustique. Entre 1783 et 1787, le Hameau fut donc réalisé dans l'esprit d'un véritable village normand, avec un ensemble de onze maisons réparties autour du Grand Lac. Cinq d'entre elles étaient réservées à l'usage de la reine et de ses invités: la Maison de la reine, le Billard, le Boudoir, le Moulin et la Laiterie de Propreté. Tandis que quatre maisons étaient réservées à l'occupation paysanne: la Ferme et ses annexes, la Grange, le Colombier et la Laiterie de Préparation. La Ferme était située à l'écart du village et abritait un cheptel varié: petit troupeau de huit vaches et d'un taureau, dix chèvres et des pigeons. Une maison était réservée à l'usage domestique: le Réchauffoir, où étaient préparés les plats pour les dîners donnés à la Maison de la reine ou au Moulin.

Chaque maison avait son petit jardin, planté de choux pommés de Milan, de choux-fleurs et d'artichauts, entouré d'une haie de charmille et clos d'un palis de châtaignier. Les rampes des escaliers, galeries et balcons étaient garnies de pots en faïence de Saint-Clément, aux couleurs blanche et bleue, contenant jacinthes, quarantaines, giroflées ou géraniums. De petits vergers étaient plantés de pommiers et cerisiers. Sur les murs des maisons et les berceaux ombrageant certaines allées, couraient des plantes grimpantes. Une escarpolette fut aménagée en 1785 pour les enfants royaux, puis rapidement démontée. En 1788, un jeu de boules fut également aménagé. La Tour de Marlborough, sorte de phare dominant les bords du Grand Lac, était utilisée pour le départ des promenades en barque ou des parties de pêche.

Avec l'aimable autorisation du château et du domaine national de Versailles

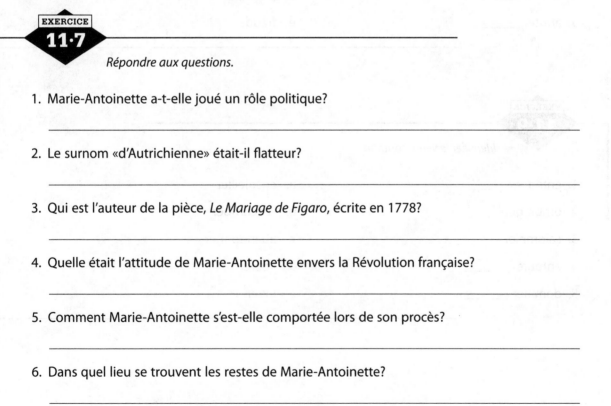

EXERCICE
11·7

Répondre aux questions.

1. Marie-Antoinette a-t-elle joué un rôle politique?

_____

2. Le surnom «d'Autrichienne» était-il flatteur?

_____

3. Qui est l'auteur de la pièce, *Le Mariage de Figaro*, écrite en 1778?

_____

4. Quelle était l'attitude de Marie-Antoinette envers la Révolution française?

_____

5. Comment Marie-Antoinette s'est-elle comportée lors de son procès?

_____

6. Dans quel lieu se trouvent les restes de Marie-Antoinette?

_____

7. Qu'est-ce que le Hameau?

_____

8. Combien d'années a-t-il fallu pour le construire?

_____

9. Quels animaux pouvait-on trouver à la Ferme?

_____

10. Quels étaient les divertissements possibles?

_____

EXERCICE
11·8

Identifier le mot équivalent.

1. escroquerie _____   a. but
2. songer _____   b. protéger
3. cible _____   c. essayer
4. tenter _____   d. penser
5. abriter _____   e. fraude

EXERCICE
11·9

Identifier le verbe contraire.

1. enfermer _____   a. ensoleiller
2. ombrager _____   b. succomber
3. calomnier _____   c. abandonner
4. entourer _____   d. libérer
5. dominer _____   e. louer

Compléter avec un mot de la liste de vocabulaire du texte (deuxiéme partie).

1. Elle mange des fruits de son propre _____.

2. Marguerite _____ de jouer un rôle important dans la vie de ses enfants.

3. Je voudrais _____ ma maison avec des objets d'art.

4. Lucas doit _____ son nouveau bureau avant de s'y installer.

5. Les grands châtaigniers _____ la maison.

6. Ce _____ est trop petit, il n'apparaît pas sur la carte.

7. Le juge n'est pas disponible, alors il faut reporter le _____ à la semaine prochaine.

8. Maylis adore les oiseaux. Elle a installé un _____ dans son jardin.

9. Les _____ sont en fleur à Washington, D.C., au mois d'avril.

10. Les _____ les plus polis envoient un petit mot de remerciement à leur hôte.

Grammaire

Entouré de/entouré par

As queen, Marie Antoinette was **entourée d'amis, de sa famille, de ses gardes, de fleurs, et de vignobles** (*surrounded by friends, by her family, by her guards, by flowers, and by vineyards*). Here, being surrounded is positive and comfortable, and the preposition used is **de**. On the other hand, one can imagine that when the royal family was captured in Varennes trying to escape from France, it was **entourée par les soldats** (*surrounded by the soldiers*). In this case, being surrounded is negative—even hostile—and the preposition used is **par**.

Choisir la préposition correcte dans les phrases suivantes.

1. Le Grand Trianon est entouré (de/par) statues.

2. La maison du voleur a été entourée (de/par) la police.

3. Lorsqu'elle est au lit, la reine est entourée (de/par) ses chiens.

4. Le roi était toujours entourée (de/par) des courtisans.

5. Notre jardin est entouré (de/par) vieux chênes.

Subordinating conjunctions: **pendant que/alors que/tandis que**

Subordinating conjunctions and conjunctive phrases are used to connect the main part of a sentence to a subordinate clause. The three we are reviewing here, **pendant que**, **alors que**, and **tandis que**, can all be translated using the English conjunction *while*. However, this can be confusing since the French terms are not interchangeable.

♦ When there is simultaneity, the conjunction **pendant que** (*while*) is used:

La reine écoute de la musique **pendant qu**'elle nourrit ses moutons. | *The queen listens to music **while** she feeds her sheep.*
La reine ne doit pas bouger **pendant que** Élisabeth Vigée-Lebrun fait son portrait. | *The queen must not move **while** Élisabeth Vigée-Lebrun is painting her portrait.*

♦ When there is a slight tension between two actions, the conjunction **alors que** (*while*) is used:

Les invités sont déjà à table **alors que** le chef cuisinier n'a pas fini de préparer le banquet. | *The guests are already seated at the table **while** the head cook has not finished preparing the banquet.*
La princesse est sortie **alors que** le médecin le lui avait interdit. | *The princess went out **even though** the doctor had told her not to.*

♦ When a strong tension or opposition between two actions is expressed, **tandis que** (*whereas*) is used:

Tandis que Jacques Necker, ministre des finances de Louis XVI, parlait, l'audience bâillait. | ***Although*** *Jacques Necker, Louis the XVI's minister of finances, was talking, the audience was yawning.*
Tandis que le peuple est affamé, le roi gaspille sans compter. | ***While*** *the people are starving, the king spends lavishly.*

EXERCICE 11·12

Former des phrases. Attention: une seule réponse possible.

1. Pendant que le comte se promène à cheval, _____.

2. Tandis que la reine portait des robes somptueuses, _____.

3. Alors que la reine était dans son bain, _____.

4. Pendant que le jardinier arrosait le jardin royal, _____.

5. Tandis que la foule enragée se précipite sur le palais _____.

a. les paysannes avaient des vêtements déchirés

b. la reine fait preuve d'un grand courage

c. son apprenti arrachait les mauvaises herbes

d. un messager est arrivé, porteur de mauvaises nouvelles

e. il pense au prochain spectacle équestre

Inversions

When used at the beginning of a sentence, some adverbs require the inversion of the verb form that follows: **à peine... que** (*hardly, no sooner*), **ainsi** (*thus, therefore*), **aussi** (*also*), **encore** (*even then, still*), **en vain** (*in vain*), **peut-être** (*maybe*), **sans doute** (*probably*). Context will determine how we translate these phrases. Let's look at some examples:

> **À peine** le premier jardin aménagé aux abords du Petit Trianon fut-il terminé **que** Marie-Antoinette songea à en établir un second.

> *No sooner* was the first garden laid out around the Petit Trianon completed *than* Marie Antoinette thought of doing another one.

> **Peut-être** viendra-t-il ce soir.

> He *may* come tonight.

EXERCICE 11·13

Reformuler les phrases suivantes en plaçant l'adverbe au début de la phrase.

1. Elle a décidé de déménager. (ainsi)

2. Le train sera à l'heure. (peut-être)

3. Il essaie de se souvenir du nom de la rivière qui coule sous le château de Chenonceau. (en vain)

4. La duchesse portera une robe en satin décorée de dentelles. (sans doute)

5. Le roi était parti à la chasse, on apprit la mort de la reine mère. (à peine... que)

EXERCICE 11·14

*Traduire les phrases suivantes en utilisant **vous** si nécessaire.*

1. Marie Antoinette was often the target of malicious gossip.

2. It is difficult to pronounce your first name. You should perhaps consider a nickname.

3. The play *The Marriage of Figaro* was banned by Louis XVI.

4. Marie Antoinette was executed on the site of the current Place de la Concorde.

_____

5. Tourists visit the Conciergerie where Marie Antoinette was imprisoned.

_____

6. I saw a film while I was reading a book.

_____

7. Cherry trees and apple trees grow in the orchard.

_____

8. The gardens are open to the public, while the house is reserved for the family.

_____

9. No sooner had we arrived than it began to rain.

_____

10. Perhaps Marie Antoinette is more popular nowadays than she was in her lifetime.

_____

Note culturelle: Daily life at Versailles

The name *Versailles* is synonymous with splendor, something that was sadly lacking in the everyday life of the royal court. Versailles, with its accompanying strict system of court etiquette, was envisaged by Louis XIV as a way to distance the nobility from the city of Paris, where the possibility of revolt was ever present, and to control it in a closed environment. All persons of distinction were expected to be in attendance at court and to participate in its highly structured daily routine, from the **lever** in the morning, when emptying the royal chamber pot was considered a high honor; through elaborate, lengthy, multicourse meals almost always eaten when the food was cold; to the **coucher**, when holding the royal candlestick was a sign of royal favor. Nobles were required to leave their grand estates for a good part of the year to come and live in Versailles itself. Their quarters, assigned by rank, were often small, dark, damp, and vermin infested. Without heating or ventilation, the winters were cold and the summers hot and humid. Primitive bathing and toilet facilities resulted in lack of personal hygiene among nobility and servants alike. Indeed, certain fashions, such as the use of perfume (to mask the odors of unwashed bodies and clothing), originated as a result of these appalling conditions. Perhaps it is best that it is the splendid public face of Versailles that we remember today.

Jeu de mots: **Nez**

Ça se voit comme le **nez** au milieu de la figure.	*It's as clear as day.*
Je lui ai claqué la porte au **nez**.	*I slammed the door in his/her face.*
Ils m'ont ri au **nez**.	*They laughed in my face.*
L'affaire lui est passée sous **le nez**.	*The deal slipped through his/her fingers.*
Ne fourre pas ton **nez** dans mes affaires!	*Mind your own business!*
À vue de **nez**, les comptes sont exacts.	*At first glance, the accounting is right.*
Ces vendeurs sont toujours en train de se bouffer le **nez**.	*These salesmen are always at each other's throats.*
Son fils le mène par le bout du **nez**.	*His son is leading him by the nose.*
La moutarde lui est montée au **nez**.	*She/he lost her/his temper.*
Il a eu le **nez** fin en vendant 50% de ses actions.	*He had flair when he sold 50 percent of his stocks.*
L'ouvrier était si fatigué qu'il commençait à piquer du **nez** sur son journal.	*The exhausted worker started falling asleep over his newspaper.*
On est passés chez eux pour leur apporter des champignons, mais on s'est cassé le **nez**.	*We stopped by their house to bring them mushrooms, but no one was in.*
Il faut toujours lui tirer les vers du **nez**.	*One always has to worm some information out of him.*
Yann a fait le **nez** toute la soirée.	*Yann pulled a face the whole evening.*
En étant embauchée par le concurrent, Ophélie a fait un pied de **nez** au PDG.	*By accepting a job from a competitor, Ophélie thumbed her nose at the CEO.*

Et si on allait à la bibliothèque?

Première partie

VOCABULAIRE

Avant la lecture

à l'étage	*upstairs*	habitué	*regular visitor*
à la retraite	*retired*	hasard	*luck, chance*
accueil	*reception*	intéresser à (s')	*to be interested in*
afin de	*in order to*	lecteur invétéré	*inveterate reader*
attirer	*to appeal to*	lieux	*premises*
bandes dessinées	*comic books*	manque	*lack of*
bédéphile	*comic book fan*	n'importe qui	*anybody*
but	*purpose*	ordinateur	*computer*
ça le fait pas*	*out of the question*	ouvrage	*work*
cher	*expensive*	par hasard	*by chance*
coûter	*to cost*	peinture	*painting*
écouteurs	*headphones*	rayons	*stacks*
élève conservateur	*student librarian*	roman policier	*detective novel*
emprunter	*to borrow*	sinon	*otherwise*
entretien	*interview*	tantôt... tantôt	*sometimes . . .*
étude	*study*		*sometimes*
facteur de réussite	*success factor*	taper dans	*to dip into*
flâner	*to stroll*	usager	*user*
franchir	*to go through*	viser à	*to aim at*

* Familiar or common term, slang

Lecture

Verbatims—les usagers ont la parole

Le conseil général du Val-d'Oise s'est engagé dans une étude sur les facteurs de réussite d'une bibliothèque publique afin de mieux accompagner les projets de médiathèques et d'aider à l'amélioration des établissements existant sur le département. La phase qualitative de cette étude a consisté en vingt et un entretiens avec les usagers de quatre bibliothèques du département. Ces entretiens, réalisés au printemps 2009 par deux élèves conservateurs de l'ENSSIB (École nationale supérieure des sciences de l'information et des bibliothèques) portent sur l'utilisation et la perception des services et des lieux. Ils visent à compléter une analyse quantitative en cours. Voici quelques extraits des entretiens.

La bibliothèque, pourquoi on y vient?

Marc accompagne ses filles à la bibliothèque le mercredi. C'est sa passion de bédéphile qui l'attire ici. «Je viens chercher des livres. Je suis un fan de bandes dessinées, ça coûte trop cher, et puis, il y a aussi un manque de place, donc, je viens prendre ici. Je n'emprunte pas de DVD, je préfère les acheter, les CD aussi, pour les avoir chez moi. Dans ma famille, il n'y a pas trop de bédéphiles! Ça va faire six mois que je suis inscrit ici, depuis le début de l'année scolaire. Comme ma fille venait d'entrer au CE1 je voulais qu'elle lise. Je n'emprunte pas pour ma femme, elle ne me demande pas, elle lit très peu. Elle travaille toute la journée sur ordinateur, donc se mettre dans un livre le soir, ça le fait pas! On a pris des livres à France Loisirs, mais elle ne les lit pas. Je les lis!»

Henry, lecteur invétéré de romans policiers, à la retraite et grand habitué de la bibliothèque vient tantôt pour flâner tantôt dans un but précis. «Aujourd'hui, je suis venu flâner, trouver des choses à lire. Je prends toujours des livres, je suis un amateur de policiers invétéré, ou je tape dans les anciens, puis ça m'arrive de relire. Je regarde les ouvrages sur la peinture aussi, mais pas n'importe qui, Modigliani surtout, mais il n'y en a plus beaucoup ici... Sinon, je m'intéresse aux champignons, puis un petit peu à tout. Je vais dans les rayons, puis je regarde.»

Jérémy est étudiant en anglais. C'est le hasard et une envie soudaine de lire un magazine qui l'ont poussé à franchir les portes de la bibliothèque la première fois.

«J'étais dans le coin, je suis passé par hasard, et puis je suis rentré. Je me suis dit, tiens, je vais lire *L'Équipe* d'aujourd'hui... C'est principalement ce que je fais. En fait, je viens lire la presse, je viens consulter les magazines qui sont ici. Je connais la médiathèque depuis qu'elle a ouvert, donc je sais un peu ce qu'il y a dedans. J'étais venu déjà deux ou trois fois il y a quelque temps, pour travailler à l'étage. Mais sinon, je viens rarement ici, même si j'habite pas très loin. Je suis venu parce je suis en anglais, et il fallait que j'écoute un document en anglais. Comme c'était quelque chose que je n'avais pas chez moi, je suis venu le consulter ici. J'étais déjà venu voir un petit peu ce qu'il y avait et puis j'ai demandé aux personnes de l'accueil, il y avait les écouteurs et tout le matériel.»

EXERCICE
12·1

Répondre aux questions.

1. Pourquoi a-t-on effectué une étude sur les facteurs de réussite d'une bibliothèque publique?

   _____

2. En quoi a consisté la phase qualitative de cette étude?

   _____

3. Qui a réalisé les entretiens avec les usagers de la bibliothèque?

   _____

4. À part des livres, que peut-on emprunter à la bibliothèque?

   _____

5. Dans la famille de Marc, qui sont les lecteurs?

   _____

6. Quand Henry va à la bibliothèque, que cherche-t-il?

   _____

7. Pourquoi Jérémy a-t-il franchi les portes de la bibliothèque la première fois?

_____

8. La bibliothèque est-elle un lieu de travail?

_____

9. Dans quelle mesure le personnel a-t-il aidé Jérémy?

_____

10. Sur quoi portent les entretiens réalisés en 2009?

_____

EXERCICE
12·2

Identifier les synonymes.

1. but _____
2. manque _____
3. cher _____
4. habitué _____
5. afin de _____

a. absence
b. pour
c. fidèle
d. objectif
e. coûteux

EXERCICE
12·3

Compléter avec un mot de la liste de vocabulaire du texte (première partie).

1. Il y a plusieurs facteurs de _____ d'une bibliothèque publique.

2. Les _____ travaillent aux côtés des conservateurs expérimentés.

3. Les _____ peuvent emprunter des bandes dessinées à la bibliothèque.

4. Si tu veux écouter de la musique dans le train, prends tes _____ pour ne pas déranger les autres passagers.

5. Souvent, les gens _____ les portes de la bibliothèque par hasard.

6. Son père est un lecteur _____ de biographies.

7. Parfois, des gens viennent à la bibliothèque simplement pour _____ au lieu d'avoir un objectif spécifique.

8. Je m'_____ aux livres sur les oiseaux, et cette bibliothèque en a en quantité.

9. On peut obtenir des renseignements à _____.

Grammaire

Il y a

Il y a is an impersonal expression that means both *there is* and *there are*.

Il y a dix ordinateurs au rez-de-chaussée.	*There are ten computers on the main floor.*
Il n'y a pas de lecteur de microfilm dans cette bibliothèque.	*There is no microfilm reader in this library.*
Y a-t-il un scanner?	*Is there a scanner?*

Il y a is used in a variety of expressions.

Qu'est-ce qu'**il y a**?	*What's the matter?*
Il n'y a qu'à lui dire.	*Just tell him.*
Il y a cent kilomètres d'ici à Saint-Malo.	*It's one hundred kilometers from here to Saint-Malo.*

Note that -**t**- is added in the inverted form, and **de** or **d'** is used in the negative.

EXERCICE

12·4

*Traduire les phrases suivantes utilisant l'expression impersonnelle **il y a**, et **tu** si nécessaire.*

1. There are student librarians available to help you.

   _____

2. Just give them the comic books and the children will be happy.

   _____

3. There is no explanation for these success factors.

   _____

4. What's the matter with you? Don't you like to read?

   _____

5. In this library there are dozens of grammar books you can consult.

   _____

Vocabulaire

N'importe

The French expression **n'importe** is derived from the verb **importer**, which means *to matter*. It can be followed by an interrogative pronoun, an adjective, or an adverb, and it is used to convey the unspecific idea of *any* in English: *anyone, anything, anywhere, anyhow,* and *anytime.*

N'importe qui peut utiliser la bibliothèque.	*Anyone can use the library.*
Tu peux lui demander **n'importe quoi**.	*You can ask him/her anything.*
—Quelle édition de ce livre désirez-vous? —**N'importe laquelle**.	*—Which edition of this book would you like? —Any one.*
Le rangement des livres est fait **n'importe comment**!	*The books are stacked in any which way!*
Si vous avez un problème, vous pouvez me contacter **n'importe quand**.	*If you have a problem, you can contact me anytime.*
Elle voyagera avec lui **n'importe où**.	*She will travel with him anywhere.*

EXERCICE 12·5

*Compléter les phrases suivantes en utilisant l'expression **n'importe**.*

1. S'il est pressé, il peut partir _____.

2. —Quelle liseuse numérique voulez-vous utiliser? —_____.

3. Ce logiciel est très simple, _____ est capable de l'utiliser.

4. Sans restriction gouvernementale, les journalistes peuvent

   aller _____.

5. Ne l'écoute pas! Elle raconte _____!

Venir de

The verb **venir** is a commonly used verb that means *to come*. However, when **venir** is used in the present tense + **de**, combined with a verb in the infinitive, it expresses an action that *has just taken place* in the immediate past. Although the construction is in the present tense in French, it denotes a past action and should by translated as such into English. It is conjugated in the present tense as follows:

je viens d'écrire	*I just wrote*	nous venons d'écrire	*we just wrote*
tu viens d'écrire	*you just wrote*	vous venez d'écrire	*you just wrote*
il/elle vient d'écrire	*he/she just wrote*	ils/elles viennent d'écrire	*they just wrote*

Here are some examples of the way in which the immediate past is used:

Une caisse de livres d'art **vient d'**arriver.	*A box of art books has just arrived.*
On **vient d'**ouvrir une nouvelle bibliothèque.	*A new library has just opened.*

To describe an action that had just happened, use **venir** in the imperfect tense + **de** + the infinitive. It is conjugated in the imperfect tense as follows:

je venais de partir	*I had just left*	nous venions de partir	*we had just left*
tu venais de partir	*you had just left*	vous veniez de partir	*you had just left*
il/elle venait de partir	*he/she had just left*	ils/elles venaient de partir	*they had just left*

Here are some additional examples:

Je **venais d**'arriver à la bibliothèque quand je me suis aperçu que j'avais oublié ma carte de prêt.

I had just arrived at the library when I realized that I had forgotten my library card.

Le film **venait de** commencer quand le projecteur est tombé en panne.

The film had just started when the projector broke down.

EXERCICE 12·6

Traduire les phrases suivantes en utilisant **venir de** *au présent ou à l'imparfait.*

1. We had just arrived when the doors closed.

_____

2. She just completed a new book.

_____

3. We just missed our plane.

_____

4. The library had just purchased this software when a new version came out.

_____

5. The student librarian had just finished his internship when he was offered a job.

_____

6. The public library just purchased new furniture for the reception area.

_____

7. I had just closed the window when it began to rain.

_____

8. She just became a member.

_____

9. The librarian just quit his job.

_____

10. I had just given him a detective novel when he told me he had already read it.

_____

Deuxième partie

VOCABULAIRE

Avant la lecture

à côté	*next door*	internaute	*Internet user*
abonnement	*subscription*	j'ai entendu dire que	*I've heard that*
abordable	*affordable*	lieu de convivialité	*place for social interaction*
accessible	*accessible*	lieu de culture	*cultural site*
accueil	*reception area*	lieu de rencontres	*meeting place*
année scolaire	*school year*	lieu public	*public place*
attendre à (s')	*to expect*	marrer comme des	*to break into fits of*
avoir envie de	*to feel like*	fous (se)*	*laughter*
avoir l'habitude de	*to be accustomed to*	merveille	*wonder*
bouquin	*book*	occasion	*opportunity*
carte	*(library) card*	panne	*breakdown*
chercher	*to look for*	passant	*passerby*
circulation	*traffic*	plusieurs	*several*
clairement	*clearly*	râler	*to groan about*
combien	*how much*	rappel à l'ordre	*reminder*
copain	*friend*	refiler (se)*	*to pass something on to*
coup de fil	*telephone call*		*somebody*
décédé	*deceased*	renseigner	*to give information*
dedans	*inside*	savoir	*knowledge*
discuter	*to chat*	souhaiter	*to want, wish*
droits d'accès	*access rights*	stage d'initiation	*introductory course*
enfin	*last, finally*	tellement	*so much*
et des poussières	*and a bit*	tomber sur	*to come across*
faire un tour	*to take a stroll*	truc	*thing*
gêner	*to bother, annoy*	tuyau*	*tip*
informatique	*computer science*	voix	*voice*

* Familiar or common term, slang

Lecture

Henry regrette clairement que l'ordinateur raréfie les occasions de contact avec le personnel de la bibliothèque.

«Avant, le rappel à l'ordre pour les livres, c'était un coup de fil, maintenant c'est l'ordinateur... Ça fait un contact de moins, il y a la voix qui disparaît. Quand on rentre, il n'y a pas une fille qui va venir vous dire «vous souhaitez, vous cherchez quoi». On choisit, on fait un tour dans les rayons, on montre sa carte, et puis au revoir madame. Il y a des filles avec qui on peut discuter, et puis, il y en a d'autres, on ne peut pas. Celle-là, elle est internaute aussi, c'était un peu de la complicité, on s'est refilé des tuyaux sur les pannes... Puis je lui ai aussi passé des bouquins.»

Pour Jérémy ce sont les droits d'accès à la médiathèque qui devraient être plus abordables.

«A priori, une médiathèque ça devrait être accessible à tout le monde donc ça me gêne d'avoir à payer, mais c'est une médiathèque de bonne qualité, donc pourquoi pas faire payer, mais un prix abordable, après, qu'est-ce qu'un prix abordable, je n'en sais rien, mais a priori, c'est un lieu de culture et de savoir, donc c'est normal. C'est un lieu de convivialité aussi. Enfin, il y a plusieurs personnes qui viennent, c'est un lieu public, donc c'est un lieu de rencontres aussi, mais avant tout, pour moi, c'est un lieu de culture mais aussi d'information, parce qu'il y a aussi des magazines. Je suis venu deux ou trois fois avec des copains qui habitent à côté, aussi pour regarder les magazines.»

Impressions générales

Henry

«C'est la fille de la bibliothèque qui m'avait demandé si j'étais intéressé par les stages d'initiation informatique... Je les ai faits, les premiers, tous, ça s'est très très bien passé, j'ai été entièrement satisfait, une petite merveille, on s'est marrés comme des fous, on est tombés sur des trucs pas possibles! Il m'en est resté des trucs super, je suis encore en contact avec des gens qui ne sont pas décédés. Les tarifs, c'est pas non plus excessif... je ne sais plus combien c'est, mais cinq euros et des poussières ! Et puis, quand on trouve ce qu'on a envie de lire. On ne va pas râler pour un abonnement qui coûte pratiquement rien pour l'année. Mais si on n'habite pas là, évidemment, c'est pas le même prix ! Et c'est un peu normal... en fait c'est notre bibliothèque.»

Jérémy

«C'est un bon accueil, quand on rentre, ils disent bonjour, ils nous renseignent, moi je trouve que le personnel est de qualité. Je ne regarde pas sur l'ordinateur, je vais directement aux personnes, c'est plus agréable. Je viens depuis le début de l'année scolaire en fait. J'habite juste à côté, j'ai entendu dire qu'il y avait une nouvelle médiathèque et donc j'ai voulu voir, par curiosité, quand même... c'est vrai que ça m'a agréablement surpris. C'est vrai que personnellement, de la part de la ville, je ne m'attendais pas trop à ça... je m'attendais à quelque chose de plus négligé, par rapport aux autres infrastructures, je m'attendais à quelque chose d'un peu plus petit. On n'a tellement pas l'habitude d'avoir des grands espaces. Moi, personnellement, je la trouve très très grande et ce n'est pas plus mal, ça permet de mettre des choses dedans. C'est vrai qu'il y a un petit peu de vide aussi... mais je trouve que c'est bien aussi... pour le passage, et pour la convivialité, je trouve que c'est mieux... enfin, pour la circulation, au cas où il y aurait du monde. On a une bonne impression de l'extérieur. C'est l'aspect extérieur qui est très présentable et qui donne envie de venir à la médiathèque. Mais c'est dû aussi peut-être à l'environnement, il y a un petit parc à côté, ça donne une petite ambiance conviviale. Quand on est à l'extérieur, on voit directement à l'intérieur de la médiathèque... donc c'est bien aussi pour les passants de voir comment c'est, de l'extérieur.»

Diane Roussignol—Octobre 2010
Avec l'aimable autorisation de la BBF.ENSSIB.fr.

EXERCICE 12·7

Répondre aux questions.

1. Quel est l'impact du développement de l'informatique sur les contacts entre les lecteurs et le personnel?

_____

2. Quelle sorte de lieu est la bibliothèque?

_____

3. Peut-on suivre des stages d'initiation à la bibliothèque?

_____

4. L'accueil à la bibliothèque est-il chaleureux?

_____

5. Quelle est la réaction de Jérémy quant à la taille de la bibliothèque?

_____

6. Quelle impression a-t-on de l'extérieur?

_____

EXERCICE
12·8

Identifier le synonyme.

1. clairement _____
2. occasion _____
3. bouquin _____
4. gêner _____
5. enfin _____

a. finalement
b. déranger
c. opportunité
d. livre
e. distinctement

EXERCICE
12·9

Compléter avec un mot de la liste de vocabulaire du texte (deuxième partie).

1. Avec l'arrivée de l' _____, les contacts avec le personnel sont moins fréquents.

2. J'aime _____ dans les rayons quand je ne sais pas quoi lire.

3. Une médiathèque doit être _____ à tout le monde.

4. On propose des stages _____ à la clientèle.

5. L'abonnement est de l'ordre de dix euros et _____.

Grammaire

Devoir

The verb **devoir** (*must, to have to*) is a frequently used verb with various meanings and nuances. We need to listen to the speaker's intonation in order to determine whether **devoir** implies a command or a simple suggestion. It is conjugated in the present tense as follows:

je dois	*I must*	nous devons	*we must*
tu dois	*you must*	vous devez	*you must*
il/elle doit	*he/she must*	ils/elles doivent	*they must*

Devoir has different meanings. **Devoir** can be used to express *obligation* and a more abstract form of debt.

Vous **devez** rapporter ce livre d'ici mardi.	*You have to return this book by Tuesday.*
L'élève conservateur **doit** finir sa thèse avant la fin du mois.	*The student librarian must finish his thesis before the end of the month.*

Devoir may be used to indicate *probability*.

Jean et Étienne **doivent** me donner des tuyaux pour que je sois accepté à l'École nationale des chartes.	*Jean and Étienne are supposed to give me tips so that I can be accepted at l'École nationale des chartes.*
Cette recherche **doit** identifier les facteurs clés de réussite.	*This research is supposed to identify the key success factors.*

Devoir is used to indicate an actual *debt*.

Je **dois** trois euros à la bibliothèque.	*I owe three euros to the library.*
Il **doit** son succès à sa femme.	*He owes his success to his wife.*

When it refers to an obligation, **devoir** may be translated as *should* and *ought to*. In this case, it must be in the present or past conditional tense. It is conjugated in these tenses as follows:

je devrais	*I should*	j'aurais dû	*I should have*
tu devrais	*you should*	tu aurais dû	*you should have*
il/elle devrait	*he/she should*	il/elle aurait dû	*he/she should have*
nous devrions	*we should*	nous aurions dû	*we should have*
vous devriez	*you should*	vous auriez dû	*you should have*
ils/elles devraient	*they should*	ils/elles auraient dû	*they should have*

Here are some examples:

Tu **devrais** prêter tes livres à ta sœur.	*You should lend your books to your sister.*
Jasmine **devrait** travailler sur ce projet avec vous.	*Jasmine should work on this project with you.*
J'**aurais dû** suivre ce stage d'initiation.	*I should have taken this introductory course.*
Ils **auraient dû** enregistrer la conférence.	*They should have recorded the lecture.*

EXERCICE 12·10

*Compléter les phrases suivantes en utilisant le verbe **devoir** aux temps indiqués.*

1. J' _____ aller à l'ouverture de l'exposition car je connaissais l'artiste. (passé composé)

2. Tu _____ mettre des écouteurs pour ne pas gêner les autres usagers. (conditionnel présent)

3. Nous _____ beaucoup d'argent à la banque. (présent)

4. Vous _____ payer la facture avant l'échéance. (conditionnel passé)

5. Le metteur en scène _____ tourner son prochain film au Maroc mais il n'a pas reçu la subvention attendue. (imparfait)

6. Ce pays _____ respecter les droits de l'homme. (conditionnel présent)

7. Le chercheur _____ visionner le film à la médiathèque. (passé composé)

8. Elle _____ penser aux conséquences avant de prendre sa décision. (futur)

9. Tu _____ me le dire. (conditionnel passé)

10. Les bibliothèques publiques _____ leur réussite à plusieurs facteurs. (présent)

EXERCICE 12·11

*Traduire les phrases suivantes en utilisant **vous** si nécessaire.*

1. The public library offers a beginner-level computer class, and the price is quite reasonable.

_____

2. In France, comic books for adults sell well.

_____

3. Elliot is an inveterate reader of detective novels.

_____

4. You should have tried to find the book at the library.

_____

5. I just started a new job.

_____

6. A subscription is not expensive—five euros and change.

_____

7. They just bought a house and owe a lot of money to the bank.

_____

8. She should have told you she was retiring.

_____

9. The librarian can assist you if you are looking for information on a specific subject.

_____

10. There are a lot of students in the library during the school year.

_____

Note culturelle: The oldest public library in France

La Bibliothèque Mazarine in Paris is the oldest public library in France. Originally the personal library of Cardinal Mazarin, successor to Cardinal Richelieu and advisor to the young Louis XIV, it first opened its doors to the public in 1643. By 1652, the library was the largest in Europe with close to forty thousand volumes. To ensure its continuity, Mazarin made it a part of the Collège des Quatre-Nations, which he founded shortly before his death in 1661. After more than twenty years of construction, la Bibliothèque Mazarine was opened in the left wing of the Collège in 1689. During the French Revolution, despite the fact that the Collège itself had been closed, the public character of the library allowed it to remain open and even to take advantage of some of the collections confiscated from the aristocracy. For more than three centuries it has continued to acquire new materials and enhance its rich collections. In 1945, it became part of the Institut de France, which has been housed in the former Collège buildings since 1805. Today, it is one of the largest literary and scientific institutions overseen by the French Ministry of National Education. Its main reading room, which was carefully restored between 1968 and 1974, perpetuates the unique décor of a large seventeenth-century library. La Bibliothèque Mazarine has retained its public character and is open to all, from scholars to those who are simply curious, French and foreign alike. In keeping pace with modern technology, those unable to visit it in person are now able to take a virtual tour of la Bibliothèque Mazarine and to consult its catalog online at www .bibliotheque-mazarine.fr. Text is in French and in English.

Numérisation tous azimuts

Première partie

VOCABULAIRE

Avant la lecture

acétate de cellulose	*cellulose acetate*	**fonds** (always	*collections*
actualités	*newsreels*	plural)	
au fil du temps	*over time*	**menace**	*threat*
bande magnétique	*magnetic tape*	**mettre en valeur**	*to highlight*
chaîne	*channel*	**numérisation**	*digitization*
chaleur	*heat*	**parmi**	*among*
champignon	*fungus*	**patrimoine**	*heritage*
course contre la	*race against the*	**plan de**	*conservation plan*
montre	clock	sauvegarde	
couvrir	*to cover*	**relever le défi**	*to take up the*
enregistrement	*recording*		challenge
être soumis à	*to be subject to*	**remonter à**	*to date back to*

Lecture

La numérisation des archives de l'Ina

Le patrimoine audiovisuel de l'Institut national de l'audiovisuel (Ina) a deux origines: les fonds d'archives télévision et radio provenant des chaînes publiques—auxquels il faut ajouter un fonds d'actualités cinématographiques et un fonds photographique—et les fonds en provenance du dépôt légal. Les fonds professionnels des archives des chaînes publiques remontent aux années 1940 pour la radio et aux années 1950 pour la télévision. Ceux des actualités françaises couvrent les années 1940. Tous ces documents se trouvent donc sur des supports anciens qui ont été altérés au fil du temps.

Un plan de sauvegarde et de numérisation

L'Ina a pour mission de conserver et de mettre en valeur l'un des fonds d'archives radio et télévision parmi les plus anciens et les plus riches au monde. Cependant, la dégradation de certaines générations de supports menace une partie de ces fonds de disparition. Une course contre la montre est donc engagée pour préserver ce patrimoine. Pour relever ce défi, l'Ina a lancé en 1999 un plan de sauvegarde et de numérisation massif et systématique qui doit permettre de garantir la sauvegarde du fonds ancien, d'en faciliter l'exploitation et d'en améliorer l'accès, et répondre à sa mission de valorisation du patrimoine.

Sur un total de fonds patrimoniaux d'environ 1 300 000 heures, 830 000 heures sont menacées à des titres divers (dégradation du support, obsolescence des équipements de lecture...). La nature des menaces varie selon les supports. Les films, les bandes magnétiques vidéo ou sonores, les disques 78 tours à enregistrement direct de la radio ancienne sont soumis à toutes sortes de dégradations physiques, chimiques ou biologiques liées à la chaleur, l'humidité, les champignons ou les insectes. Des dégradations touchent aussi les films, et les bandes sonores associées, dont le matériau de construction était l'acétate de cellulose. Ils sont victimes d'une réaction chimique appelée «syndrome du vinaigre» pouvant aller jusqu'à la décomposition irréversible du support.

Marie-Claire Amblard
Avec l'aimable autorisation de la BBF.ENSSIB

EXERCICE
13·1

Répondre aux questions.

1. Quelles sont les deux origines du patrimoine audiovisuel de l'Ina?

_____

2. De quand datent les fonds professionnels des archives pour la télévision?

_____

3. En quelle année le plan de sauvegarde a-t-il été lancé?

_____

4. Combien d'heures d'enregistrement sont menacées de disparition?

_____

5. Par quel moyen les fonds sont-ils sauvegardés?

_____

6. Qu'est-ce qui représente une menace pour les bandes magnétiques sonores?

_____

7. Expliquez ce qu'est le «syndrome du vinaigre».

_____

Compléter avec un mot de la liste de vocabulaire du texte (première partie).

1. La _____ massive fait partie du plan de sauvegarde de l'Ina.

2. Il faut préserver le _____ architectural de la ville!

3. Le roquefort est fabriqué à partir de _____ microscopiques.

4. Ces fonds inclurent des disques 78 tours à _____ direct de la radio.

5. En été, la _____ peut devenir une menace pour les personnes fragiles.

Grammaire

La position des adjectifs

In French, most qualifying adjectives follow the noun:

Céline porte ses nouvelles chaussures **rouges**.	*Céline is wearing her new red shoes.*
Cet orchestre ne joue que de la musique **moderne**.	*This orchestra plays only modern music.*

However, an adjective may precede a noun:

Elle m'a fait un très **beau** compliment.	*She paid me a very nice compliment.*
C'est une **longue** histoire.	*It's a long story.*
Veux-tu essayer ce **nouveau** restaurant?	*Do you want to try this new restaurant?*
C'était une **bonne** affaire pour l'acheteur.	*It was a good deal for the buyer.*
Votre manque d'enthousiasme est un **mauvais** signe.	*Your lack of enthusiasm is a bad sign.*
Cette **vieille** maison a beaucoup de charme.	*This old house has lots of charm.*
Ce spectacle est destiné à un **jeune** public.	*This show is intended for a young audience.*

Be careful: some adjectives have different meanings, depending on whether they proceed or follow the noun.

VOCABULAIRE

son **ancien** patron	*his former boss*	une statue **ancienne**	*an antique statue*
mon **cher** ami	*my dear friend*	une robe **chère**	*an expensive dress*
Mon **pauvre** Charles!	*My poor Charles!*	une homme **pauvre**	*a poor man*
sa **propre** affaire	*his own business*	une ville **propre**	*a clean city*
un **sale** type	*a nasty guy*	le linge **sale**	*dirty laundry*
un **grand** écrivain	*an important writer*	un homme **grand**	*a tall man*
le **dernier** mot	*the last word*	la semaine **dernière**	*last week*
un homme **brave**	*a brave man*	un **brave** homme	*a fine man*
un type **chic**	*a stylish guy*	un **chic** type	*a nice guy*

EXERCICE

13·3

Mettre le nom et l'adjectif entre parenthèses dans le bon ordre.

1. Amélia est une _____ (femme, jeune) de 24 ans.

2. Notre _____ (professeur, ancien) vient de prendre sa retraite.

3. Tu dois t'occuper de tes _____ (films, propres).

4. C'est la/l' _____ (œuvre, dernière) de cet artiste qui continue à nous étonner.

5. Ce bâtiment est une _____ (usine, vieille).

6. La mission de l'Ina est de conserver les _____ (enregistrements, vieux) et de les sauvegarder.

7. Achetez cette _____ (caméra, vieille), c'est une bonne trouvaille!

8. As-tu déjà mangé dans ce _____ (restaurant, nouveau)?

9. Le _____ (film, dernier) de ce réalisateur est très beau.

10. La numérisation est _____ (processus, long).

EXERCICE

13·4

Traduire les phrases suivantes.

1. Poor Lucas! His old tape recorder just broke down.

_____

2. Long films can be difficult to restore.

_____

3. Old films are often the victims of unpleasant problems: fungi and insects.

_____

4. Do bad films deserve to be digitized?

_____

5. The archives are located in a former castle.

_____

6. Their new collection of recordings is impressive!

_____

7. This apartment has a very expensive rent—we should move out.

_____

8. His latest movie is awful. It received bad reviews.

_____

9. It's a good idea to digitize old films before they deteriorate.

_____

10. This is a poor region. They do not have money for art.

_____

Deuxième partie

VOCABULAIRE

Avant la lecture

à part entière	*full-fledged*	faire partie intégrante	*to be an integral part of*
appel à contribution	*call for contributions*	hormis	*except for, apart from*
chapeauter	*to oversee*	lancer	*to launch*
démarche	*approach*	mise en valeur	*highlight*
démarrer	*to start*	n'importe quoi	*anything*
dénicher	*to unearth*	numériser	*to digitize*
diffuser	*to broadcast*	particulier	*individual*
d'ores et déjà	*already*	pépite	*nugget*
élargir	*to extend*	récompense	*individual reward*
enfouir	*to bury*	particulière	

Lecture

L'Ina collecte les films amateurs pour enrichir la mémoire audiovisuelle collective Lancé lundi, le projet «Mémoires partagées» consiste à faire appel aux films amateurs réalisés par les Français et ayant une valeur patrimoniale. Chapeautée par l'Ina, l'initiative consiste à enrichir la mémoire audiovisuelle collective en diffusant ensuite les meilleures vidéos sur le site de l'Ina et Dailymotion.

Depuis 1978, L'Institut national de l'audiovisuel a pour mission d'archiver toutes les productions télévisuelles et radiophoniques diffusées en France. Des dizaines de milliers d'heures de contenus ont d'ores et déjà été collectées par l'Ina. Mais la mémoire audiovisuelle n'existe pas qu'à travers les programmes réalisés par les professionnels de la radio et de la télévision.

Elle réside aussi dans les films amateurs de tout un chacun. C'est pourquoi l'Ina a lancé le projet «Mémoires partagées», qui consiste à réceptionner les enregistrements des Français. «À l'heure où chacun peut devenir acteur à part entière de la sphère médiatique, il est apparu nécessaire d'élargir le travail de préservation et de mise en valeur des images aux films dits "amateurs" et de lancer un appel à contribution», explique l'Ina.

L'initiative n'est évidemment pas obligatoire. Mais elle est ouverte à tout le monde, car elle vise à éviter que certaines pépites audiovisuelles ne tombent à jamais dans l'oubli. Les particuliers, les associations et même les entreprises peuvent contribuer à enrichir cette mémoire collective en envoyant leurs archives, quels que soient leur époque ou leur support d'origine (cassette VHS, fichier numérique, Super 8, film...).

Bien entendu, l'Ina ne sélectionnera que les vidéos ayant une véritable valeur patrimoniale. Pas question de diffuser n'importe quoi, n'importe comment. Tous les contenus envoyés seront analysés au préalable et seuls ceux répondant aux critères seront diffusés. Et pour démarrer en douceur, l'Ina recherche en priorité des documents «*illustrant différents aspects de l'histoire et de la culture de la région Aquitaine*».

«Cette démarche collaborative devrait permettre de dénicher les trésors audiovisuels insoupçonnés jusqu'alors enfouis dans les archives personnelles des Français. Les documents audiovisuels feront partie intégrante du patrimoine audiovisuel français et seront consultables par tous sur ina.fr ainsi que sur la chaine Ina Mémoires partagées éditée par l'Ina sur Dailymotion», est-il précisé.

Ceux qui participeront au projet ne doivent s'attendre à aucune récompense particulière, hormis la satisfaction d'avoir participé à un projet collaboratif. À noter que les contenus non numérisés devront l'être, et que le processus est à la charge de leur propriétaire. Les contenus seront «*restitués en consultation libre*». Autrement dit, l'Ina ne fera pas payer les internautes pour accéder à cette mémoire collective.

Julien L.
Société 2.0, mercredi 4 juillet 2012
Avec l'aimable autorisation de Société 2.0

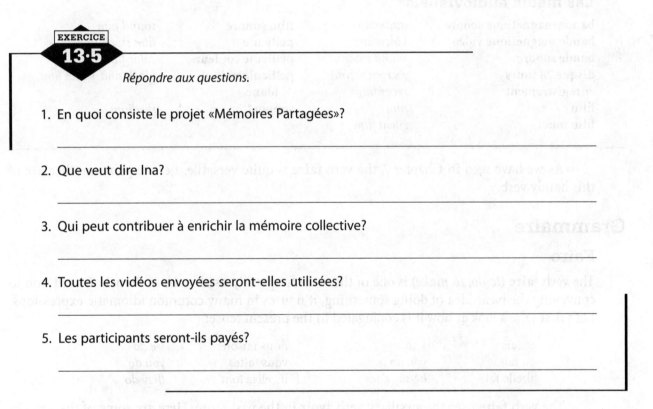

EXERCICE 13·5

Répondre aux questions.

1. En quoi consiste le projet «Mémoires Partagées»?

_____

2. Que veut dire Ina?

_____

3. Qui peut contribuer à enrichir la mémoire collective?

_____

4. Toutes les vidéos envoyées seront-elles utilisées?

_____

5. Les participants seront-ils payés?

_____

Compléter avec un mot de la liste de vocabulaire du texte (deuxième partie).

1. L'Ina va _____ les films sur son site web.

2. Nous avons soumis tous nos films _____ les plus abîmés.

3. Les films amateurs _____ du patrimoine culturel de la société.

4. C'est un travail bénévole pour lequel on ne reçoit pas de _____.

5. L'Ina n'acceptera pas _____.

The Ina project will involve digitizing a variety of audiovisual media. Here is some useful vocabulary.

VOCABULAIRE

Les média audiovisuels

bande magnétique sonore	*audiotape*	**film sonore**	*sound film*
bande magnétique vidéo	*videotape*	**pellicule**	*film stock*
bande sonore	*sound track*	**pellicule couleur**	*color film*
disque 78 tours	*78 rpm record*	**pellicule noir et**	*black-and-white film*
enregistrement	*recording*	**blanc**	
film	*film*	**support**	*medium*
film muet	*silent film*		

As we have seen in Chapter 7, the verb **faire** is quite versatile. Let's explore another use of this handy verb.

Grammaire

Faire

The verb **faire** (*to do, to make*) is one of the most frequently used verbs in French. In addition to conveying the basic idea of doing something, it figures in many common idiomatic expressions. Let's first take a look at how it is conjugated in the present tense:

je fais	*I do*	nous faisons	*we do*
tu fais	*you do*	vous faites	*you do*
il/elle fait	*he/she does*	ils/elles font	*they do*

The verb **faire** uses the auxiliary verb **avoir** in the past tense. Here are some of the ways in which it is used:

Je ne **fais** rien aujourd'hui.	*I am not doing anything today.*
Qu'**avez**-vous **fait** de vos films muets?	*What did you do with your silent films?*

Faire when followed by an infinitive can express the idea of having something done by someone or of causing something to happen. This, as we know from Chapter 11, is the **forme causative**. This is an effort to reinforce the learning process of a daily usage and daily confusion. Consider the following examples with the multifaceted **faire** as:

faire entrer (*to let in*)

Ne faites pas entrer les spectateurs avant 17h30.

Do not let the audience in before 5:30 P.M.

faire réparer (*to have repaired*)

Il faut **faire réparer** les films avant de les numériser.

The films must be repaired before they are digitized.

faire tomber (*to drop*)

Ce projectionniste **fait** tout **tomber**.

That projectionist drops everything.

Here are a few more idiomatic expressions:

faire appel à (*to appeal to, call on*)

Le projet "Mémoires partagées" consiste à **faire appel aux** films amateurs.

The "Mémoires partagées" project is an appeal for amateur films.

faire partie de (*to be part of*)

Les documents audiovisuels **feront partie intégrante** du patrimoine audiovisuel français.

The audiovisual documents will be an integral part of the French audiovisual heritage.

s'en faire (*to worry*)

Ne vous en faites pas, les archives seront ouvertes au public.

Don't worry, the archives will be open to the public.

s'y faire (*to get used to*)

Le processus de numérisation semble compliqué, mais on **s'y fait** très vite.

The digitization process seems complicated, but you quickly get used to it.

Ça fait combien?	*How much does it cost?*
Trois et cinq font huit.	*Three plus five equals eight*
Il fait 15 degrés aujourd'hui.	*It is 15 degrees today.*
La salle de lecture fait vingt mètres de large.	*The reading room is twenty meters wide.*
Ça ne se fait pas.	*It's not done.*
Ça ne fait rien.	*It's nothing. It does not matter.*
Faire la pluie et le beau temps.	*To call the shots.*
Il ne fait que se plaindre.	*All he does is complain.*
As-tu fait tes devoirs?	*Did you do your homework?*
Il a fait son devoir.	*He did his duty.*

EXERCICE 13·7

Mettre le verbe entre parenthèses à la forme causative.

1. L'Ina _____ des cassettes VHS. (numériser)

2. Les archivistes _____ une base de données comprenant toute l'information sur ces vieux médias. (établir)

3. Vous devez _____ ces fichiers aussitôt que possible. (envoyer)

4. Il est difficile de _____ le vieux matériel de projection par manque de techniciens. (réparer)

5. Nous sommes en train de _____ un site web qui rendra tous ces films plus accessibles. (développer)

_____

*Traduire les phrases suivantes en utilisant **tu** si nécessaire.*

1. Do not let Guillaume carry the glasses; he drops everything.

_____

2. The new boss calls all the shots.

_____

3. Twelve plus twenty equals thirty-two.

_____

4. Don't worry, it's nothing.

_____

5. It is always hot here, but you'll get used to it.

_____

6. It is impolite to ask personal questions. It's just not done!

_____

7. Don't worry, the project will be completed in time.

_____

8. The Ina is calling on the public to submit their old films.

_____

9. It is difficult to work with her because all she does is complain.

_____

10. The screen in this movie theater is 45 meters wide.

_____

Note culturelle: Home Movie Day

Home Movie Day began in 2002 as an event designed to recognize the home movie as an important source of historical, cultural, and social information. It was the brainchild of a group of US film archivists who, like the INA in France, were concerned about the future of amateur home movies shot on often unstable film stock during the twentieth century. It was a success from the start and is now celebrated throughout the world, including in France. The first French Home Movie Day (**Le Home Movie Day** as it is known) took place in Paris in 2010. (http://homemoviedayparis.fr/quest-ce-que-le-home-movie-day/) Since 2011, it has been organized by the organization L'Inversible, with a team of professionals from various film archives and cinémathèques and dedicated amateur home movie enthusiasts. **Le Home Movie Day** offers a wide variety of events. Films contributed by individuals are screened at an open screen session. "Unknown treasures" from French and foreign archives are presented with commentary by the archivists and specialists responsible for their conservation and preservation. Films for children, experimental films, film installations by cinema and performance artists and a **ciné-concert** are also on the program. Finally, attendees have the opportunity to participate in preservation and digitization workshops and meet with professionals working in the field. This initiative is a noteworthy step toward raising public awareness of these films. Since they are outside the commercial mainstream, it is important to prevent them from being forgotten or from succumbing to the ravages of time.

Jeu de mots: Table

Les **dessous-de-table** sont communs dans cette entreprise.	*Bribing is common at this company.*
Elle a fait **table** rase du passé.	*She made a clean sweep of the past.*
Mathilde a mis la **table** et Antoine l'a débarrassée.	*Mathilde set the table, and Antoine cleared it.*
Son fils arrive à la maison et met les pieds sous la **table**.	*Her son arrives home and expects to be served his dinner.*
Ils avaient tellement bu qu'ils ont roulé sous la **table**.	*They drank themselves under the table.*
Mettez-vous à **table**, s'il vous plaît.	*Sit down at the table, please.*
Le cambrioleur s'est finalement mis à **table**.	*The burglar finally confessed.*
Leurs concurrents ont joué cartes sur **table**.	*The competition put their cards on the table.*
Elle aime beaucoup les plaisirs de la **table**.	*She really enjoys eating.*
Elle a mis sa bague sur la **table** de nuit.	*She put her ring on the nightstand.*

Claire, serveuse à Bruxelles

Première partie

VOCABULAIRE

Avant la lecture

à plein temps	*full-time*	odieux	*obnoxious*
boulot	*job*	papoter	*to chat*
ça tombe bien	*good timing*	pièce de théâtre	*play*
compagnon	*companion*	prestation	*service*
défouler (se)	*to relax*	rater	*to go wrong, fail*
derrière	*in the background*	rejoindre	*to join*
emmerdeur	*pain in the neck*	relâcher	*to relax*
ennuyer	*to annoy, bother*	rendre compte (se)	*to realize*
entamée	*started, under way*	resto	*restaurant*
gérer	*to manage*	serveur	*waiter*
glander	*to loaf around*	serveuse	*waitress*
habituer à (s')	*to become used to*	servir	*to serve*
laisser tomber	*to drop*	souriant	*smiling*
malgré	*in spite of*	tombée du rideau	*lowering of the curtain*
mesquin	*mean*		
metteur en scène	*director (m.)*	travailler	*to work*
metteuse en scène	*director (f.)*	trombinoscope	*directory with photos*
milieu	*set, circle*		

Lecture

Claire, serveuse: «Penser à l'avance, ne jamais se relâcher, sourire»

Travailler dans un resto, c'est un peu comme mettre en scène une pièce de théâtre, explique Claire. La jeune fille de 29 ans a laissé tomber ses études de sociologie pour travailler dans la restauration à plein temps. Elle préfère rester anonyme.

«Ton rôle, c'est d'être derrière, rester discret et gérer tous les problèmes. Le client ne doit pas se rendre compte de tout ce qui peut rater.»

Elle est donc la metteuse en scène de dîner dans un resto italien—elle-même est d'origine italienne et parle d'ailleurs très vite—du quartier européen de Bruxelles. Elle sert beaucoup de députés (elle a un trombinoscope pour les reconnaître), mais pas seulement; les grands soirs, une centaine de clients se pressent dans ce resto à l'ambiance malgré tout familiale.

Pour une prestation réussie, il faut sourire. Ça tombe bien, «je suis quelqu'un de souriant». Elle a le ton assuré et spontané, et des ressources:

«Si le client est odieux, on se dit entre collègues: "Celui-là, à la table 5, c'est un emmerdeur". C'est un peu mesquin, mais on préfère se défouler entre nous et ne pas le faire sentir à la clientèle.»

Beaucoup de temps à quitter le resto

Toute la soirée, Claire monte et descend des escaliers, passe du bar à la cuisine, des tables à la caisse. Jusqu'à la tombée du rideau, quand elle peut enfin s'asseoir, manger, boire un verre et papoter avec ses collègues; le moment de la «redescente».

«On met beaucoup de temps à quitter le resto. On est dans la phase de relaxation, on est un peu là, à glander, sans trop savoir pourquoi. Mais on sent qu'on en a besoin. On aime bien sortir après le travail. On se met dans la peau du client, on ne s'occupe plus de rien.»

Après le travail, il est minuit. Quand Claire rejoint ses amis, leur soirée est déjà bien entamée. Travailler durant les «heures sociales», ça peut être frustrant, mais elle s'y est habituée. Ses amis passent dans son restaurant et son compagnon est «du milieu». Finalement, elle y trouve son compte:

«On travaille à faire passer aux gens un bon moment. C'est bien, il y a tellement de boulots où vous avez l'impression de les ennuyer...»

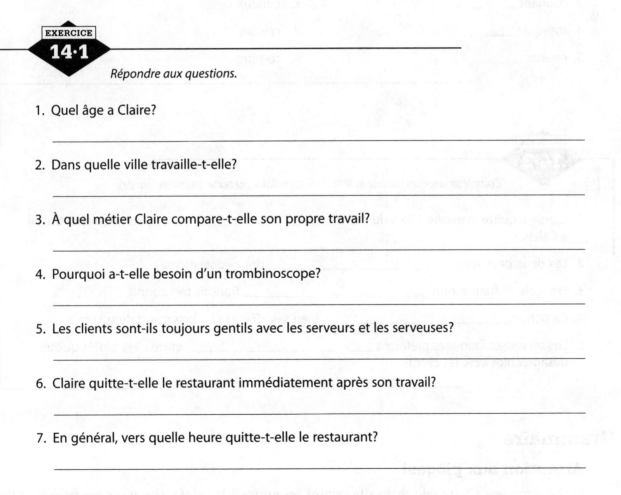

EXERCICE 14·1

Répondre aux questions.

1. Quel âge a Claire?

   _____

2. Dans quelle ville travaille-t-elle?

   _____

3. À quel métier Claire compare-t-elle son propre travail?

   _____

4. Pourquoi a-t-elle besoin d'un trombinoscope?

   _____

5. Les clients sont-ils toujours gentils avec les serveurs et les serveuses?

   _____

6. Claire quitte-t-elle le restaurant immédiatement après son travail?

   _____

7. En général, vers quelle heure quitte-t-elle le restaurant?

   _____

8. Le compagnon de Claire est-il chanteur?

_____

9. Claire aime-t-elle son travail?

_____

10. Claire s'ennuie-t-elle quand elle travaille?

_____

EXERCICE
14·2

Identifier l'adjectif contraire.

1. discret _____   a. charmant

2. spontané _____   b. généreux

3. souriant _____   c. curieux

4. mesquin _____   d. calculé

5. odieux _____   e. sombre

EXERCICE
14·3

Compléter avec un mot de la liste de vocabulaire du texte (première partie).

1. Carole a quitté Marseille. Elle a du mal à _____ son nouveau travail à Calais.

2. Les deux pays vont _____ des négociations.

3. François Truffaut est un _____ français très connu.

4. Ce patron _____ bien ses affaires et a beaucoup de succès.

5. Les serveuses fatiguées préfèrent _____ entre elles plutôt qu'être désagréables avec les clients.

Grammaire

Attention aux pièges!

In the interview, Claire said that **«elle rejoint ses amis» à la soirée**; *she meets her friends at the party*. The verb *to meet* is difficult in French. Look carefully at the examples and familiarize yourself with the nuances.

Rencontrer

As a rule, **rencontrer** is used when you meet someone for the first time or by chance.

Bertrand **a rencontré** Carole dans une soirée.	*Bertrand met Carole at a party.*
Nous **avons rencontré** Mathilde à la vente aux enchères.	*We met Mathilde at the auction.*

However, in formal situations, **rencontrer** does not necessarily refer to a first encounter. It emphasizes the importance of the meeting, but it does not mean that the persons involved had never met before.

Le Ministre des Affaires étrangères **a rencontré** l'ambassadeur d'Argentine.	*The minister of foreign affairs met the ambassador to Argentina.*

Rejoindre/retrouver

Rejoindre and **retrouver** mean that one person or more will meet another or several persons in a specific place. They are synonyms.

rejoindre

Je vous **rejoins** chez Yan après la fermeture du restaurant.	*I'll meet you at Yan's after the restaurant closes.*
Il vous **rejoindra** sur la Côte d'Azur le 15 juillet.	*He'll meet you on the Riviera on July 15th.*

retrouver

Vous nous **retrouverez** devant le Collège de France à midi?	*You'll meet us outside the Collège de France at noon?*
Je te **retrouve** demain à la même heure?	*Should I meet you tomorrow at the same time?*

Se rejoindre/se retrouver

On **se rejoint** au café au 10 heures.	*We'll meet at the café at 10 A.M.*
Nous **nous sommes retrouvés** après une longue absence.	*We met after a long absence.*

Se joindre à

When one or more persons join a group already formed, an association, or a club, **se joindre à** is the proper verb.

Je ne pourrai pas **me joindre à** vous samedi. Désolé.	*I won't be able to join you on Saturday. Sorry.*
Vous pouvez **vous joindre au** débat en ligne.	*You can join the debate online.*

Aller chercher/venir chercher

Vous **allez chercher** Jeanne à l'héliport?	*Are you meeting Jeanne at the heliport?*
Ne prenez pas la peine de **venir me chercher** à l'aéroport.	*Don't bother meeting me at the airport.*

Traduire les phrases suivantes.

1. Meet us outside the Théâtre des Abbesses at 7:30 P.M. (**tu**)

   _____

2. Claire met Hughes, her companion, at a party.

   _____

3. We want to join the discussion online.

   _____

4. The French president met his Chinese counterpart in Berlin.

   _____

5. I'll meet you and the director after the play. (**vous**)

   _____

6. We would like her to join us for our daughter's wedding.

   _____

7. I'll be meeting her at the heliport.

   _____

8. I'll meet you in the European Quarter at noon. (**tu**)

   _____

9. Can you meet me at the airport? (**vous**)

   _____

10. Benoît never met my parents.

   _____

Ennuyer

Another tricky verb used in the introduction of the interview is **ennuyer**. «**Il y a tellement de boulots où vous avez l'impression de *les ennuyer*»**, said Claire. This verb can be used in several different ways.

ennuyer

Tu m'**ennuies**, va-t-en!	*You are bothering me, go away!*
Son histoire sans fin m'**ennuie** à mourir.	*His endless story bores me to death.*
Ça vous **ennuierait** de passer me chercher?	*Would you mind picking me up?*

s'ennuyer

Les enfants **se sont ennuyés** en regardant ce dessin animé.

Yvon ne **s'ennuie** jamais.

The children got bored watching this cartoon.

Yvon never gets bored.

être ennuyé

Notre voisin **est ennuyé** car il ne retrouve pas nos clés.

Nous **sommes ennuyés** car nous avons fait une énorme gaffe.

Our neighbor is embarrassed because he cannot find our keys.

We are embarrassed because we made a huge blunder.

s'ennuyer de

Je **m'ennuie de** toi.

Il **s'ennuie de** Madrid.

I miss you.

He misses Madrid.

EXERCICE

14·5

Traduire les phrases suivantes.

1. I never get bored when I am with you. (**vous**)

   _____

2. Stop bothering me! (**tu**)

   _____

3. I am so embarrassed. I don't know how to tell him I spilled water on his iPad.

   _____

4. We miss Rome.

   _____

5. Would you mind helping me serve our guests? (**vous**)

   _____

Deuxième partie

Avant la lecture

assiette	*plate*	glissant	*slippery*
boulot	*job*	habiller (s')	*to dress*
bouteille	*bottle*	horaire	*schedule*
bruyant	*noisy*	huile	*oil*
bureau	*office*	indemniser	*to compensate*
caisse	*case*	jambe	*leg*
CDI	*open-ended contract*	jupe	*skirt*
chaussure	*shoe*	mémoire	*memory*
complément alimentaire	*dietary supplement*	partout	*all over the place*
coupure	*cut*	pas grand-chose	*not much*
court	*short*	patron	*boss*
couvert	*place setting*	plat	*flat*
crevant	*exhausting*	pourboire	*tip*
débarrasser de (se)	*to get rid of*	prendre une douche	*to take a shower*
débarrasser la table	*to clear the table*	renverser	*to spill*
décalé	*odd*	restauration	*restaurant business*
étage	*floor, story*	tenue	*dress*
étaler	*to fall over*	vengeance	*vengeance, revenge*

Lecture

Quel est votre contrat?

Je suis responsable de salle en CDI, depuis deux ans. J'ai commencé à travailler dans la restauration quand j'étais étudiante pour financer mes études. Le rythme était crevant, je n'y arrivais pas trop, alors j'ai arrêté mes études pour travailler à plein temps.

Quel est votre salaire?

Je suis payée 12 euros nets de l'heure. On a aussi un pourcentage sur le nombre de personnes que l'on sert, 10 centimes par couvert. Ça n'a pas l'air grand-chose comme ça, mais à la fin de la semaine ça fait une différence. Et puis on a les pourboires: environ 100 à 150 euros par semaine.

Dans la restauration, les gens sont rarement déclarés à temps plein. Je fais facilement une dizaine d'heures de plus que ce qu'il y a d'écrit dans mon contrat.

Quels sont vos horaires?

On sait à quelle heure on commence, jamais à quelle heure on finit. Je dois faire entre 40 et 50 heures par semaine. Le matin, je commence au plus tôt à 11 heures; c'est un des aspects de mon travail que j'aime. J'ai essayé d'avoir des boulots de bureau, c'était une catastrophe: j'étais en retard, pas réveillée, pas productive. En général, on finit aux alentours de minuit.

Il y a des bons côtés à avoir des horaires décalés. Quand on est tranquille alors que tout le monde est au bureau; c'est une petite vengeance.

Votre employeur impose-t-il une tenue de travail?

Pour ma tenue, j'ai une liberté totale. J'essaie de m'habiller d'une façon élégante tout en restant confortable. Les jupes ne doivent pas être trop courtes: quand vous montez les escaliers, les gens regardent en dessous. Pas trop longues non plus, vous risqueriez de vous prendre les pieds dedans et de vous étaler.

Les chaussures, c'est le plus important; il faut qu'elles soient confortables, plutôt légères et qu'elles soient légèrement relevées sur le talon, un ou deux centimètres. Si elles sont trop plates, ça fait mal au dos. Elles doivent aussi être résistantes, solides et fermées, au cas où quelque chose vous tombe sur le pied. Si vous avez un accident du travail, ça peut être un motif pour ne pas vous indemniser.

Votre travail vous demande-t-il un effort physique?

On marche énormément. La salle est longue et il y a deux étages. Un client s'est amusé à compter le nombre de fois où je prenais les escaliers: quand il est parti il en était à 70 fois, et le service n'était pas fini. Quand on débarrasse, c'est un peu un exercice d'équilibriste. Vous avez des assiettes à moitié pleines, le pain, le flacon d'huile hyperglissant, le sel qui va se renverser un peu partout... À la fin du service, il faut remonter les caisses de bouteilles. Souvent, mes collègues le font, ils essaient de m'éviter ça sous prétexte que je suis une fille. L'acoustique n'est pas géniale, quand il y a du monde ça peut devenir assez bruyant. Il y a les bruits de la machine à café, de la cuisine, la musique en fond sonore, tous ces bruits qui contribuent à la fatigue générale. Et il faut réussir à parler sans se casser la voix.

EXERCICE

14·6

Répondre aux questions.

1. Comment s'appelle le contrat de Claire?

   _____

2. Depuis combien de temps Claire est-elle responsable de salle?

   _____

3. Combien Claire gagne-t-elle de l'heure?

   _____

4. Les clients lui donnent-ils des pourboires?

   _____

5. Combien d'heures environ Claire travaille-t-elle par semaine?

   _____

6. Le patron oblige-t-il les serveuses à porter une certaine tenue?

   _____

7. Pourquoi Claire ne porte-t-elle pas de chaussures plates?

   _____

8. Quels sont les bruits qui fatiguent les employés?

   _____

9. Qui remonte les caisses de bouteilles à la fin du service?

   _____

10. La salle de restaurant est-elle sur un seul niveau?

   _____

EXERCICE
14·7

Identifier le synonyme.

1. pourboire _____   a. souffrance

2. salle _____   b. emploi

3. boulot _____   c. chef

4. douleur _____   d. pièce

5. patron _____   e. gratification

EXERCICE
14·8

Compléter avec un mot de la liste de vocabulaire du texte (deuxième partie).

1. Elsa a trouvé un nouveau _____ chez Airbus.

2. Travailler deux heures par jour dans un restaurant bruyant,

   c'est _____.

3. Le patron déteste que les clients _____ le vin rouge sur les nappes blanches.

4. Théo collectionne les _____ de vin de Bordeaux.

5. C'est toujours moi qui _____ la table après le dîner.

As we saw in Chapter 3, prepositions can be capricious. *Claire, serveuse à Bruxelles* provides us with a great review of the prepositions **à** and **de**.

*Compléter avec la préposition **à** ou **de**.*

1. Si vous êtes toujours en retard, vous risquez _____ perdre votre boulot.

2. _____ quoi penses-tu?

3. À quelle heure commencez-vous _____ travailler le matin?

4. Mes nouvelles chaussures me font mal _____ pieds.

5. Il s'amuse _____ compter les clients dans le restaurant.

6. Essaie _____ faire un effort de mémoire.

7. Carole n'arrive pas _____ suivre le rythme. C'est trop crevant.

8. J'ai oublié _____ acheter de l'huile.

9. Pense _____ réserver une table dans notre restaurant favori.

10. Vivien n'a pas réussi _____ contacter son ex-patron.

Vocabulaire: **Pourboire**

The origin of the tip dates back to the eighteenth century in England where a restaurant owner had placed a pot on the counter with the words *To Insure Promptness* (i.e., TIP), for clients in a hurry who wanted to be served first. In the nineteenth century, this practice developed as a way of rewarding quality service by saying: "Take this, it's to drink to my health," hence the name *pourboire*, from the French **pour boire**, to drink.

Beginning with a March 27, 1987, decree, restaurant owners must indicate on menus and on bills given to customers that the gratuity is included. In general the rate is 15 percent. However, it is customary to also leave a tip of 5 percent or more if you are satisfied with the service. Tips help to supplement salaries, which are not high, and they are also a way of acknowledging the waiter or waitress. There is no rule about the amount, but leaving a two-euro coin in an upscale restaurant would not be viewed very kindly. If the waitress is as nice and as efficient as Claire, be generous. Leave a good tip.

Troisième partie

VOCABULAIRE

Avant la lecture

allonger	*to stretch*	faire du yoga	*to practice yoga*
augmenter	*to increase*	fatigant	*exhausting*
baisser	*to lower*	jambe	*leg*
bas de contention	*compression stockings*	main	*hand*
bien-être	*satisfaction*	ménager à (se)	*to pace oneself*
brûler (se)	*to burn oneself*	métier	*trade, profession*
caisse	*case*	mettre à (se)	*to begin to*
commande	*order*	mollet	*calf*
complément alimentaire	*dietary supplement*	note	*grade, mark*
		patron	*boss*
coucher (se)	*to lie down*	rafraîchissant	*revitalizing*
coupure	*cut*	relâcher (se)	*to relax*
dos	*back*	soulager	*to ease, to relieve*
douleur	*pain, ache*	tirer	*to burden, to be hard on*
eau de Javel	*bleach*	traiteur	*catering*
exigeant	*meticulous*	tromper (se)	*to make a mistake*
faire baisser	*to lower*	usant	*taxing*

VOCABULAIRE

Parts of the body

la bouche	*mouth*	la main	*hand*
le bras	*arm*	le mollet	*calf*
les cheveux	*hair*	le nez	*nose*
la cheville	*ankle*	l'œil/les yeux	*eye/eyes*
le cou	*neck*	l'oreille	*ear*
le coude	*elbow*	l'orteil	*toe*
le crâne	*skull*	le pied	*foot*
la cuisse	*thigh*	le poignet	*wrist*
le doigt	*finger*	la poitrine	*chest*
le genou	*knee*	les sourcils	*eyebrows*
la hanche	*hip*	la taille	*waist*
la jambe	*leg*	la tête	*head*
la joue	*cheek*	le visage	*face*
les lèvres	*lips*		

Lecture

Votre travail vous demande-t-il un effort mental?

Il faut toujours penser à l'avance aux trois prochaines choses que vous allez faire, suivre chacune des tables pour voir où ils en sont.

Et puis il y a un effort de mémoire: je fais les commandes de tête. Avec les groupes, ça fait son petit effet. Ça m'arrive de me tromper—surtout quand je suis fatiguée ou si le client est très indécis—mais c'est rare. Pour ne pas oublier mes commandes, je les répète à voix haute, tout simplement. Si plusieurs personnes prennent le même plat, je range la commande par ordre décroissant.

Votre travail laisse-t-il des traces sur votre corps ou dans votre tête?

Quand je suis moins en mouvement, pour le service traiteur par exemple, ça tire dans mes épaules. Les assiettes ou les choses lourdes forcent sur les poignets et au niveau des biceps. Les caisses, c'est le bas du dos. J'ai eu une sciatique, je n'ai pas pu travailler pendant un moment. J'ai suivi plusieurs traitements assez agressifs qui ont juste soulagé la douleur sans guérir le problème; l'acupuncture a vraiment soulagé l'inflammation du nerf. Dans les jambes: les mollets et les pieds. J'ai des problèmes de circulation, les veines se voient pas mal au niveau des mollets, et j'ai les jambes lourdes. Je prends des compléments alimentaires, je me couche sur le dos et j'allonge mes jambes au mur, je finis toujours ma douche par un jet froid sur les jambes, je mets des gels rafraîchissants, ce genre de choses... Une copine travaille avec des bas de contention; elle me dit que je devrais m'y mettre.

Je me suis mise aux Pilates pour me muscler le dos et les abdos, et je fais du yoga une à trois fois par semaine. J'essaie de me ménager, c'est important sur le long terme. C'est un métier assez usant.

Il peut aussi arriver que l'on se brûle avec des assiettes trop chaudes ou que l'on se coupe. En général ce sont des coupures assez superficielles, mais on a toujours les mains dans l'eau, on manipule des produits comme le vinaigre ou la Javel, ce n'est pas génial pour les plaies.

Avez-vous l'impression de bien faire votre travail?

J'essaie. J'espère. Mon patron est content de moi et je crois que mes collègues aussi. Je suis assez exigeante et j'aime que les choses soient bien faites. C'est un métier où on ne peut pas se relâcher, même quand on sait ce qu'on doit faire. Les clients ont l'air satisfait, ils le disent avec des pourboires.

Si vous deviez mettre une note à votre bien-être au travail, sur 20, quelle serait-elle?

Ce qui ferait baisser la note, ça serait l'ambiance, la clientèle et le rythme de travail. Elle augmenterait si le travail était moins fatigant et si j'avais plus de soirées où je pourrais partir tôt.

Elsa Ferreira
Rue89.com
21 février 2013
Avec l'aimable autorisation de rue89.fr

Répondre aux questions.

1. Claire fait-elle souvent des erreurs?

_____

2. Pourquoi Claire a-t-elle été obligée d'arrêter de travailler pendant un certain temps?

_____

3. Qu'est-ce qui lui fait mal aux poignets?

_____

4. Qu'est-ce qui a soulagé l'inflammation du nerf sciatique?

_____

5. Que fait-elle pour soulager ses jambes, une fois rentrée à la maison?

_____

6. Quelle méthode de gym a-t-elle choisi pour se muscler le dos?

_____

7. Quelle activité physique pratique-t-elle trois fois par semaine?

_____

8. Quel détergent utilisé dans le restaurant présente des risques pour la peau?

_____

9. Comment la serveuse note-t-elle son bien-être au travail?

_____

10. Pourquoi le patron du restaurant apprécie-t-il Claire?

_____

Compléter avec un mot de la liste de vocabulaire du texte (troisième partie).

1. Aimeriez-vous un apéritif avant de passer votre _____?

2. Les consommateurs ont peur que le prix du café _____ avant la fin de l'année.

3. Peux-tu sortir la dinde du four sans _____?

4. En été, on boit de la limonade. C'est une boisson _____.

5. L'aspirine est le seul moyen de _____ mon mal de tête.

6. Claire était une bonne étudiante. Elle recevait toujours de

   bonnes _____.

7. Ce _____ fait les meilleurs macarons à la pistache de la ville.

8. Depuis le départ du chef cuisinier, la qualité de la cuisine _____.
   C'est dommage!

9. Lorsqu'elle a enlevé ses lunettes de soleil, j'ai remarqué qu'elle avait de

   beaux _____.

10. Quel médicament prend-il contre _____?

EXERCICE

14·12

Traduire les phrases suivantes.

1. After his accident, Jean was not able to work for six months.

   _____

2. Yesterday I carried heavy cases, and my back hurts.

   _____

3. My aunt Lucille is very generous. She always leaves good tips.

   _____

4. Claire's job is tiring and demanding.

   _____

5. The waiter cut his finger with a broken plate.

   _____

6. This waitress never makes any mistakes.

   _____

7. She has a good memory. She does not need to write down the order.

   _____

8. I need oil, vinegar, salt, and pepper to make a salad.

   _____

9. Try not to burn yourself with the hot dishes.

   _____

10. The waiters and waitresses hope their boss will increase their salaries.

    _____

Note culturelle: The Waiters' Race

Visitors to Paris frequently remark on the professionalism of waiters and waitresses in restaurants and cafés. Unlike in some large cities, where servers are often people who are between jobs or professions (e.g., students, actors, and actresses) or simply waiting for something better to come along, most of those employed as waitstaff in Paris are professionals. They provide a high quality of service on a daily basis and make an important contribution to the city's economy. To officially recognize them, Parisian authorities, in the early twentieth century, created an event designed to give waiters and waitresses an opportunity to demonstrate their professional skills to the public outside of a restaurant setting. This event, which continues to the present day, is the **Course des Garcons de Café**—the Waiters' Race. Entrants, both waiters and waitresses, attempt to complete a 2.5 km course through the streets of Paris carrying a tray, a bottle, and glasses, keeping them in place for the whole race. The first one to cross the finish line with everything still in place wins. The race has become a sporting event that is taken very seriously by the competitors (who must compete in professional dress, although sneakers are now allowed as footwear) and is greatly enjoyed by spectators. Its enormous popularity has led to other races in various cities throughout the world—all of them recognizing the skill, the balance, and the elegance embodied by the best of these hardworking professionals.

Changer de vie

Le prix de la liberté

Première partie

VOCABULAIRE			
Avant la lecture			
à la fois	*both*	faire des études	*to study*
à mi-parcours	*midway*	fleuri	*blossomed*
abouti	*successfully completed*	gagner	*to earn*
		gîte	*vacation rental*
assouvir	*to satisfy*	il suffit de	*it's enough to*
bac	*baccalaureate (high school diploma)*	maison d'hôte	*guesthouse*
		plaquer	*to ditch, to pack in*
		proviseur	*headmaster*
bagout	*volubility, glibness*	rajeunissement	*rejuvenation*
cadre	*manager*	randonnée	*hike*
cossu	*fancy, opulent*	rendre compte (se)	*to realize*
dissuader	*to dissuade*	SMIC	*minimum wage*
élever	*to raise*	traiter de	*to call somebody names*
enorgueillir de (s')	*to pride oneself on*		
envoler vers (s')	*to fly away toward*	trentaine	*about thirty*
faire demi-tour	*to do an about-face*	valoriser	*developed, valued*

Lecture

Leurs parents partaient élever des chèvres dans le Larzac. Les cadres d'aujourd'hui quittent leur entreprise pour ouvrir des maisons d'hôte. Crise de l'âge adulte ou choix rationnel?

Pour dissuader ses lycéens de faire les beaux-arts, l'École du cirque ou un DEUG d'arts du spectacle, un proviseur avait coutume de leur raconter cette histoire: «J'avais deux copains. Ils adoraient tous les deux la montagne. Chaque week-end, ils partaient ensemble en randonnée dans les Alpes. Le bac en poche, le premier d'entre eux choisit d'en faire son métier. Il devint guide de haute montagne. Aujourd'hui, il gagne difficilement le SMIC. Les randonneurs sont rares, et souvent médiocres. À mi-parcours, il doit souvent faire demi-tour. Les sommets, il ne les voit jamais. À 40 ans, il est usé. Mon second copain fit des études de commerce. Il est devenu directeur financier dans une grande entreprise. Chaque vendredi, il s'envole vers les plus beaux sommets d'Europe. Il s'offre les meilleurs guides, gravit les montagnes, s'éclate... Lequel des deux assouvit le mieux sa passion?» Grâce à cette anecdote, le proviseur s'enorgueillissait de n'envoyer aucun bachelier vers des filières bouchées.

Seulement voilà: depuis trois ans, le proviseur a perdu son bagout. Car l'histoire a pris un tour inattendu. Le directeur financier, sans doute moins heureux qu'il l'affichait, a tout plaqué: son job, son entreprise, sa vie parisienne et son appartement cossu. Il a ouvert un gîte de randonneurs en Haute-Savoie... Ses enfants l'ont traité de fou. Lui se déclare enfin «en phase» avec lui-même.

Ce cas n'est pas isolé. Il suffit de se promener dans une campagne française pour prendre la mesure du phénomène. Des panneaux «chambres d'hôte» ont fleuri partout le long des routes. En vingt ans, leur nombre est passé de 4 500 à plus de 30 000, selon la direction du Tourisme du ministère de l'Emploi, qui ne recense que les maisons d'hôte labellisées par les principales organisations (Gîtes de France, Clévacances, etc.). Et chaque année, 2 500 Français créent un gîte rural, une aventure pourtant risquée.

La fin des parcours linéaires

Plus qu'à un changement de métier, c'est à un changement de vie auquel aspirent ces individus. Citadins pour la plupart, ils ont entre 30 et 50 ans, avec une tendance au rajeunissement; ils sont «installés» sur le plan professionnel, en couple ou divorcés. Ils se disent prêts à quitter travail et confort, à s'éloigner de leurs amis, à «gagner moins pour vivre mieux». Une fois leur projet abouti, ils parlent de liberté, d'harmonie, de renaissance. En kiosque depuis le 1er mars, le magazine *Changer tout* résume l'ambition de leur reconversion. «Nous avions l'intention d'appeler ce journal Changer de vie, révèle sa fondatrice, Marie de la Forest. Mais au dernier moment, nous nous sommes rendu compte que ce titre était déjà déposé par Arthur, le producteur de télévision.» L'anecdote est révélatrice. Le changement personnel, valorisé depuis une trentaine d'années, serait-il devenu une incantation collective?

Pour la sociologue Catherine Négroni, auteur de *Reconversions professionnelles volontaires*, ce mouvement est à la fois individuel et social. Certes, l'individu, actif et volontaire, est le seul initiateur de sa reconversion. Mais la société, en érigeant en *diktat* le changement et la «vocation de soi», en fait une expérience sociale. Ce phénomène, poursuit la sociologue, résulte à la fois de la crise de l'emploi, qui encourage chacun à être plus mobile, et d'un bouleversement des valeurs qui cimentent société: «Jusqu'aux années 1970, le projet de vie des individus était surtout construit à partir des catégories de la famille heureuse, de l'accession à la propriété familiale. Aujourd'hui, il est davantage question de réalisation de soi, de quête de l'identité personnelle.» Le mythe du retour aux sources, l'engouement écologique, le rejet des transports en commun et des rythmes professionnels épuisants peuvent aussi constituer de puissants ressorts.

EXERCICE 15·1

Répondre aux questions.

1. Pourquoi les cadres d'aujourd'hui quittent-ils leur entreprise?

_____

2. Le proviseur a-t-il encouragé ses lycéens à faire les beaux-arts?

_____

3. Un guide de haute montagne gagne-t-il un bon salaire?

_____

4. Entre les deux exemples du proviseur, lequel assouvit le mieux sa passion?

_____

5. De quoi s'enorgueillissait le proviseur?

_____

6. Le proviseur a-t-il toujours raison?

_____

7. Quelle a été la réaction des enfants de l'ex-directeur financier?

_____

8. Combien de gîtes ruraux sont ouverts annuellement?

_____

9. Est-ce un simple changement de métier?

_____

10. De quelle manière le projet de vie a-t-il changé depuis les années 1970?

_____

EXERCICE
15·2

Identifier les synonymes.

1. cadre _____   a. passion

2. dissuader _____   b. améliorer

3. aboutir _____   c. gérant

4. valoriser _____   d. réussir

5. engouement _____   e. déconseiller

EXERCICE
15·3

Compléter avec un mot de la liste de vocabulaire du texte (première partie).

1. Il voulait devenir musicien mais ses parents l'en ont _____.

2. Excusez-moi d'être en retard. Je ne _____ de l'heure.

3. Le patron habite un appartement _____, dans le 7ᵉ arrondissement.

4. Le _____ du lycée est un ancien professeur de latin.

5. Les _____ supérieurs de cette entreprise n'adhèrent pas au syndicat.

6. Cécile _____ de la beauté de son jardin qu'elle cultive amoureusement.

7. Je préfère passer la nuit dans un _____ que dans un hôtel.

8. Il voulait quitter son boulot et voyager, mais ses amis l'ont _____ d'idiot.

9. Cette voiture est _____ puissante et économique.

10. Un hélicoptère _____ vers le plateau du Larzac.

Grammaire

Collective numbers

Unlike English, French has specific nouns for collective numbers that are used to indicate a specific or an approximate number taken as a whole. Let's look at an example from the text: «**Le changement personnel, valorisé depuis une trentaine d'années, serait-il devenu une incantation collective?**» In this sentence, the author is saying that this trend is something that has developed over the last thirty years, an approximate rather than a specific number of years. In English, we would say "almost thirty" or "around thirty" or even "thirty or so" years. Here is a list of the most commonly used nouns indicating collective numbers:

NUMBER	COLLECTIVE NUMBER	NUMBER	COLLECTIVE NUMBER
6	demi-douzaine	30	trentaine
8	huitaine	40	quarantaine
10	dizaine	50	cinquantaine
12	douzaine	60	soixantaine
15	quinzaine	100	centaine
20	vingtaine	1000	millier

When a collective number is followed by a noun, the preposition **de** is used. Let's look at the following examples:

une **douzaine** d'œufs	*a dozen eggs*
des **centaines** de gens	*hundreds of people*

Some collective number nouns are used more frequently than others. There are also some cultural differences in choosing which one to use. Consider the following:

des **dizaines** de messages	*dozens of messages*
une **quinzaine** de jours	*in two weeks*

The English collective number *dozen* is rendered as **dizaine** in French when the number is approximate and not specifically twelve. The English period of two weeks is rendered in French by using the collective number for fifteen: **une quinzaine de jours**.

Collective numbers are also used to express approximate age. In English, we would say that someone is in their "_____ies." This is how to say it in French: **un/une trentenaire** (*a person in* his/her thirties), **un/une quarantenaire** or **un/une quadragénaire** (or "**quadra**") (*a person in his/her forties*), **un/une quinquagénaire** (*a person in his/her fifties*), **un/une sexagénaire** (*a person in his/her sixties*), **un/une septuagénaire** (*a person in his/her seventies*), **un/une octogénaire** (*a person in his/her eighties*), **un/une nonagénaire** (*a person in his/her nineties*), **un/une centenaire** (*a person one hundred years old or older*).

EXERCICE
15·4

Donner la forme collective du nombre en lettres.

1. 6 _____

2. 100 _____

3. 30 _____

4. 60 _____

5. 1000 _____

EXERCICE
15·5

Traduire les phrases suivantes en utilisant **vous** *si nécessaire.*

1. We received some thirty responses to our newspaper advertisement.

_____

2. Approximately sixty people were injured in the accident.

_____

3. This trend lasted about twenty years.

_____

4. His grandfather is in his eighties, and he still likes to go hiking.

_____

5. She was in her forties when she changed careers.

_____

6. This film portrays people in their forties in Paris.

_____

7. This guesthouse can accommodate a half-dozen people.

_____

8. You must make your decision in two weeks.

_____

9. There are dozens of varieties of roses in their garden.

_____

10. Being one hundred years old is an achievement!

_____

Suffire—il suffit de/il suffit que

The verb **suffire** (_to be enough, to be sufficient_) is often used in its impersonal form to indicate when something is enough or sufficient. It appears in the earlier text in the following sentence:

Il suffit de se promener dans une campagne française pour prendre la mesure du phénomène.	_**It's enough** to go for a walk in the French countryside to get an idea of the extent of the phenomenon._

The impersonal verb form is in the third-person singular form of the tense used followed by **de**. **Suffire** is conjugated as follows in the third-person singular:

	TEMPS SIMPLES		TEMPS COMPOSÉS
Présent de l'indicatif	**il suffit**	Passé composé	**il a suffi**
Imparfait	**il suffisait**	Plus-que-parfait	**il avait suffi**
Passé simple	**il suffit**	Futur antérieur	**il aura suffi**
Futur simple	**il suffira**	Conditionnel passé	**il aurait suffi**
Conditionnel présent	**il suffirait**	Subjonctif passé	**il ait suffi**
Subjonctif présent	**il suffise**		
Subjonctif imparfait	**il suffît**		

Let's look at how other examples are used:

Il suffit de s'inscrire pour recevoir le bulletin.	_All you have to do to receive the newsletter is sign up._
Il suffit d'une poignée de main pour conclure l'affaire.	_A handshake is enough to seal the deal._

You may also see **il suffit** followed by the conjunction **que**. Consider the following examples:

Il suffit que nous leur parlions.	_All we have to do is talk to them._
Il suffit que tu me dises l'heure du rendez-vous.	_All you have to do is tell me the time of the appointment._

Note that when **il suffit que** is used, the verb that follows is in the subjunctive mood.

*Traduire les phrases suivantes en utilisant **tu** si nécessaire.*

1. All we have to do is wait.

_____

2. Just remember that the speech precedes the dinner.

_____

3. You have only to write to the author and he will reply.

_____

4. All you need is one vacation in the country in order to decide whether you like it or not.

_____

5. You have only to ask and we will pick you up at the station.

_____

Deuxième partie

VOCABULAIRE

Avant la lecture

à l'étranger	abroad	indice	indication, clue
à partir de	based on	inscrit	noted
aîné	elder	inventaire	inventory
croiser	to come across	mettre à son compte (se)	to start one's own business
déménagement	moving		
deuil	mourning	mettre au vert (se)	to take a rest in the country
effet cocotte-minute	pressure-cooker effect		
en quinze jours	in two weeks	passer à l'acte	to act on
fonder	to establish	remise en plat	complete reevaluation
hébergement	accommodation	rentabilité	profitability
il y a	ago	sauter le couvercle	to blow the lid off

Lecture

L'effet cocotte-minute

Si sept millions de citadins rêvent de refaire leur vie aux champs, tous ne passent pourtant pas à l'acte. «Il y a toujours un événement déclencheur», constate Mme de la Forest. Elle-même a quitté Paris et son poste de directrice de la rédaction de *Télé Star*, il y a neuf ans, pour fonder sa propre agence à Lectoure, dans le Gers. «Mon fils, allergique à la pollution, a fait une crise d'asthme terrible», se souvient-elle. «En quinze jours, j'ai tout vendu, et je suis partie m'installer dans le Gers.»

La sociologue Claire Bidart, qui a réalisé une enquête qualitative, utilise la métaphore de la cocotte-minute pour caractériser ce «scénario de crise» qui conduit l'individu à une remise en plat de son expérience. Une crise survient à l'issue d'une période de quelques mois, pendant laquelle la pression—professionnelle, familiale ou existentielle—ne cesse de monter. Une dispute avec un patron peut faire «sauter le couvercle». Des événements privés—divorce, naissance, deuil ou problème de santé—peuvent aussi jouer un rôle clé dans la bifurcation. «L'importance du changement opéré provient de ce que cette crise traverse diverses sphères de la vie, le contamine mutuellement [...]. Ici, tout est mêlé et accéléré», souligne la sociologue.

Il n'est guère étonnant, dès lors, que la bifurcation professionnelle et le déménagement prennent des allures de «conversion identitaire» (Claude Dubar, *La Crise des identités*, Puf, 2000). Elle oblige à une réflexion sur soi-même et à un inventaire des possibles. Le sujet négocie avec lui-même le prix de sa liberté. Cette introspection est un préalable à la planification de son projet, alors vécu comme un choix positif.

Le coût de la liberté

Il reste un mystère: pourquoi l'ouverture d'une chambre d'hôte reste le fantasme premier des Français qui souhaitent changer de vie? Il existe après tout mille manières de refaire sa vie: partir à l'étranger, faire de l'humanitaire, passer un concours de la fonction publique, se lancer dans une carrière artistique... Dans *Changer de vie. Se reconvertir, mode d'emploi* (Village Mondial, 2002), Marie-Pierre Noguès-Ledru et Anne Claret-Tournier donnent des indices. À partir de récits de vie, les auteures disséquent les motivations des candidats à la reconversion profession-nelle. Elles établissent cinq catégories: se mettre au vert, se mettre à son compte, se consacrer aux autres, vivre sa passion, partir loin. Quelle activité, sinon l'hébergement touristique permet de conjuguer toutes ces motivations?

Pour se lancer, il est préférable d'avoir quelques subsides et un bon carnet d'adresses. Avec une rentabilité de 1500 à 3000 euros par chambre et par an (source: Agence pour la création d'entreprises), l'aventure tourne parfois court. D'où un tout nouveau phénomène. Forts des expé-riences, parfois malheureuses, de leurs aînés, certains jeunes anticipent. Dans les écoles de com-merce, dans les couloirs de places financières, il arrive aujourd'hui de croiser de jeunes adultes de 20 ou 25 ans qui prévoient d'ouvrir une maison d'hôte «dans une quinzaine d'années». Une crise du milieu de vie en somme inscrite dans leur plan de carrière.

Héloïse Lhérété
15/06/2011
Sciences Humaines
Avec l'aimable autorisation de Sciences Humaines.

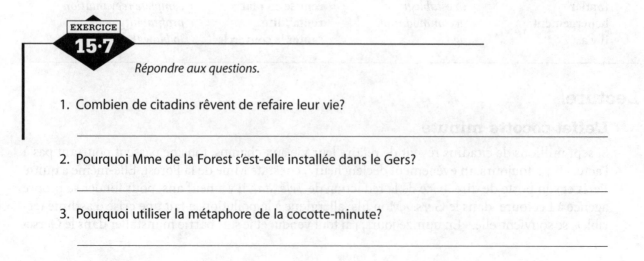

EXERCICE 15·7

Répondre aux questions.

1. Combien de citadins rêvent de refaire leur vie?

_____

2. Pourquoi Mme de la Forest s'est-elle installée dans le Gers?

_____

3. Pourquoi utiliser la métaphore de la cocotte-minute?

_____

4. Faut-il un événement déclencheur pour provoquer des changements dans la vie?

_____

5. Un inventaire est-il nécessaire avant de changer la vie?

_____

6. Le déménagement prend-il des allures de conversion identitaire?

_____

7. Citer trois manières possibles de refaire sa vie.

_____

8. Pourquoi choisir l'hébergement touristique comme deuxième carrière?

_____

9. Que faut-il pour ouvrir un gîte?

_____

10. Les expériences, parfois malheureuses, de leurs aînés influencent-elles les choix des jeunes?

_____

EXERCICE 15·8

Identifier les synonymes.

1. fonder _____   a. rencontrer

2. croiser _____   b. noter

3. inventaire _____   c. établir

4. indice _____   d. énumération

5. inscrire _____   e. indication

EXERCICE 15·9

Compléter avec un mot de la liste de vocabulaire du texte (deuxième partie).

1. Les légumes cuits à la _____ gardent toute leur saveur et surtout leurs vitamines.

2. Florent a-t-il l'intention d'ouvrir des chambres d'hôtes en France ou

   à _____?

3. Dans ce gîte, le tarif comprend _____, la nourriture et l'assurance.

4. L'auteur a fait ses recherches _____ récits de vie.

5. Nous avons enfin fixé la date de notre _____ dans l'Aude.

6. Ce logiciel permet aux restaurateurs de faire _____ permanent de leurs marchandises.

7. M. et Mme Verdier ont quitté Paris _____ quinze ans, et ils ne regrettent rien.

8. Mon frère _____ m'a conseillé de bien me renseigner avant d'ouvrir un gîte.

9. Ariane ne veut pas de patron, elle préfère _____.

10. La police recherche des _____ du crime qui a eu lieu dans l'hôtel.

Vocabulaire: La cocotte-minute

The metaphor chosen by sociologist Claire Bidart to describe how the midlife crisis scenario can result in major life changes is the **cocotte-minute**. This is the trademarked name for a brand of pressure cookers made by the SEB Company. Like the trademarked names for tissues and photocopies, it is often used as a generic term. The actual word for pressure cooker in French is **auto-cuiseur**. This same cooker is called a **marmite à pression** (*pressure pot*) or **casserole à pression** (*pressure saucepan*) in Belgium, and a **presto** in Québec (a registered trademark of National Presto Industries).

Grammaire

Dans versus en

When expressing time, **en** and **dans** are used differently. **Dans** is used for an action about to begin. **En** indicates the length of time an action has taken, takes, or will take. Compare the following examples and you will see the differences:

Votre chambre sera prête **dans** une heure.	*Your room will be ready in one hour.*
Les Verdier ont réussi à vendre leur appartement **en** moins d'un mois.	*The Verdiers managed to sell their apartment in less than a month.*
Pauline fera l'inventaire **en** une demi-journée.	*Pauline will do the inventory in a half day.*

*Compléter les phrases suivantes en utilisant **en** ou **dans**.*

1. J'achèterai un appartement _____ six mois.

2. Nous partons en vacances _____ un mois.

3. Carole a préparé les chambres _____ à peine trois heures.

4. Téléphone-moi _____ quinze minutes.

5. Le peintre a fait les réparations _____ deux semaines.

Traduire les phrases suivantes.

1. City dwellers often dream of moving to the country.

_____

2. Profitability is his main concern.

_____

3. Marriage, divorce, and retirement often result in a life change.

_____

4. Opening a guesthouse is a dream for many people.

_____

5. Having many contacts will help if you want to change careers.

_____

6. The "pressure-cooker syndrome" is common nowadays.

_____

7. One option is to start your own company.

_____

8. Ideas about country life are often unrealistic.

_____

9. I fear my brother is having a midlife crisis.

_____

10. The grocery store next to the guesthouse is closed for inventory.

_____

Note culturelle: Shepherd school

Shepherds are made, not born. That was the conclusion of the local government in the Pyrénées-Atlantiques region of France where a shortage of labor during summer pasture season had become a real problem. The solution: a two-year training program for would-be shepherds. Two centers offer the training, which focuses on the practical, teaching students to tend herds and make cheese. In the winter months, students stay with shepherd families. In the spring and fall they work on the training center's farm, which has its own herd of sheep and where they learn to make cheese. Summer is spent with the herd in the summer pasturage. There, students learn how to milk by hand and how to adapt to the particularities of each pasture and each herd, all done under the watchful eye of a shepherd tutor. Since they are put into real situations, students learn the autonomy needed to successfully manage a herd. They also take classes in professional subjects and on the agricultural history of the region. Once they complete their training, students have a number of options: to work directly with dairy and meat herds or venture into other areas. Since 1991, nearly one hundred future shepherds have graduated and they have had no difficulties finding employment. Current estimates are that there are seven hundred professional shepherds in France. With many of them approaching retirement age, this would seem to be an ideal field for those who are looking for a change and to make the transition from corporate office to shepherd.

L'illettrisme des cadres, phénomène méconnu et tabou

·16·

Première partie

VOCABULAIRE

Avant la lecture

acquérir	*to acquire*	maille	*mesh*
avoir honte de	*to be ashamed of*	maîtriser	*to master*
boîte	*company*	marge	*margin*
cadre	*manager*	mettre en place	*to implement*
chercheur	*researcher*	par cœur	*by heart*
confrère	*fellow*	parcours	*path*
contournement	*bypassing*	population active	*active population*
dispositif	*mechanism*	poste	*job, position*
échapper à	*to escape*	préoccuper	*to worry*
écriture	*writing*	quasiment	*practically*
enjeu	*issue*	quotidien	*everyday life (as a noun)*
être soumis à	*to be subject to*		
exercer	*to perform (a job)*	receler	*to conceal*
filet	*net*	reconnaître	*to acknowledge*
honte	*shame*	redoutable	*tough, difficult*
illettré	*illiterate*	relever de	*to fall within the category of*
illettrisme	*illiteracy*		
insoutenable	*unbearable*	rentable	*profitable*
la Défense	*business district just outside of Paris*	scolarisation	*schooling*
		servir à	*to be of use*
		soit... soit	*either . . . or*
lorsqu'il	*when he*	tabou	*taboo*
lutte	*struggle*	tant bien que mal	*as best they can*

Lecture

Comme 2,5 millions de Français, des cadres sont en situation d'illettrisme dans l'entreprise. Le phénomène, impossible à quantifier, échappe à tous les dispositifs prévus en matière de lutte et de détection. Les responsabilités qu'ils occupent en font des illettrés à la marge de la marge.

Lorsqu'il pénètre dans la salle des marchés de sa banque, située sur l'esplanade de la Défense (Hauts-de-Seine), il entre dans son monde, «celui des chiffres». Costume et cravate noirs ajustés, Mickaël, 32 ans, cultive un look à la Jérôme Kerviel, son confrère trader. Bien qu'il occupe ce poste prestigieux, aussi rentable qu'impopulaire, ce grand brun est illettré. Et ce malgré des études à l'Insee, une école de commerce parisienne, durant lesquelles il n'a «quasiment jamais écrit».

Le cas de cet as des équations mathématiques est bien connu des chercheurs spécialisés: il s'agit d'un «illettrisme de retour». À force de ne pas utiliser l'écriture, Mickaël en a perdu l'usage. «Dans mon quotidien, ça me sert rarement, reconnaît-il. Mais quand j'ai dû écrire ma première synthèse, j'ai bloqué. Je n'y arrivais plus. J'avais tellement honte de le dire...»

Méthodes de «contournement»

Alors le trader a mis en place des méthodes de «contournement». Dans son milieu professionnel, son meilleur ami et collègue est le seul dans la confidence: «Il écrit mes rapports quotidiens, m'explique les nouvelles procédures.» Et l'avenir le préoccupe: son ami quitte la banque en mars. «Soit j'en parle à un autre collègue, soit je le suis dans sa nouvelle boîte», souffle-t-il, un œil sur la tour où il travaille.

Selon une enquête de l'INSEEC, publiée en décembre 2012, 7% de la population active ne maîtrise pas suffisamment l'écriture et la lecture pour se faire comprendre ou pour assimiler un texte, malgré une scolarisation en France pendant au moins cinq ans. Près de sept illettrés sur dix travaillent.

Que les employés les moins qualifiés puissent être touchés n'est pas une surprise. Mais ces chiffres déjà préoccupants recèlent un tabou: certains de ces travailleurs occupent, au contraire, des postes à hautes responsabilités. Comment exercent-ils, alors que l'illettrisme constitue un obstacle évident à l'accès aux responsabilités? Surtout, comment ces cadres, ces traders, ces managers, sont-ils passés entre les mailles du filet?

«On a vu des personnes se suicider»

Pour Benoît Hess, sociologue spécialisé dans l'illettrisme, ces excellents techniciens dans leur domaine masquent leurs difficultés à l'écrit par une grande aisance à l'oral. «L'enjeu est plus redoutable pour eux. Du fait de leurs responsabilités, ils sont soumis à une forte pression», décrypte-t-il. Pour lui, il est plus difficile d'être illettré pour un cadre que pour une femme de chambre, car la situation est vécue comme une honte absolue et mène parfois à des extrémités dramatiques: «On a vu des personnes se suicider, tant cela leur semblait insoutenable.»

Au quotidien, «pour donner illusion, chacun à leur manière», ils mettent en place ces fameuses «stratégies de contournement», reprend le sociologue. Un collègue dans la confidence qui apporte son aide ou l'apprentissage des tâches par cœur, auxquels s'ajoutent, au cas par cas, toutes sortes de stratagèmes.

Dans la typologie de France Guérin-Pace, directrice de recherche à l'INED et auteure du rapport «Illettrismes et parcours individuels», le cas du trader Mickaël relève de ceux qui n'ont jamais «acquis les connaissances de base en lecture mais réussi tant bien que mal à passer de classe en classe, sans jamais pouvoir vraiment y remédier». C'est-à-dire, poursuit-elle, qu'il ne se serait «jamais approprié l'écrit».

Répondre aux questions.

1. Combien de Français sont illettrés?

   _____

2. Quel est le métier de Mickaël?

   _____

3. Pourquoi Mickaël est-il illettré?

   _____

4. Comment réussit-il à s'en sortir?

   _____

5. Quel est le pourcentage d'illettrés qui travaillent?

   _____

6. Comment les cadres illettrés réussissent-ils à cacher leurs difficultés à l'écrit?

   _____

7. Le fait d'être illettré représente-t-il la même chose pour un cadre et une femme de chambre?

   _____

8. Quelle conséquence dramatique cela peut-il avoir?

   _____

9. D'après France Guérin-Pace, directrice de recherche à l'INED, quel est le rapport de Mickaël à l'écrit?

   _____

10. Citez une autre stratégie de contournement.

   _____

EXERCICE

16·2

Identifier le verbe contraire.

1. masquer _____   a. gagner

2. échapper à (un dispositif) _____   b. quitter

3. perdre _____   c. montrer

4. occuper (un poste) _____   d. sortir

5. pénétrer _____   e. s'exposer à

Compléter avec un mot de la liste de vocabulaire du texte (première partie).

1. Mon banquier a une _____ illisible.

2. Ma belle-fille a décroché un _____ important chez Airbus.

3. _____ peut être détecté par un test de lecture et d'écriture.

4. Il a perdu trop d'argent l'an passé. Il doit se diriger vers une affaire

   plus _____.

5. Le professeur de français exige qu'on apprenne des

   poèmes _____.

6. Margot a monté sa _____ juste après être sortie de l'école de commerce.

7. L'autorité des marchés financiers est chargée de la _____ contre la fraude.

8. L'illettrisme est un sujet _____.

9. À force de répéter les exercices, Joe a réussi à _____ l'usage du subjonctif.

10. J'ai eu la _____ de ma vie lorsque j'ai renversé mon café sur l'iPad du PDG.

Grammaire

Échapper à versus s'échapper de

The usage of **échapper à** (*escape*) and **s'échapper de** (*escape*) varies if the meaning is literal or figurative. Let's look at some examples:

Ils **ont échappé à** la tyrannie du dictateur.	*They escaped the tyranny of the dictator.*
Édouard **a échappé à** la justice grâce à son réseau d'amis.	*Édouard escaped justice thanks to his network of friends.*
Un tigre blanc **s'est échappé de** sa cage.	*A white tiger escaped from his cage.*
Victoria aimerait pouvoir **s'échapper du** bureau de bonne heure.	*Victoria would like to slip out early from the office.*

The verb **échapper** is also used in a common idiomatic expression: **l'échapper belle**. The **l'** precedes the verb and **belle** doesn't vary in gender and number. It can be used with all the subject pronouns.

Achille a failli tomber du toit mais son frère a réussi à l'attraper. Il **l'a échappé belle**.	*Achille almost fell off the roof, but his brother managed to catch him. It was a close call.*
Nous avons quitté le Japon la veille du tremblement de terre. Nous **l'avons échappé belle**.	*We left Japan the day before the earthquake. It was a narrow escape.*

Traduire les phrases suivantes.

1. Try to get away a few days from this huge project!

   _____

2. This organization always seems to escape the rules.

   _____

3. Smoke comes from the chimney.

   _____

4. These three men escaped death during their trip across the Atlantic.

   _____

5. His first name escapes me.

   _____

6. I slipped away before the end of the reception.

   _____

7. This prisoner is famous for having escaped three times.

   _____

8. Nothing escapes her.

   _____

9. Michael cannot escape stress in his new position.

   _____

10. Last year, Kenza evaded taxes. She may have to pay a fine.

    _____

Verbs using **avoir** in the **passé composé**

Six verbs among those conjugated with **être** in the passé composé: **monter** (*to go up*), **descendre** (*to go down*), **sortir** (*to go out*), **rentrer** (*to take inside*), **passer** (*to pass/to spend*), **retourner** (*to go back, to turn over*) can also be conjugated with **avoir**. They follow the **avoir** agreement when a direct object follows the verb.

Elle **est descendue** en courant pour ouvrir la porte.	*She ran down the stairs to open the door.*
Elle **a descendu** le ventilateur au sous-sol à la fin de l'été.	*She took the fan to the basement at the end of summer.*

*Conjuguer les verbes au passé composé en utilisant **être** ou **avoir**.*

1. _____-tu _____ (sortir) les glaçons du congélateur?

2. Quentin _____ (ne pas rentrer) de la nuit.

3. Nous _____ (monter) une dizaine de cartons de livres dans la mansarde.

4. Sophie _____ (passer) six mois à Singapour.

5. Clotilde _____ (retourner) les escalopes de veau sur le gril.

6. Il pleuvait quand nous _____ (sortir) du cinéma.

7. Est-ce vrai que Xavier et Tatiana _____ (monter) au sommet du Puy-de-Dôme?

8. Ma cousine _____ (rentrer) sa voiture dans la cour.

9. Nous _____ (passer) par Poitiers en revenant de Saint-Jean-de-Luz.

10. Yannick _____ (ne jamais retourner) dans son village natal.

Deuxième partie

VOCABULAIRE

Avant la lecture

adoucir	*to soften*	**gaillard**	*fellow*
antisèche	*cheat sheet*	**gérer**	*to manage*
au sein de	*within*	**gravir les échelons**	*to climb the rungs*
chauffer les bancs	*to be a benchwarmer*	**hebdomadaire**	*weekly*
cibler	*to target*	**manquer**	*to be lacking*
combine	*trick*	**mémoire** (m.)	*memorandum*
concevoir	*to design*	**orthographe**	*spelling*
connaissances de base	*basic knowledge*	**porter préjudice**	*to cause harm*
corriger	*to correct*	**prise de conscience**	*realization*
cuisinier	*cook*	**réfractaire**	*stubborn*
déléguer une tâche	*to delegate a task*	**remettre à niveau (se)**	*to bring up to standard*
démarche	*approach*		
dépister	*to track down*	**repérer**	*to identify*
en primaire	*in elementary school*	**retirer**	*to take away*
entraîner	*to lead to*	**susceptible de**	*likely to*
fâché	*angry*	**tableau**	*board*
formateur	*trainer*	**tant que**	*as long as*
formation	*training*		

Lecture

«J'écris comme je parle»

Les «connaissances de base» manquent également à Pascal, responsable international des formations dans un grand groupe hôtelier. Il s'avoue volontiers «fâché» avec la langue française, dont il a toujours vécu l'apprentissage comme «une punition». En primaire déjà, il chauffait les bancs en retenue le soir, à cause d'une grammaire et d'une orthographe hasardeuses. Depuis, il a gravi tous les échelons de l'hôtellerie, du métier de cuisinier jusqu'à celui de directeur d'hôtel, un poste qu'il a occupé sur trois continents.

Avant de se reconvertir en «conseiller-formateur», poste dans lequel il conçoit, anime et gère les formations. Pour ça, ce gaillard de 49 ans à la voix gutturale, que son visage rond adoucit, a dû obtenir un master à l'université. «Personne ne comprenait ce que j'écrivais. Mon mémoire a été lu, relu, corrigé par plusieurs personnes», explique-t-il.

Il admet que ces difficultés lui ont porté préjudice: «Je me suis vu retirer des dossiers, des clients, parce que dans mes mails, j'écris comme je parle.» Pourtant, comme les autres, Pascal a ses combines: «Quand je dois rédiger une formation, je ne le fais jamais dans l'urgence, je prends le temps de faire corriger, lance-t-il, un sourire en coin. Quand je suis au tableau, en animation, pas question de faire une faute! Alors je répète toute la nuit avant d'y aller. Et, au cas où, j'ai toujours des antisèches avec moi.» Jusqu'à ce jour, il y a deux ans, où il rend un dossier en urgence. Sa direction s'aperçoit de ses difficultés et lui suggère «gentiment» une formation.

«C'est comme apprendre une nouvelle langue»

Depuis, par séances hebdomadaires d'une heure trente, Pascal se remet à niveau: grammaire, syntaxe... «C'est comme apprendre une nouvelle langue.» Il espère ainsi regagner une crédibilité perdue aux yeux de ses collègues. Mais il en reste convaincu, «plus on est haut placé, plus il est simple d'être illettré: il y a toujours quelqu'un à qui déléguer les tâches!»

Si Pascal a trouvé une solution à son problème au sein de son entreprise, c'est loin d'être le cas pour toutes les personnes dans sa situation, tant les systèmes d'aide sont structurés pour les employés les moins qualifiés.

Pour les cadres en situation d'illettrisme, le blocage à l'écrit provient le plus souvent d'un rejet psychologique. Georges Marandon, chercheur, a identifié des formes de résistance individuelle. Selon lui, en refusant la lettre—non par incapacité—, ces personnes résistent à leur environnement familial ou scolaire. «C'est la manifestation d'une question, d'un problème, d'une souffrance par une attitude réfractaire. Le sujet se met en situation de refus de progresser par rapport à des apprentissages fondamentaux, à ses yeux survalorisés ou symboliquement surinvestis par l'environnement contre lequel il se défend.» En clair: tout se joue dans la tête.

Du fait de leur statut social, ils sont difficiles à dépister

Lors d'un colloque sur l'approche sociologique de l'illettrisme, Hugues Lenoir, sociologue, explique que ces cas importent l'illettrisme au sein des milieux intellectuels: «L'intérêt sociologique de ces réfractaires, c'est que cette attitude se manifeste souvent chez des enfants dont les parents exercent une profession libérale ou intellectuelle et dans des milieux où l'écrit est essentiel», diagnostique ce professeur à l'université Paris-X. «Ils peuvent entraîner des cas d'illettrisme chez des personnes qui, d'un point de vue sociologique, ne sont pas destinées à le connaître.»

Leur statut social rend ces illettrés d'autant plus difficiles à dépister. Dans une démarche de détection classique, on demande aux responsables de repérer qui, dans leur équipe, est susceptible d'être touché. Mais comment cibler ces managers eux-mêmes? Comment les amener à se déclarer, pour entrer en formation? C'est l'objectif que s'est fixé Benjamin Blavier, cofondateur de l'association interentreprises B'A'BA, qui lutte contre l'illettrisme au sein de grands groupes.

Lui en est sûr: ces cas sont plus nombreux que les entreprises veulent bien l'admettre, «même si à l'heure actuelle, elles n'en ont pas toutes conscience. C'est trop improbable pour un grand groupe. Le tabou suprême». Et il n'y aurait qu'une manière d'opérer cette prise de conscience: «Il faut que quelqu'un devienne le symbole des cadres illettrés. Tant qu'il n'y aura pas de coming out médiatique, les dirigeants continueront de croire que c'est une fiction.»

Shahzad Abdul *Le Monde*, le 16 février 2013
Avec l'aimable autorisation de Le Monde

EXERCICE
16·6

Répondre aux questions.

1. Comment Pascal qualifie-t-il son apprentissage de la langue française?

_____

2. Quels métiers a-t-il successivement exercés?

_____

3. Quelles sont ses combines pour s'en sortir?

_____

4. Comment son secret a-t-il été découvert?

_____

5. Comment Pascal se remet-il à niveau?

_____

6. Si on occupe un poste important, pourquoi est-on davantage menacé d'illettrisme?

_____

7. Pour quelle raison la plupart des employés moins qualifiés ont-ils du mal à se remettre à niveau?

_____

8. Comment Georges Marandon résume-t-il la raison de cette résistance à l'écrit?

_____

9. Quel paradoxe remarque-t-on dans les milieux où l'écrit est essentiel?

_____

10. Quel est le but de Benjamin Blavier?

_____

Compléter avec un mot de la liste de vocabulaire du texte (deuxième partie).

1. La boîte propose des _____ en anglais à tous ses employés.

2. Pendant un examen, l'usage de _____ peut avoir de graves conséquences.

3. Vous devrez entreprendre de nombreuses _____ pour monter votre affaire.

4. Des réunions _____ d'équipe facilitent la communication.

5. Quelle clientèle votre société _____ pour promouvoir ce produit?

6. Zora était réceptionniste, puis, peu à peu, elle _____ et elle est devenue directrice du marketing.

7. La concurrence est redoutable _____ cette entreprise.

8. La crise économique a _____ une compression de personnel chez Renault.

9. _____ il y aura des personnes illettrées, nous continuerons notre lutte.

10. Le gouvernement veut _____ le maximum d'enfants illettrés.

Grammaire

Pronoms relatifs

In order to link ideas back to persons and things already mentioned, we use **pronoms relatifs** (*relative pronouns*). Relative pronouns link two clauses, making one dependant on the other. The dependent phrase is also called the subordinate clause. Choosing the correct relative pronouns depends on its function in the clause. The relative pronoun **qui** (*who, whom, which, that*) is used as a subjet. It is important to note that **qui** may refer to people or things. When a dependent clause introduced by a relative pronoun already has a subject noun or pronoun, the relative pronoun que (*whom, which, that*) is used. **Que** refers both to people and things.

Cette association aide les personnes **qui** ne savent pas lire.	*This association helps people who cannot read.*
As-tu trouvé une entreprise **qui** t'intéresse?	*Did you find a company that interests you?*
Le formateur **que** nous avons engagé s'appelle Julien.	*The trainer we hired is named Julien.*
C'est le livre de grammaire **que** Cédric m'a prêté.	*It's the grammar book Cédric lent me.*

When a verb is followed by a preposition, the relative pronouns **qui** (*whom*), **quoi** (*that*), and **lequel, laquelle, lesquels, lesquelles** (*that, which, whom*) are used. The preposition precedes these pronouns. **Qui** refers only to people; **quoi** is an indefinite thing or object; and **lequel, laquelle, lesquelles, lesquelles** refer to specific things. **Lequel, laquelle, lesquels, lesquelles** may also be used for people, but the usage is less common.

Le bureau dans **lequel** Sara travaille n'est pas climatisé.	*The office in which Sara works is not air-conditioned.*
L'entreprise avec **laquelle** nous négociions vient de faire faillite.	*The company with which we were negotiating went bankrupt.*
Les droits pour **lesquels** les syndicats luttent divisent l'opinion publique.	*The rights for which the unions are fighting are dividing public opinion.*
Les chaises sur **lesquelles** les employés sont assis sont ergonomiques.	*The chairs on which the employees are sitting are ergonomic.*

Dont and où

The relative pronoun **dont** acts as an object of the main clause and can refer to both people and things. It is used to refer to objects of verbs or verbal expressions that include the preposition **de**. The relative pronoun **où**, referring to a place, often replaces **dans lequel**, **sur lequel**, **par lequel**, and so on.

Le collègue **dont** je parle est soupçonné de fraude fiscale.	*The colleague I am talking about is suspected of tax evasion.*
Voici les dossiers **dont** ils se servent pour le nouveau projet.	*Here are the files they are using for the new project.*
Le bureau **où** Mickaël travaille est situé sur l'esplanade de la Défense.	*Mickaël's office is located on the Défense esplanade.*
Le jour **où** Mickaël s'est inscrit à un atelier d'écriture, sa vie a changé.	*The day when Mickaël signed up for a writing workshop, his life changed.*

EXERCICE

16·8

Compléter avec le pronom relatif approprié.

1. Le tableau sur _____ elle écrit est un tableau interactif.

2. Ce sont les logiciels de calcul sans _____ Marc ne peut pas conseiller ses clients.

3. Je vous présente les conseillers _____ je vous ai parlé.

4. La société pour _____ il fait des formations d'écriture est à Strasbourg.

5. C'est le manager _____ dirige le service comptabilité.

6. Les solutions _____ ils pensent paraissent logiques.

7. La ville _____ aura lieu la formation n'a pas encore été déterminée.

8. Ce chef cuisinier n'apprécie pas le nouvel apprenti _____ le patron lui a imposé.

9. Les documents _____ nous avons besoin ne sont pas encore imprimés.

10. Les méthodes d'apprentissage avec _____ ce professeur travaille sont innovantes.

EXERCICE 16·9

Traduire les phrases suivantes.

1. Anna is looking for a school that offers creative writing workshops.

   _____

2. Here are the pictures of la Défense I took yesterday.

   _____

3. The meeting room where the session took place was on the main floor.

   _____

4. The person I am talking about was in elementary school with me.

   _____

5. The computer that I am working with is too old.

   _____

6. The writing workshop they were thinking about is only offered during the summer.

   _____

7. They all remember the day when Mickaël arrived at the office.

   _____

8. The organization for which we are creating new software is in Senegal.

   _____

9. It's one of these employees who climbed the rungs of the ladder.

   _____

10. Here are the documents without which you won't be able to work.

   _____

EXERCICE 16·10

Faire correspondre les deux colonnes.

1. les dossiers _____
2. le mémoire _____
3. la formation _____
4. le manager _____
5. les chaises _____

a. qu'il a suivie pour apprendre à lire était à Reims
b. qui ont servi pour la réception
c. avec lequel il s'est disputé
d. sur lesquels tu as travaillé
e. qu'elle a écrit pour son master

Note culturelle: La dictée and SMS

Students of French, in France or elsewhere, are familiar with the dictation exercise known as **la dictée**, traditionally used to test a student's mastery of orthography and grammar. The form of the **dictée** is simple: the teacher reads a text aloud and the students write it down. Their written texts are then graded based on the number of spelling and grammar errors made. It sounds simple, but it is not easy. Since French is not pronounced exactly as it is written and some features of French grammar—agreement of adjectives, for example—are distinguished in writing but not in speech, the **dictée** can be challenging. However, it also has its advocates. In the past, certain **dictées** became famous for their difficulty or their interest, like those of Prosper Mérimée and Bernard Pivot. In several countries of the world (including Switzerland, France, Belgium, Poland, and Canada), **dictées** are even the subject of structured championships, much like English spelling bees. Yet according to a 2012 French news report, a professor who gave his class a fifty-year-old **dictée** found that while more than half of the class in 1962 had not made a single error, the class of 2012 was having difficulty. The explanation? One factor may be the widespread use of SMS (short message service) and texting. One specialist questioned affirms that for those who have already completed their formal French studies, the use of SMS is not a problem. She compares it with being bilingual, speaking and spelling standard French while being able to text in the rapid, condensed, phonetic language common to SMS. However, for students who are still in the process of learning, the language problems may occur and could ultimately serve as another factor in increased adult illiteracy.

Jeu de mots: Argent

J'en ai eu pour son **argent**.	*I got my money's worth.*
Oscar a la mauvaise habitude de jeter l'**argent** par les fenêtres.	*Oscar has the bad habit of throwing money out the window.*
L'**argent** n'a pas d'odeur.	*Money has no smell.*
Le temps, c'est de l'**argent**.	*Time is money.*
La parole est d'**argent**, mais le silence est d'or.	*Words are silver, but silence is gold.*
L'**argent** ne fait pas le bonheur.	*Money can't buy happiness.*
L'**argent** est bon serviteur mais mauvais maître.	*Money is a good servant but a bad master.*
Ludivine veut le beurre et l'**argent** du beurre.	*Ludivine wants to have her cake and eat it too.*
L'**argent** leur file entre les doigts.	*Money burns a hole in their pocket.*
Il paie toujours en **argent** liquide.	*He always pays cash.*
La mère d'Alix lui donne 15 euros d'**argent** de poche par semaine.	*Alix's mother gives her 15 euros a week pocket money.*

Le MuCEM

Musée des civilisations de l'Europe et de la Méditerranée

Première partie

VOCABULAIRE

Avant la lecture

à cheval	*on horseback*	jardin	*garden*
à l'instar de	*following the example of*	mer	*sea*
		mistral	*mistral (cold, dry wind that blows in the Rhône Valley and the south of France)*
argenté	*silvery*		
autrefois	*formerly*		
bâtiment	*building*		
béton	*concrete*		
carré	*square*	moucharabieh	*mashrabiya*
centaine	*about a hundred*	muscle tendu	*tensed muscle*
citoyenneté	*democracy*	pingouin	*penguin*
déconcerter	*to disconcert*	pont	*bridge*
découverte	*discovery*	prouesse	*feat*
dizaine	*about ten*	puissance	*strength*
espace de détente	*rest area*	recouvrir	*to cover*
faire face à	*to face*	résille	*latticework*
fort	*fort*	s'étendre	*to extend*
insolite	*unusual*	souligner	*to emphasize*

Lecture

Inauguré le 4 juin par François Hollande, le MuCEM ouvre ses portes au public le 7 juin. Le premier musée national français transféré en région est une véritable cité culturelle doublée d'une prouesse architecturale.

C'est une figure insolite qui ouvre l'exposition permanente du Musée des civilisations de l'Europe et de la Méditerranée (MuCEM): un pingouin. «Quand ce monsieur s'en va, la Méditerranée commence», s'amuse Zeev Gourarier, directeur scientifique et des collections, en référence à la glaciation qui, il y a 20 000 ans, frappa l'immense région qui s'étend de l'Espagne à la Palestine, à cheval sur trois continents. À l'instar de la référence à l'animal polaire, le bâtiment en déconcertera plus d'un. En premier lieu, François Hollande qui inaugure le mardi 4 juin le tout nouveau musée.

«C'est le premier musée consacré aux civilisations de la Méditerranée et à leurs relations avec l'Europe», a souligné Bruno Suzzarelli, président du MuCEM, au cours d'une conférence de presse qui a réuni, lundi 3 juin, plusieurs centaines de journalistes venus du monde entier. Hérité du Musée national des Arts et des

Traditions populaires, autrefois à Paris, ce premier musée national français installé en région regroupe plusieurs dizaines d'œuvres diverses, surtout ethnologiques, évoquant les singularités méditerranéennes: l'agriculture, les religions monothéistes, la citoyenneté et, enfin, la découverte de son statut de mer intérieure. Mais c'est aussi un bâtiment unique conçu par deux architectes, Rudy Ricciotti et Roland Carta.

Un carré de 52 mètres de côté, faisant face à la mer (Méditerranée...), et recouvert d'une enveloppe de béton en résille inspirée des moucharabieh traditionnels de l'architecture arabe. Un pont de 135 mètres, «muscle tendu» comme le dit Rudy Ricciotti, vers le Fort St Jean, complexe militaire du XVIIᵉ siècle rénové pour l'occasion et transformé en jardins méditerranéens qui constituent un espace de détente et de contemplation face au musée. «D'un côté, la mer avec son bleu cobalt, son bleu outre-mer, rouge, argenté sous l'effet du mistral, s'enthousiasme Rudy Ricciotti. De l'autre, la puissance du fort et en face, la masse portuaire industrielle.»

EXERCICE 17·1

Répondre aux questions.

1. Quand le MuCEM a-t-il ouvert ses portes au public?

_____

2. S'agit-il d'un musée régional, privé ou national?

_____

3. Que peut-on trouver à l'entrée de l'exposition permanente?

_____

4. Que s'est-il passé il y a 20 000 ans?

_____

5. Qui a inauguré le nouveau musée?

_____

6. À quoi est consacré le MuCEM?

_____

7. Quelles sont les singularités méditerranéennes?

_____

8. Qui a conçu le bâtiment?

_____

9. Quelle est la forme du musée?

_____

10. Qu'est-ce que le Fort St Jean?

_____

Identifier l'adjectif contraire.

1. véritable _____
2. insolite _____
3. immense _____
4. unique _____
5. entier _____

a. minuscule
b. commun
c. incomplet
d. familier
e. faux

Compléter avec un mot de la liste de vocabulaire du texte (première partie).

1. Au musée Rodin, il y a des sculptures dans le _____.

2. Les champs de tournesols _____ sur des kilomètres.

3. Le _____ est un matériau de construction très utilisé.

4. Le _____ que cet architecte lyonnais a conçu est vraiment insolite.

5. Les foulards d'Hermès sont connus pour leur forme _____.

6. La Grèce fut une grande _____ économique au Vᵉ et IVᵉ siècles avant J.-C.

7. Des _____ sont les personnages d'une célèbre bande dessinée intitulée *Les Indégivrables* dans le journal *Le Monde*.

8. Au musée, si on est fatigué, on peut s'asseoir dans un _____.

9. Un _____ permet de traverser un rivière.

10. De nombreux musées devront _____ à des coupes budgétaires.

Grammaire

Adjectifs de couleur

The **adjectifs de couleur** (*adjectives of color*) usually agree in gender and number with the noun they modify:

Frédéric a les yeux **bleus**.
Les fleurs qui sont sur le rebord de la fenêtre sont **bleues**.

Frédéric has blue eyes.
The flowers on the windowsill are blue.

Adjectives of color that are also nouns of fruit or plants generally remain in the masculine singular form:

Les murs **orange** du «Cube» à Lyon sont magnifiques.	The orange walls of the «Cube» in Lyon are wonderful.
La directrice du musée portait un pantalon **bleu marine** et des chaussettes **framboise**.	The museum director was wearing navy blue pants and raspberry socks.

Another exception: les **adjectifs composés** (*compound adjectives*). When two adjectives are combined to provide more specificity, both adjectives generally remain in the masculine singular form:

La mer des Caraïbes est **bleu turquoise**.	The Caribbean Sea is turquoise blue.
La voiture **gris métallisé** de l'architecte est garée devant le musée.	The architect's metallic gray car is parked outside the museum.

EXERCICE 17·4

Compléter avec la forme appropriée de l'adjectif.

1. Tu as des yeux _____ (bleu azur) magnifiques!

2. Les fauteuils _____ (vert pâle) de l'espace de détente sont salissants.

3. Les moines aux robes _____ (safran) sont entrés dans le temple.

4. La monture _____ (noir) de ses lunettes lui donne un air sévère.

5. Juliette porte une jupe _____ (abricot).

6. Mes voisins ont deux chattes _____ (marron).

7. Ces murs _____ (caramel) mettent en valeur les œuvres exposées.

8. J'ai reçu une écharpe _____ (rose bonbon) pour mon anniversaire.

9. Un groupe de visiteurs était vêtu de costumes _____ (gris foncé).

10. Les draps en satin de David sont _____ (champagne).

À l'instar/à l'insu de

À l'instar (*following the example of*) and **à l'insu de** (*without somebody's knowledge*) are two adverbial phrases that will come in handy. Let's look at a few examples:

À l'instar de I. M. Pei, cet architecte rêve de réaliser un bâtiment insolite à Berlin.	*Following the example of I. M. Pei, this architect dreams to create an unusual building in Berlin.*
À l'instar de sa mère, Zoé est devenue dessinatrice industrielle.	*Following her mother's example, Zoé became a draftswoman.*
Benjamin s'est inscrit aux beaux-arts **à l'insu de** ses parents.	*Benjamin signed up to study at the school of fine arts without his parents' knowledge.*
Une touriste australienne a pris une photo de *Le Fifre* d'Édouard Manet **à l'insu du** gardien.	*An Australian tourist took a picture of Édouard Manet's* Le Fifre *without the guard's knowledge.*

Deuxième partie

Avant la lecture

à deux pas	*a short distance*	**hiérarchie**	*hierarchy*
accueillir	*to host*	**Maroc**	*Morocco*
Algérie	*Algeria*	**mettre en œuvre**	*to implement*
aménager	*to lay out, to set up*	**nouer**	*to form, to link*
conquête	*conquest*	**partenariat**	*partnership*
d'ores et déjà	*already*	**partie intégrante**	*integral part*
en plein air	*outdoor*	**pensée sarkozyste**	*Sarkozy-style*
étoile	*star*		*thinking*
européocentrisme	*Eurocentrism*	**regard**	*look*
évoquer	*to evoke*	**regard renversé**	*reverse view*
exposition	*exhibition*	**rejet**	*rejection*
faire circuler	*to circulate*	**situer (se)**	*to be located*
formation	*training*		

Lecture

Un budget de 200 millions d'euros

Partie intégrante du périmètre Euroméditerranée, la plus grande opération de rénovation urbaine en Europe, le nouveau musée se situe à deux pas du Vieux-Port de Marseille, où commence le port industriel construit au XIXe siècle et qui connut son apogée au temps des colonies. Un musée? «Non, un territoire», explique Rudy Ricciotti, qui voit ici se réaliser un projet qu'il avait conçu il y a dix ans. Pour l'architecte né à Alger, le MuCEM est en effet bien plus qu'un lieu où s'exposent des œuvres artistiques.

Véritable cité culturelle, le MuCEM comprend en réalité trois sites sur 44 000 m², un restaurant et une brasserie tenue par le seul chef marseillais ayant obtenu trois étoiles au Michelin (Gérald Passedat), deux librairies, une école de cuisine. Le tout développé pour un peu moins de 200 millions d'euros. Un espace ouvert est également aménagé pour des débats, des expositions, des concerts, et même des séances de cinéma en plein air. Avec toujours le regard tourné vers la Méditerranée.

Partenariats avec le Maroc et l'Algérie

Le MuCEM a d'ores et déjà évoqué l'organisation d'expositions avec le Maroc ainsi qu'avec l'Algérie. «Notre idée est bien de nouer des partenariats avec des institutions pour produire, coproduire, accueillir, faire circuler des expositions, mettre en œuvre des projets, participer ou monter des programmes de formation et de recherche», souligne Bruno Suzzarelli. Avec une approche des civilisations en totale opposition avec la pensée sarkozyste: loin de tout européocentrisme et avec un rejet de l'idée de hiérarchie.

Le MuCEM accueille ainsi l'exposition Le Noir et le Bleu, en français et en arabe, qui offre un regard renversé sur les conquêtes européennes. Celle de l'Égypte par Bonaparte vue par le chroniqueur égyptien Al Gabarti. Celle de l'Algérie via le regard de l'émir Abdelkader, symbole de la résistance algérienne contre le colonialisme français.

Frédéric Maury
Jeune Afrique 6 avril 2013
Avec l'aimable autorisation de Jeune Afrique

Répondre aux questions.

1. Où se situe le MuCEM?

   _____

2. Qu'est-ce que le projet Euroméditerranée?

   _____

3. Quand le port industriel a-t-il été construit?

   _____

4. Où est né Rudy Ricciotti?

   _____

5. Quelle est la superficie du musée?

   _____

6. Combien a coûté sa construction?

   _____

7. Quelles sont les autres activités proposées par le musée?

   _____

8. Avec quels pays le MuCEM souhaite-t-il organiser des expositions?

   _____

9. Citez trois objectifs de Bruno Suzzarelli, le président du MuCEM.

   _____

10. Quelle est la particularité de l'exposition Le Noir et le Bleu?

   _____

Compléter avec un mot de la liste de vocabulaire du texte (deuxième partie).

1. En été, le musée organise des conférences _____.

2. Le personnel du musée peut proposer des idées à _____.

3. En raison du _____ par la commision de la proposition
   d'exposition, tout a été annulé.

4. La Nuit des _____ a lieu en août. On peut y voir des

   _____ filantes.

5. _____ qui était installée à Lille pendant trois mois, est partie pour la Norvège.

6. Le directeur du musée Dar Si Saïd de Marrakech espère _____ un partenariat avec le MuCEM.

7. —Où _____ le musée Marmottan? —Dans le XVIᵉ arrondissement.

8. *À la* _____ *des étoiles* est un livre de Pierre Rousseau.

9. On pouvait lire dans son _____ une profonde tristesse.

10. Le musée a _____ un grand espace pour les différentes activités.

Grammaire

Le h aspiré

In the French language, about 1,500 words start with the lettre **h**. And three hundred of them are called **h aspiré**.

You are acquainted with nouns like **l'habitant** (*inhabitant*), **l'histoire** (*history, story*), **l'homme** (*man*), **l'hôtel** (*hotel*), and so on. These nouns start with an **h** that is silent, and the article that precedes them needs an apostrophe.

The **h aspiré** is also silent, but the liaison between the article and the noun is not allowed, so there is no apostrophe. Consider the following: **la haine** (*hatred*), **le hasard** (*chance*), **le harcèlement** (*harassment*), **la hausse** (*increase*), **le héros** (*hero*), **la hiérarchie** (*hierarchy*), **le homard** (*lobster*), **la honte** (*shame*), **le hors-d'œuvre** (*hors-d'œuvre*), and so on.

À Versailles, le **hameau** était une oasis de paix pour Marie-Antoinette.	*In Versailles, the hamlet was a peaceful oasis for Marie Antoinette.*
Le **hamac** dans l'espace de détente amuse les enfants.	*Children enjoy the hammock in the rest area.*

EXERCICE

17·7

*Compléter avec l'article défini **le, l', la** ou **les**.*

1. _____ hausse des températures va se poursuivre jusqu'à la fin de la semaine.

2. _____ hiver a été très rude en Alsace cette année.

3. Grégoire déteste _____ haricots verts en salade.

4. _____ haine de mon frère pour les escargots est comique.

5. La sélection des peintures à _____ huile de ce musée est impressionnante.

6. La foule a applaudi _____ héros du jour.

7. _____ hors-d'œuvre servis au vernissage étaient délicieux.

8. Le commissaire de l'exposition a _____ sale habitude de changer d'avis sans cesse.

9. _____ homard grillé est mon plat préféré.

10. Le musée de _____ homme fut établi en 1937.

Mettre

The verb **mettre** is multifaceted and is used in a wide range of expressions. Let's look at a few examples:

Elle a **mis** son chapeau de soleil jaune avant de sortir.	*She put on her yellow sun hat before going out.*
Est-ce que tu **mets** du lait dans ton thé?	*Do you put milk in your tea?*
Peux-tu **mettre en marche** la machine à laver.	*Can you start the washing machine?*
Vincent a **mis** de l'argent **de côté** pour son voyage en Argentine.	*Vincent put some money aside for his trip to Argentina.*
Combien de temps avez-vous **mis** pour préparer le catalogue de l'exposition?	*How long did it take you to prepare the exhibition catalog?*
Qui a **mis en scène** ce film?	*Who directed this film?*
«**Mettez les mains en l'air**», cria le policier au voleur à l'étalage.	*"Hands up," shouted the policeman to the shoplifter.*
Le conseiller pédagogique nous a **mis sur la bonne voie**.	*The education advisor put us on the right track.*
S'il veut réussir à son examen, il faudra y **mettre du sien**.	*If he wants to pass his exam, he'll have to try hard.*
Ses manières chaleureuses m'ont tout de suite **mise à l'aise**.	*His warm manners put me at ease right away.*
Le nouveau patron les a **mis à rude épreuve**.	*The new boss put them to the test.*
La grève du personnel **met** le directeur du musée dans une situation difficile à quelques jours de l'inauguration.	*The workers' strike puts the director in a difficult position a few days before the inauguration.*
Le patron de Justine l'**a mise à la porte** sans aucune raison.	*Justine's boss fired her for no reason.*
Le gouvernement a **mis en œuvre** les travaux pour le Grand Paris qui seront achevés en 2020.	*The government has set in motion the construction of the Greater Paris that will be completed in 2020.*

*Traduire les phrases suivantes en utilisant une expression avec le verbe **mettre**.*

1. Where did you put your keys? (**tu**)

   _____

2. How long did she take to visit the whole museum?

   _____

3. Don't put your fingers on the mirror! (**tu**)

   _____

4. Nayla put on a red coat this morning.

   _____

5. The director fired three employees in a week.

   _____

6. You're going to put them in a difficult situation. (**vous**)

   _____

7. She's got nothing to wear!

   _____

8. My boss is always questioning my skills.

   _____

9. Romain directed an adaptation of *Hiroshima mon amour* by Marguerite Duras.

   _____

10. We put money aside to buy our own house.

    _____

Note culturelle: European capitals of culture

The opening of the new MuCEM (Museum of European and Mediterranean Civilizations) in Marseille is part of a yearlong celebration of that city's designation as one of two 2013 European Capitals of Culture (the other is Košice, Slovakia). It is considered a great honor to be awarded this much-sought-after title, so what exactly does it entail? The title "European Capital of Culture" was invented in 1985 by Mélina Mercouri and Jack Lang, both ministers of culture in their respective countries (Greece and France). Its purpose is to bring the people of Europe closer together by celebrating the key role played by cities in European culture. To be considered, a city does not need to have an internationally recognized cultural profile. It must submit a twelve-month program of high-quality artistic events focusing on dance, music, theater, heritage, contemporary art, and also science and technology, sport, cuisine, and popular culture. These events provide an opportunity for unique encounters between local populations, artists, and visitors from all over the world. Welcoming visitors is an essential part of Marseille's program since it reflects the vibrant tradition of hospitality at the heart of regional culture. The Marseille-Provence region already hosts many internationally renowned artistic and cultural events, including the **Festival d'art lyrique** in Aix-en-Provence, the **Rencontres de la photographie** in Arles, the **Festival de piano** in Roque d'Anthéron, and more. In addition to these cultural high points, there are also many smaller events taking place in the region, organized by a variety of associations and other cultural organizations. Since one of the main goals of Marseille-Provence 2013 is to support, encourage, and increase visibility of these local initiatives, the European Capital of Culture designation is indeed an important one and well worth celebrating.

Bartabas, génie du théâtre équestre

Première partie

VOCABULAIRE

Avant la lecture

acquérir	*to acquire*	mettre au	*to put oneself at the*
chant	*song, singing*	service (se)	*service of*
chapiteau	*marquee*	mettre en scène	*to stage*
conjuguer	*to combine*	millier	*thousand*
dressage	*dressage*	mise en scène	*staging*
écurie	*stable*	partout	*everywhere*
écuyer	*rider*	produire (se)	*to take place*
envoûtant	*spellbinding*	sensibilité	*sensitivity*
escrime	*fencing*	soucieux	*worried about*
fougue	*spirit*	spectacle équestre	*equestrian theater*
inédit	*new, original*	témoigner	*to demonstrate*
installer (s')	*to move into*	voie	*way, path*
manège	*ring*		

Lecture

Académie du spectacle équestre

Créée en 2003 par Bartabas à la Grande Écurie du Château de Versailles, l'Académie du spectacle équestre est un corps de ballet unique au monde.

L'originalité de cette académie d'art équestre réside dans le fait d'associer le travail de dressage de Haute École à d'autres disciplines telles que l'escrime, la danse, le chant ou le Kyudo.

Les écuyers acquièrent ainsi une véritable sensibilité artistique qui leur permet de développer leur propre répertoire, dont le spectacle *La Voie de l'écuyer* est le reflet, et de se mettre au service de créations originales dans des lieux atypiques.

Bartabas

Pionnier d'une expression inédite, conjuguant art équestre, musiques, danse et comédie, Bartabas a inventé et mis en scène avec tact, fougue et intuition, une nouvelle forme de spectacle vivant: le théâtre équestre.

Avec sa compagnie, fondée en 1985 à l'enseigne du Théâtre équestre Zingaro, il a conquis des centaines de milliers de spectateurs à travers le monde comme au fort d'Aubervilliers où il s'est installé, en 1989, dans un chapiteau de bois conçu à sa mesure par Patrick Bouchain.

Ses créations: *Cabaret I-II-III, Opéra équestre, Chimère, Éclipse, Triptyk, Loungta, Battuta, Darshan* et *Calacas* sont à chaque fois des événements qui marquent leur époque et témoignent d'une quête incessante, mystique parfois, et toujours profondément authentique. Avec le temps, la compagnie est devenue l'une des plus importantes d'Europe. Ses spectacles triomphent partout de New York à Tokyo, d'Istanbul à Hong-Kong ou Moscou.

Soucieux d'une transmission artistique, il fonde en 2003 l'Académie équestre de Versailles. Un corps de ballet sans autre exemple au monde, qui se produit dans le manège de la grande écurie royale, et pour lequel il a signé les mises en scène, du *Chevalier de St Georges*, du *Voyage aux Indes Galantes* et des *Juments de la nuit*, productions données dans le cadre grandiose des fêtes de Nuits du château de Versailles. Il invite aussi son académie à collaborer avec des artistes venus d'horizons très différents comme Alexandre Tharaud, Philip Glass, Beñat Achiary, Carolyn Carlson. Ses créations singulières ont souvent pour cadre des lieux originaux et atypiques comme l'abbatiale de Saint-Ouen à Rouen où fut imaginée une envoûtante *Liturgie équestre*.

En 2013, à l'occasion du dixième anniversaire de l'Académie, il est l'invité de la Grande halle de La Villette du 7 au 30 juin.

En état de recherche perpétuelle, Bartabas présente régulièrement des œuvres plus intimistes dont il est tout à la fois l'auteur et l'interprète, ainsi *Entr'aperçu* au Théâtre du Châtelet, *Lever de soleil* ou *Le centaure et l'animal* avec le danseur de Butô Kô Murobushi.

EXERCICE

18·1

Répondre aux questions.

1. Quand fut créée l'Académie du spectacle équestre?

_____

2. Quelles disciplines y sont enseignées?

_____

3. Qu'est-ce que Bartabas a inventé?

_____

4. En quelle année a-t-il fondé sa compagnie?

_____

5. Où s'est-il installé en 1989?

_____

6. Dans quel genre d'édifice se produisait-il à Aubervilliers?

_____

7. Avec quel artiste contemporain, pionnier de la musique minimaliste, a-t-il collaboré?

_____

8. Dans quel lieu a-t-il monté la *Liturgie équestre*?

_____

9. Pourquoi Bartabas fut-il invité à la Villette en 2013?

_____

10. A-t-il créé le dernier Caravansérail?

_____

Identifier l'adjectif contraire.

1. envoûtant _____   a. banal

2. incessant _____   b. médiocre

3. intimiste _____   c. repoussant

4. grandiose _____   d. impersonnel

5. unique _____   e. momentané

Compléter avec un mot de la liste de vocabulaire du texte (première partie).

1. Le Cirque du Soleil a installé son grand _____ sur l'Île Seguin.

2. Lorsqu'il pleut, les cours d'équitation ont lieu dans le _____.

3. Les écuyers doivent témoigner d'une grande _____ envers les chevaux.

4. Auprès de Bartabas, les écuyers _____ des compétences exceptionnelles.

5. Ce manuscrit _____ sur les écuyers de Louis XIV sera publié à l'automne.

6. Le _____ des chevaux demande de la patience.

7. J'ai acheté une nouvelle épée et un casque pour mon cours de _____.

8. La conception et la _____ de ce spectacle ont été réalisées par Bartabas.

9. Ce spectacle inspiré des *Mille et Une Nuits* était _____. Il n'y avait pas un bruit dans la salle.

10. Le moniteur initie les jeunes aux techniques d'équitation; il leur montre la _____ à suivre.

Grammaire

Le passé composé

The **passé composé** is used in colloquial French to describe past events. It refers to a single action in the past. It is built in two parts: the auxiliary verb **avoir** or **être** + past participle. A wide range of verbs use **avoir**, and they have a regular past participle: **j'ai visité** (*I visited*), **tu as fini** (*you finished*), **il a perdu** (*he lost*), **nous avons chanté** (*we sang*), **vous avez entendu** (*you heard*), **ils ont choisi** (*they chose*).

Bartabas **a créé** un théâtre équestre.	*Bartabas created an equestrian theater.*
Avez-vous **choisi** un spectacle pour samedi?	*Did you choose a show for Saturday?*

However, many verbs conjugated with **avoir** in the **passé composé** have irregular past participles that you simply have to memorize. They include **lire** (**lu**), **prendre** (**pris**), **faire** (**fait**), **vivre** (**vécu**), **ouvrir** (**ouvert**), **recevoir** (**reçu**), **devoir** (**dû**), **écrire** (**écrit**), **offrir** (**offert**), **mettre** (**mis**), and **suivre** (**suivi**).

Le stage leur **a permis** d'apprendre de nouvelles techniques.	*The internship allowed them to learn new techniques.*
L'artiste **a conquis** le public.	*The artist won over his audience.*

A list of verbs that you have to learn by heart are conjugated with the auxiliary **être**. Here are some examples: **aller** (*to go*), **partir** (*to leave*), **rester** (*to stay*), **mourir** (*to die*), **naître** (*to be born*), and **tomber** (*to fall*). In this case, the past participle agrees in gender and number with the subject.

À l'instar de leur père, les deux frères **sont devenus** chanteurs.	*Following the example of their father, the two brothers became singers.*
Elle **est allée** à Aubervilliers avec sa meilleure amie.	*She went to Aubervilliers with her best friend.*

In addition, all pronominal verbs are conjugated with **être**.

Elles **se sont installées** en Asie il y a vingt ans.	*They settled in Asia twenty years ago.*
Il est tombé de cheval et il **s'est évanoui**.	*He fell off his horse, and he fainted.*

EXERCICE 18·4

Conjuguer les verbes au passé composé.

1. Mes grand-parents m'_____ (offrir) des places pour le prochain spectacle de Bartabas.

2. Nous _____ (suivre) des cours de danse chez Jacques Lecoq.

3. L'Académie équestre _____ (recevoir) l'ambassadeur d'Argentine le week-end dernier.

4. Les écuyers et les chevaux _____ (se reposer) après une séance de dressage intense.

5. Le manager _____ (s'occuper) d'organiser une tournée mondiale.

6. J'_____ (devoir) faire la queue pour obtenir un billet.

7. Les chevaux _____ (entrer) dans le manège en file indienne.

8. Elles _____ (partir) en vacances en Andalousie pour faire du cheval.

9. Les écuyers du spectacle Battuta _____ (se retrouver) à Carcassonne en mai.

10. Bartabas _____ (naître) à Boulogne-Billancourt en 1957.

Deuxième partie

VOCABULAIRE

Avant la lecture

au sein de	within	gradin	tier
bois brut	raw wood	hebdomadaire	weekly
box	loose boxes	héberger	to house
cavalier	horseman	lettre de motivation	cover letter
confier qqch à qqn	to entrust something to someone	licorne	unicorn
		logement	housing
corbeille	dress circle	lustre en verre	glass chandelier
désarmant	disarming	pierre	stone
éclairage	lighting	piste	ring
écrin	showcase	planche	plank
écuyer	rider	postuler	to apply
en clin d'œil à	in a nod to	poutre	beam
étroit	close	requis	required
exigence	requirement	sable	sand
formation	training	tiers de la surface	one-third of the area
galerie des Glaces	Hall of Mirrors	torsadé	twisted

Lecture

L'Académie

Après avoir traversé la majestueuse cour d'honneur de la Grande Écurie, vous allez pénétrer dans un lieu désarmant de simplicité luxueuse.

En étroite collaboration avec les services du Château et des Monuments historiques, Bartabas a confié la réhabilitation de la Grande Écurie à Patrick Bouchain avec lequel il a établi de longue date, des rapports de complicité et de dialogue.

Le manège a été conçu comme un décor de théâtre, petit écrin de bois brut posé dans l'enveloppe de pierre avec, en clin d'œil à La galerie des Glaces, les lustres en verre de Murano et les miroirs où chevaux et cavaliers se reflètent à l'infini.

La simplicité des matériaux, l'assemblage de poutres et de planches rappellent les constructions éphémères de Versailles autrefois; cette architecture légère et mobile est inspirée par le théâtre Farnèse de Parme. Face au gradin agrémenté de corbeilles, la piste de sable blond occupe les deux tiers de la surface.

Les écuries ont été aménagées en tenant compte de l'harmonie des volumes, des contraintes liées au fonctionnement de l'Académie et des exigences de Bartabas pour le bien-être des chevaux. Les box ont remplacé d'anciennes stalles: ils sont très simples, élégants et spacieux; et surmontés d'éclairages verticaux torsadés, une référence contemporaine aux licornes.

L'ensemble des aménagements a rendu ces bâtiments à leur vocation première, l'activité équestre, tout en préservant la beauté du site historique construit par Jules Hardouin-Mansart à la fin du XVIIe siècle pour héberger la prestigieuse cavalerie royale.

L'Académie du spectacle équestre recrute tout au long de l'année sur audition des écuyer(e)s dans le but d'intégrer la compagnie.

Sont demandées

- de solides bases équestres en dressage de Haute École (travail de deux pistes, changement de pied isolé...)
- une volonté d'ouverture à d'autres disciplines artistiques afin de participer aux spectacles de l'Académie et d'évoluer au sein de la compagnie.

Le quotidien de l'Académie

- travail de dressage, supervisé par les écuyers titulaires
- perfectionnement hebdomadaire encadré par un professeur écuyer (actuellement Carlos Pinto) et par Bartabas
- cours de danse, chant individuel et choral, escrime artistique à pied et à cheval, Kyudo
- participation au spectacle de répertoire de la compagnie présenté tous les week-ends à Versailles et en tournée
- participation aux créations de l'Académie, mises en scène et chorégraphiées par Bartabas
- possibilité de logement sur Versailles
- rémunération en tant qu'artiste
- formation dispensée gratuitement
- age minimum requis: 22 ans

Pour postuler, envoyer lettre de motivation, CV et vidéo à cheval à:

Académie du spectacle équestre
Manège de la Grande Écurie du Château de Versailles
Avenue Rockfeller
78000 Versailles

www.bartabas.fr
Avec l'aimable autorisation de Bartabas.fr

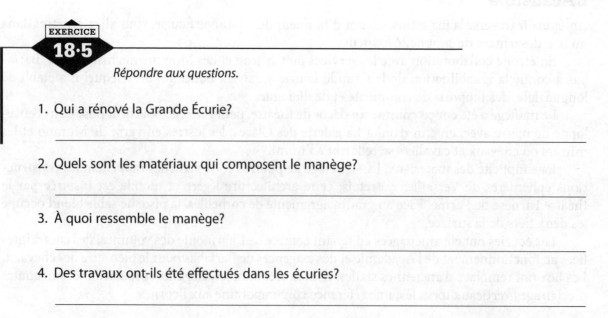

EXERCICE

18·5

Répondre aux questions.

1. Qui a rénové la Grande Écurie?

_____

2. Quels sont les matériaux qui composent le manège?

_____

3. À quoi ressemble le manège?

_____

4. Des travaux ont-ils été effectués dans les écuries?

_____

5. Qui a édifié la Grande Écurie?

_____

6. Quelles sont les compétences requises pour intégrer la compagnie?

_____

7. Que se passe-t-il le week-end?

_____

8. La formation est-elle payante?

_____

9. À partir de quel âge peut-on postuler?

_____

10. Quels sont les pièces à envoyer pour candidater?

_____

Identifier le synonyme correspondant.

1. rémunération _____   a. stage

2. formation _____   b. chandelier

3. miroir _____   c. salaire

4. lustre _____   d. logement

5. hébergement _____   e. glace

Compléter avec un mot de la liste de vocabulaire du texte (deuxième partie).

1. Je ne peux pas _____ mon cheval à n'importe qui.

2. Je vois Côme toutes les semaines. Il m'apporte sa gazette _____.

3. La scène occupe un _____ du théâtre.

4. Notre marge de manœuvre est très _____. Ça va être difficile!

5. Je pense que le professeur d'équitation flirte avec l'écuyère; je l'ai vu lui faire

   un _____.

6. Il y a huit postes vacants dans notre service. Aimeriez-vous _____?

7. Le Grand Trianon se trouve dans un _____ de verdure.

8. Quand les chevaux entrent en _____, les spectateurs applaudissent.

9. Les _____ du château imitent les chandeliers d'origine.

10. Le prix de l'immobilier est très élevé à Versailles. Il est difficile de trouver

un _____.

EXERCICE
18·8

Traduire les phrases suivantes.

1. We crossed the garden to go to the stable.

_____

2. Bartabas went to Mongolia to buy new horses.

_____

3. Kô Murobushi was born in Japan.

_____

4. Camille will apply at the Académie when she is twenty-two.

_____

5. Jérôme Garcin wrote a book called *Bartabas*.

_____

6. Tristan has always wanted to learn Kyudo.

_____

7. The dancers put on their makeup before the show.

_____

8. Her face was mirrored in the crystal glass the whole evening.

_____

9. They lived abroad for ten years.

_____

10. The riding master had to read hundreds of cover letters.

_____

Note culturelle: The Zingaro Equestrian Theater

Fort d'Aubervilliers lies northeast of Paris, the last stop on Line 7 of the Paris Metro. Once a real fort, it was part of the first ring of fortifications outside the old city walls built by Adolphe Thiers in the 1840s to defend the capital against invasion and to control the city's rebellions. During the 1920s and 1930s, and then later in the 1960s, the fort was the site of radioactivity studies, which caused the area to become contaminated. Decontamination did not begin until 1990. It was in this somewhat strange, out-of-the-way location that Bartabas's original creation, the Zingaro Equestrian Theater, set up home in 1989. Now, more than twenty years later, this multipurpose venue has become a place for creating, rehearsing, and living. At its heart is the theater, a wooden building designed by Patrick Bouchain, who was subsequently responsible for the renovation of the Grande Écurie at Versailles. It is an important design element in the show, virtually a performer in its own right. It works its magic on the audience, which must pass through the stables in order to enter the performance space, and on the riders and horses who work and live within its walls. Outside the theater, caravans, trucks, and cabins stand side by side and, with the theater and the restaurant, form a harmonious whole that gives Zingaro's visitors the feeling of having escaped elsewhere for a few hours, even though it is just on the outskirts of Paris.

www.bartabas.fr

Jeu de mots: Feu

Cassandre joue avec le **feu**.	*Cassandre is playing with fire.*
Il fait **feu** de tout bois.	*He makes the most of all his opportunities.*
Ils ont mis le **feu** aux rideaux en allumant des bougies.	*They set fire to the curtains while lighting candles.*
Après avoir mangé le plat épicé, j'avais la bouche en **feu**.	*After eating the spicy dish, my mouth was burning.*
Il n'y a pas le **feu**.	*There's no rush.*
Il n'y a pas de fumée sans **feu**.	*Where there's smoke there's fire.*
Vous avez du **feu**?	*Do you have a light?*
Il a fait cette remarque dans le **feu** de la colère.	*He made this remark in the heat of anger.*
J'en mettrais ma main au **feu**.	*I would swear to it.*
Cette chanteuse est toujours sous le **feu** des projecteurs.	*This singer is always in the limelight.*
Cette mission était un baptême de **feu**.	*This mission was a baptism of fire.*
Tu t'es arrêté aux **feux**.	*You stopped at the traffic lights.*
Il était pris entre deux **feux**.	*He was caught in the cross fire.*
Appoline avait les joues en **feu**.	*Appoline's cheeks were on fire.*
Cette région est à **feu** et à sang.	*This region is being torn apart.*

Triangle migratoire

Jeanne Séguin-Laflamme

Première partie

Lecture

Au cours d'une vie, nous nous retrouvons souvent devant des événements normaux. Les situations anodines sont les rails sur lesquels nous avançons, au cœur de paysages, pour la plupart, connus et prévisibles. Pendant ce temps, on se trouble d'éprouver des trous de mémoire, de ne pas voir le temps passer, comme on dit. Or, ce n'est peut-être pas la mémoire qui flanche, mais les moments qui sont trop ordinaires pour la marquer. Alors, il faut réagir. S'extirper de cette réalité pour faire de la nôtre une suite de moments inoubliables. Réagir pour que, plus tard, on se rappelle d'avoir vécu.

C'est l'histoire d'une décision. D'une décision pas vraiment normale, encore moins raisonnable, pas tout à fait assumée, mais, somme toute, jamais regrettée.

Devant la loi, je suis canadienne, mais devant ma famille, mes amis, mon éducation, devant toute ma vie, je suis profondément québécoise et toujours fière d'expliquer pourquoi je ne suis pas canadienne. Il y a trois ans, après mes études, j'ai émigré un peu en Argentine, un peu en Espagne. Exactement, un peu des

200

deux. La moitié de l'année en Argentine, l'autre moitié en Espagne, sans omettre une escale-nostalgie à Montréal pendant quelques semaines. Dans les mêmes douze mois, je ne me déplace pas que dans ces trois pays. Parce que je ne voyage pas. Je me déplace. Je m'insère à l'intérieur de trois réalités aussi différentes que semblables et dans cette pièce en trois actes, j'essaie de faire évoluer le personnage le mieux possible, sans point de comparaison pour me situer.

Ni nomade, ni sédentaire, je migre comme les outardes du Québec qui annoncent à grands signes de V que de meilleurs cieux sont ailleurs, au sud, pour les six mois à venir. Moi aussi, je migre vers des cieux cléments, là où le tourisme estival apporte emplois, journées épuisantes de dix heures, semaines de six jours et revenus en euros, qui, une fois changés sur le marché argentin des devises, justifient le déplacement et alimentent la motivation. Certains, quand je leur raconte, disent que ma vie doit être fort passionnante, qu'elle est loin d'être comme la leur, qu'ils jugent ordinaire. J'avoue, c'est une vie intéressante, passionnante, incertaine. Ma routine, je la traîne dans mes bagages, voilà la seule différence. Parce qu'à force de vivre une existence différente, elle devient ordinaire, non? Simple, elle ne l'est pas, durable, je vous le dirai plus tard.

Je vais lever le rideau et révéler les coulisses de cette pièce en trois actes. Concrètement, ce qu'une vie sur trois continents implique. D'abord, l'été devient éternel, mais les appartements temporaires. Les amis se multiplient comme les numéros de téléphone, mais les vraies relations s'estompent. Les économies s'envolent en 747, mais les vacances s'éparpillent, çà et là, pendant plus de deux semaines annuelles. Les aéroports et gares deviennent les lieux les plus romantiques, mais les absences plus douloureuses à chaque fois. Les possessions personnelles se perdent, se retrouvent, se prêtent, se donnent, se troquent, les pages libres du passeport se font rares, les agents d'immigration plus douteux, le travail, illégal, les visas de travail, des perles rares, les retrouvailles, de purs moments magiques, les départs et arrivées, la norme, les conversations avec ses proches, récapitulatives et Skype, l'invité supplémentaire à tous les événements sociaux ou familiaux. Tout cela devient routine.

EXERCICE

19·1

Répondre aux questions.

1. Quel est le pays d'origine de l'auteure?

_____

2. Où vit-elle maintenant?

_____

3. À quel animal se compare-t-elle?

_____

4. Comment apparaît sa vie aux yeux des autres?

_____

5. Prend-elle souvent l'avion?

_____

Identifier le verbe synonyme.

1. éprouver _____   a. bouger

2. continuer _____   b. échanger

3. troquer _____   c. poursuivre

4. se déplacer _____   d. diminuer

5. atténuer _____   e. ressentir

Compléter avec un mot de la liste de vocabulaire du texte (première partie).

1. J'essaie toujours de m'asseoir près d'un hublot dans l'avion pour pouvoir regarder
le _____.

2. L'accusé a fini par _____ la vérité.

3. En vacances, nous _____ à pied ou en vélo.

4. Peu à peu, le phare _____ dans la brume du matin.

5. Le mois dernier, les oiseaux migratoires _____ vers l'Afrique.

6. La princesse portait un collier de _____ noires de Tahiti.

7. J'ai un _____, je n'arrive pas à me souvenir de son nom.

8. Nous sommes allés voir une _____ de Lola Arias intitulée *Mi vida
después*.

9. Elle voudrait _____ sa voiture contre votre moto.

10. Nadia a reçu une bourse pour étudier à Buenos Aires. Ses parents sont très
_____ d'elle.

Grammaire

Les adjectifs et les pronoms possessifs

Possessive adjectives modify nouns and are used to express relationship and ownership. They agree in gender and number with the noun they modify.

Masculine singular			
mon pays	*my country*	notre pays	*our country*
ton pays	*your country*	votre pays	*your country*
son pays	*his/her country*	leur pays	*their country*

Feminine singular			
ma vie	*my life*	notre vie	*our life*
ta vie	*your life*	votre vie	*your life*
sa vie	*his/her life*	leur vie	*their life*

Masculine and feminine plural			
mes cousin(e)s	*my cousins*	nos cousin(e)s	*our cousins*
tes cousin(e)s	*your cousins*	vos cousin(e)s	*your cousins*
ses cousin(e)s	*his/her cousins*	leurs cousin(e)s	*their cousins*

Comment s'est passé **ton** voyage en Terre de Feu?   *How was your trip to Tierra del Fuego?*
Leurs amis vivent en Espagne.   *Their friends live in Spain.*

EXERCICE

19·4

*Compléter avec l'adjective possessif en utilisant **vous** si nécessaire.*

1. Peux-tu m'aider à faire mes bagages? Bien sûr, j'ai tout _____ (*my*) temps.

2. _____ (*her*) atout principal est son énergie.

3. Vous pourrez partager _____ (*your*) expériences sur le blog.

4. Il en a marre de _____ (*their*) blagues idiotes.

5. Ce n'est pas _____ (*his*) genre de raconter des potins.

6. Nous ne souhaitons pas changer _____ (*our*) routine.

7. Elle est très polie. _____ (*her*) éducation est exemplaire.

8. Ils font _____ (*their*) marché près du canal de Lachine.

9. Je crains que _____ (*my*) semaine ne soit chargée.

10. Il faut renouveler _____ (*your*) passeport avant la fin de l'année.

Possessive pronouns replace nouns used with possessive adjectives. They agree in gender and number with the nouns they replace, not with the possessor.

Masculine singular		Feminine singular	
le mien	*mine*	la mienne	*mine*
le tien	*yours*	la tienne	*yours*
le sien	*his/hers*	la sienne	*his/hers*
le nôtre	*ours*	la nôtre	*ours*
le vôtre	*yours*	la vôtre	*yours*
le leur	*theirs*	la leur	*theirs*

Masculine plural		Feminine plural	
les miens	*mine*	les miennes	*mine*
les tiens	*yours*	les tiennes	*yours*
les siens	*his/hers*	les siennes	*his/hers*
les nôtres	*ours*	les nôtres	*ours*
les vôtres	*yours*	les vôtres	*yours*
les leurs	*theirs*	les leurs	*theirs*

Votre escale est plus longue que **la nôtre**.
Mon accent est pire que **le sien**.

Your stopover is longer than ours.
My accent is worse than his/hers.

EXERCICE 19·5

*Compléter avec le pronom possessif en utilisant **tu** si nécessaire.*

1. —J'aime beaucoup la nouvelle montre d'Anna. —Je préfère _____ (*yours*).

2. Notre vie paraît plus simple que _____ (*theirs*).

3. Leur appartement est gigantesque à côté du _____ (*ours*).

4. Ta mémoire est meilleure que _____ (*mine*).

5. Tu as pris ta décision, respecte _____ (*hers*)!

6. —Ton expérience est impressionnante! —Et _____ (*his*)?

7. Son passeport est bleu. _____ (*mine*) est bordeaux.

8. Mon avion décolle à 16h. À quelle heure décolle _____ (*yours*)?

9. Sa routine est ennuyeuse. _____ (*theirs*) n'est guère mieux.

10. Votre pays a connu de nombreuses trahisons. _____ (*ours*) aussi.

Deuxième partie

Avant la lecture

à l'instar de	*following the example of*	formulaire	*form*
ailleurs	*elsewhere*	gagner de sa vie	*to earn one's living*
ainsi	*thus*	inconvénient	*drawback*
âme	*soul*	indomptable	*untamable*
atout	*advantage*	le mien	*mine*
atténuer	*to ease*	lien	*link*
au fil du temps	*over time*	lutter	*to struggle*
autant... que	*as far as*	manquer	*to miss*
aux prises avec	*to be battling with*	mettre à l'écart	*to keep in the background*
battre (se)	*to fight*	obtenir	*to obtain, to get*
bel et bien	*well and truly*	par ailleurs	*otherwise, moreover*
blague	*joke*	partager	*to share*
brume	*mist*	pays natal	*native country*
clarté	*brightness*	racine	*root*
couper les ailes	*to clip somebody's wings*	récipiendaire	*recipient*
déception	*disappointment*	réellement	*really, truly*
décevoir	*to disappoint*	rendre personnel	*to make personal*
défrichable	*easy to clear*	restreindre	*to limit, to restrict*
déracinement	*uprooting*	ricaner	*to sneer*
droit	*right*	rire	*to laugh*
eau	*water*	surgir	*to emerge*
émailler	*to spangle, to stud*	surprenant	*surprising*
embrumer	*to mist over, to cloud*	trahison	*treason, betrayal*
en fin de compte	*finally, ultimately*	tricherie	*trick, cheating*
enracinement	*rooting, settling*	voiler	*to veil*
file d'attente	*line, queue*		

Lecture

Et spirituellement, comment ça se vit? Pablo Neruda, grand poète, activiste et récipiendaire du Prix Nobel de Littérature a dit que «Le déracinement pour l'être humain est une frustration qui, d'une manière ou d'une autre, atrophie la clarté de son âme.» À mon avis, il y a autant d'expériences d'immigration que de personnes sur la terre, et c'est pourquoi je ne peux que parler de la mienne. Je manque peut-être d'eau, mais j'ai des racines facilement défrichables et je suis très heureuse ainsi. L'enracinement embrume ma perspective, l'atrophie, le détachement la clarifie, la rend réellement personnelle. Par ailleurs, la frustration est bel et bien présente. Frustration de devoir se battre à coups de formulaires et de files d'attente pour obtenir le droit de gagner sa vie, frustration de ne pas rire des blagues émaillées de références socio-culturelles, frustration de toujours faire ricaner en raison de son accent bizarre, frustration de décevoir en étant absent aux événements les plus importants de ses proches, frustration d'être étranger, autant ailleurs, qu'en son pays natal, frustration de ne pouvoir partager son expérience qu'avec de rares personnes, dont le seul lien qui vous unit est le fait de vivre ailleurs... peut-être qu'en fin de compte, l'âme perd un peu de sa clarté, mais même dans la brume, surgissent des choses fascinantes, surprenantes, non?

Qui plus est, l'Argentine n'est pas le genre de pays à atténuer les frustrations. C'est un pays compliqué. Au fil du temps, j'ai compris que ses atouts voilent une réalité ingouvernable, une société indomptable à force de trahisons et de tricheries. Elle a été manipulée, terrorisée, infantilisée, mise à l'écart... Dans le regard des Argentins, on lit une grande déception. Déception de ne pas faire partie du premier monde, comme ils appellent les pays industrialisés, de ne pas occuper la place qui, à leurs yeux, devrait leur revenir. Après tout, cela ressemble au Québec. Deux populations restreintes à une identité qui n'est pas leur, une identité imposée qui n'a aucun sens et qui leur coupe les ailes. Deux populations ambitieuses, mais aux prises avec des contraintes qui semblent insurmontables. Heureusement, elles partagent également la joie de vivre, l'amour de la table et de la fête qui atténuent ce poids et les rendent si sympathiques.

C'était donc l'histoire d'une décision. D'une décision pas vraiment normale, encore moins raisonnable, pas tout à fait assumée, mais, somme toute, jamais regrettée. À l'instar de toutes les décisions, elle m'a ouvert un chemin insoupçonné et elle m'en a fermé un autre, certainement plus prévisible. En m'interdisant de penser au «Et si...», je profite pleinement des avantages qu'elle m'apporte et lutte, chaque jour, pour minimiser ses inconvénients. Chose certaine, je vois le temps passer. Le temps passé loin de mon pays natal, le Québec, le temps passé entre trois continents, le temps passé à me construire une vie différente de toutes celles que je connais, le temps passé à me demander si je ne fais pas fausse route, le temps passé à continuer de passer le temps ainsi.

Jeanne Séguin-Laflamme
Juillet 2013

EXERCICE 19·6

Répondre aux questions suivantes.

1. Comment ses proches vivent-ils l'absence de la narratrice?

_____

2. Quels sont les points communs entre le Québec et l'Argentine selon elle?

_____

3. De quelle manière Pablo Neruda percevait-il l'exil?

_____

4. Pourquoi se moque-t-on d'elle parfois?

_____

5. À votre avis, est-elle satisfaite de sa vie actuelle?

_____

Associer les colonnes correspondantes.

1. Après avoir fui la dictature, _____   a. sa trahison.

2. Ils ne lui ont jamais pardonné _____   b. à force de voyager.

3. Il y a tant de souvenirs _____   c. *Cahier d'un retour au pays natal.*

4. Son passeport est rempli de tampons, _____   d. il a souffert du déracinement.

5. Mon livre préféré de Césaire est _____   e. qui les unissent.

Compléter avec un mot de la liste de vocabulaire du texte (deuxième partie).

1. Depuis que j'ai commencé ce nouveau travail, je _____ de temps pour voir mes amis.

2. Antoine adore faire des _____ à sa sœur.

3. Ils ne voient aucun _____ à ce que vous les retrouviez à Grenade.

4. _____ sa grand-mère, Mia aime les voyages aventureux.

5. J'ai compris sa profonde _____ quand j'ai vu les larmes dans ses yeux.

6. Vous ne trouverez de plus belles plages nulle part _____.

7. Tu devrais chercher un travail plus sérieusement. Il faut que

   tu _____!

8. La balade en bateau a été annulée en raison de la _____ épaisse.

9. Le retour au _____ peut être très émouvant pour des émigrés.

10. Faire ce voyage en Russie avec vous l'automne prochain la _____ heureuse.

Grammaire

Manquer

The verb **manquer** (*to miss/to lack*) takes on different meanings according to the context. It can be used without a preposition, with preposition **à** or **de**, or in impersonal form.

J'**ai manqué** mon train ce matin.	*I missed my train this morning.*
Ils **ont manqué à** leur promesse de m'aider.	*They failed to keep their word to help me.*
Thomas **manque d'**expérience pour ce poste.	*Thomas lacks experience for this job.*
Nous ne **manquons de** rien.	*We lack nothing.*
Vous nous **manquez**.	*We miss you (i.e., you are lacking to me)*
La campagne me **manque**.	*I miss the countryside.*
Il manque un bouton **à** ma chemise.	*There's a button missing on my shirt.*
Il manque deux personnes sur la liste.	*There are two people missing from the list.*

EXERCICE 19·9

*Traduire les phrases suivantes en utilisant **manquer**, et **vous** si nécessaire.*

1. He's a great guide, but he lacks humor.

   _____

2. She misses the Costa del Sol.

   _____

3. He failed to do his duty.

   _____

4. One bulb is missing from the lamp.

   _____

5. Life in Argentina is not unappealing.

   _____

6. We are short of staff in the restaurant.

   _____

7. They miss San Miguel de Tucumán.

   _____

8. You missed him by three minutes!

   _____

9. Mathis missed his exam.

_____

10. She couldn't find the words to express her gratitude.

_____

Il faut

Il faut (*one needs/you have to*) is the third-person singular form of the present tense of the verb **falloir**. It comes in very handy and is used in many idiomatic expressions.

Il faut environ douze heures pour aller de Montréal à Buenos Aires.	*It takes about twelve hours to fly from Montreal to Buenos Aires.*
Il faut du safran pour faire cette paella.	*One needs saffron to make this paella.*
Il faut être fou pour traverser l'Amérique latine à pied.	*You have to be mad to walk across Latin America.*
Il faut voir cette compétition de tango argentin!	*You have to see this Argentine tango competition!*
Faut-il réserver à l'avance?	*Do you need to reserve in advance?*
Il faut toujours qu'il trouve des excuses!	*He always has to find excuses!*
Des chocolats! **Il ne fallait pas!**	*Chocolates! You shouldn't have!*
Il faudrait leur expliquer la situation.	*One should explain the situation to them.*
Il aurait fallu louer une maison sur la Costa Brava.	*One should have rented a house on the Costa Brava.*
S'il le faut.	*If necessary.*

EXERCICE

19·10

*Traduire les phrases suivantes en utilisant **falloir**, et **tu** si nécessaire.*

1. You need a lot of money to go around the world.

_____

2. You shouldn't have giggled when the director started his speech.

_____

3. You should have shared this information with us!

_____

4. How much do you need?

_____

5. You have to hurry to avoid standing in line.

_____

6. You must see Bartabas's show!

_____

7. In such a situation, one must remain calm.

   _____

8. They'll do it if they have to.

   _____

9. At that time, you had to wear a skirt or a dress in this kind of restaurant.

   _____

10. Hugo, you have to go to Australia. Maybe you'll find a job there.

    _____

Note biographique: Jeanne Séguin-Laflamme

Née au Québec, Jeanne Séguin-Laflamme est diplômée en communication et relations internationales. Après avoir travaillé dans le milieu des relations publiques à Montréal, elle est partie à l'aventure et partage aujourd'hui sa vie entre l'Argentine, l'Espagne et le Québec. Quand elle n'est pas en voyage, elle gère un restaurant, enseigne le français aux hispanophones et emploie son temps libre à l'écriture.

Premiers chocs

Wei Wei

Première partie

> ### VOCABULAIRE
>
> **Avant la lecture**
>
> | | | | |
> |---|---|---|---|
> | accorder | *to give* | maintenant | *now* |
> | actuellement | *currently* | méconnaissable | *unrecognizable* |
> | appeler (s') | *to be called* | minutieusement | *meticulously* |
> | au gré de | *according to* | mode (grammar) | *mood* |
> | autant... que | *as much ... as* | mode (fashion) | *trend* |
> | autrefois | *formerly* | nom de famille | *last name* |
> | concordance des | *agreement of tenses* | paix céleste | *heavenly peace* |
> | temps | | prénom | *first name* |
> | contenter (se) | *to make do with* | proche | *close* |
> | de bon augure | *promising* | puiser | *to draw from* |
> | différemment | *differently* | raisonner | *to reason* |
> | don | *gift* | résigner à (se) | *to resign oneself to* |
> | évocateur | *evocative* | retenir par cœur | *to memorize* |
> | faire sauter la | *to blow one's brains* | revers de la | *other side of the* |
> | cervelle (se) | *out* | médaille | *coin* |
> | goût | *taste* | saisir | *to grasp* |
> | indéclinable | *indeclinable* | tâche | *task* |
> | inverse | *opposite, reverse* | | |

Lecture

Je m'appelle Wang Xiaoli, dirais-je en chinois.

Je m'appelle Xiaoli Wang, dirais-je en français.

L'ordre inverse! Nous mettons, nous les Chinois, le nom de famille avant le prénom de l'individu, tandis que les Français, eux, le prénom de l'individu avant son nom de famille.

Ce n'est pas parce que nous n'accordons pas d'importance, nous les Chinois, à notre prénom. Contrairement à l'usage occidental, nos parents ne choisissent pas un prénom dans un répertoire préétabli, mais le forgent de toutes pièces en puisant dans des possibilités infinies de noms communs. Le caractère ou les caractères qui forment notre prénom sont minutieusement sélectionnés, au gré de l'imagination et de l'intelligence de nos parents, de leurs dons poétiques, de leurs goûts, de leurs espérances ou des ambitions qu'ils projettent sur nous. Notre prénom doit aussi être agréable à l'oreille, beau à écrire, porteur d'un message valorisant et de bon augure. Quelle tâche! Ainsi sommes-nous souvent baptisés *Tianping*, paix céleste, *Zhishen*, immense savoir, *Jinhua*, fleur d'or, *Wanfu*, dix mille bonheurs, *Yunfei*, nuage volant, *Qinglong*, dragon vert, *Hui*, intelligence, *Li*, énergie... Revers de la médaille: nos parents peuvent parfois être victimes de la mode politique, et leurs enfants doivent se résigner à porter des prénoms comme *Jianguo*, construire le pays, *Weimin*, servir le peuple, *Yongjun*, soutenir l'armée, *Hongying*, héroïne rouge, *Wanhong* dix mille fois rouge, *Yonghong*, éternellement rouge...

En dépit de tous ces soins déployés pour fabriquer un prénom, nous ne l'utilisons toutefois que très peu, sauf dans l'intimité familiale ou entre amis très proches. Et quand nous disons ou écrivons notre nom, nous suivons toujours cet ordre ancestral: le nom de famille avant le prénom.

Pour écrire l'adresse, aussi, nous mettons d'abord le pays, ensuite la ville, puis la rue, puis le numéro de la maison ou de l'appartement, enfin le nom du destinataire.

Les Français, eux, font le contraire: d'abord le nom du destinataire, ensuite le numéro de la maison, puis la rue, puis la ville, enfin le pays.

Pensent-ils donc différemment? Raisonnent-ils suivant une logique de l'individualisme et nous, celle du collectivisme? L'ordre selon lequel ils disent leur nom et écrivent leur adresse ne révèle-t-il pas, justement, un système de valeurs contraire au nôtre: l'individu passe avant la famille, la collectivité? [...]

Tous ces chocs, autant linguistiques que culturels, ne sont rien auprès de celui que me réserve encore le français: la conjugaison!

En chinois, les verbes comme tous les autres signes, dans leur monosyllabisme et dans leur valeur idéographique, sont invariables et indéclinables. Ils s'emploient toujours à l'infinitif. Pour indiquer que l'action se passe actuellement? Pour la situer dans un passé lointain ou dans un avenir tout proche? Rien de plus simple: on ajoute un adverbe ou une expression adverbiale, tels que *maintenant, autrefois, hier, demain, l'année dernière, l'été prochain, tout à l'heure, plus tard*, etc. On peut même se contenter de le suggérer par quelques images très évocatrices, comme le firent si souvent et avec tant d'ingéniosité nos grands poètes de la grande époque des Tang.

Mais dans la langue française, les verbes varient selon les personnes, les modes et les temps. Première personne, deuxième personne, troisième personne, indicatif, impératif, conditionnel, subjonctif, présent, imparfait, futur simple, futur antérieur, passé simple, passé composé, plus-que-parfait... Tant de concepts à comprendre! Tant de nuances à saisir! Tant de formes à retenir par cœur! Les verbes réguliers, ça va encore, mais les verbes irréguliers, les verbes pronominaux, les auxiliaires... Certains changent tellement qu'ils deviennent parfois, oh quelle horreur! complètement méconnaissables. Qui aurait pensé que *vont* n'est qu'une des formes de l'indicatif présent du verbe *aller*? Qui aurait cru que *eu* est en fait le participe passé du verbe *avoir*? Et comme si cela ne suffisait pas, il y a encore toutes ces règles d'emploi, toutes ces exigences de concordance à s'en faire sauter la cervelle...

EXERCICE 20·1

Répondre aux questions.

1. Quel est le prénom de la narratrice?

_____

2. Comment les parents chinois choisissent-ils le prénom de leur(s) enfant(s)?

_____

3. Les prénoms chinois ont-ils un sens particulier?

_____

4. En chinois, qu'est-ce qui figure à la fin d'une adresse?

_____

5. En est-il de même en français?

_____

6. Selon la narratrice, que signifierait l'ordre des mots dans une adresse en chinois?

_____

7. Conjugue-t-on les verbes en chinois?

_____

8. Comment exprimer un verbe au futur en chinois?

_____

9. Que reproche la narratrice aux verbes irréguliers en français?

_____

10. Quel est le temps et le mode de «qui aurait cru»?

_____

EXERCICE 20·2

Identifier le synonyme.

1. se contenter de _____   a. glaner

2. se résigner à _____   b. penser

3. puiser _____   c. mémoriser

4. raisonner _____   d. être satisfait de

5. retenir _____   e. abandonner

EXERCICE 20·3

Compléter avec un mot de la liste de vocabulaire du texte (première partie).

1. Les Arabes écrivent de droite à gauche, les Français dans le

   sens _____.

2. Est-ce que ce participe passé _____ avec l'objet direct?

3. Ce sage _____ de peu pour vivre.

4. Il y a tant à faire! Je vais assigner des _____ à chacun d'entre vous.

5. La _____ chinoise s'est imposée en France grâce à de jeunes couturiers talentueux.

6. Sa fille parle chinois, japonais, portugais, wolof et anglais. Elle a un

   _____ pour les langues.

7. Elle est très _____ de sa grand-mère. Elle lui rend visite à Nanning, dans la province du Guangxi, tous les week-ends.

8. L'année du Serpent sera de très bon _____ pour augmenter ses chances de succès.

9. De nos jours, les parents occidentaux veulent des _____ originaux pour leurs enfants.

10. L'actrice a changé de coiffure ainsi que la couleur de ses yeux. Elle

    est _____.

Grammaire

Adverbes et expressions de temps

When you want to express a time sequence, adverbs like **d'abord** (*first*), **puis** (*then*), **ensuite** (*then*), and **enfin** (*finally*) are used.

Olivia se lève à 7 heures. **D'abord** elle boit une tasse de thé, **puis** elle lit le journal. **Ensuite** elle s'habille et se maquille. Quand elle a **enfin** terminé, elle sort son chien.

*Olivia gets up at 7 A.M. **First** she drinks a cup of tea; **then** she reads the paper. **Then** she gets dressed and puts on her makeup. When she is **finally** done, she walks her dog.*

When you are speaking directly to people, in what is known as direct speech, the following adverbs are commonly used: **aujourd'hui** (*today*), **demain** (*tomorrow*), **hier** (*yesterday*), **après-demain** (*the day after tomorrow*), **avant-hier** (*the day before yesterday*), **dans deux jours** (*in two days from today*), **dans une quinzaine** (*in two weeks*), **dans un mois** (*in a month*), **dans un an** (*in a year*), **la semaine prochaine** (*next week*), **la semaine dernière** (*last week*).

Hier, c'était le premier jour de l'année du Tigre.

Yesterday was the first day of the year of the tiger.

La semaine prochaine nous assisterons à un spectacle de marionnettes sur l'eau.

Next week we'll see a water puppet show.

If you are discussing past and future events, or telling a story, you are more likely to use an indirect style, the **discours indirect** (indirect speech). Here are several expressions often used in indirect speech: **la veille** (*the day before*), **le jour même** (*the very day*), **le lendemain** (*the day after*), **l'avant-veille** (*two days before*), **le surlendemain** (*two days later*), **la semaine suivante** (*the following week*), **la dernière semaine** (*the last week [of a sequence]*).

Il pleuvait encore **la veille** de la fête des lanternes.

*It was still raining **the day before** the Lantern Festival.*

Le lendemain de son trentième anniversaire, nous avons dîné à La Nouvelle Mer de Chine dans le 13ᵉ arrondissement.

***The day after** his/her thirtieth birthday we had dinner at La Nouvelle Mer de Chine in the 13th district.*

Some additional adverbs of time will help you make a transition in your speech: **à ce moment-là** (*at that point*), **à cette époque-là** (*at that time*), **à l'heure actuelle** (*at this very moment*), **bientôt** (*soon*), **de temps à autre** (*from time to time*), **de temps en temps** (*from time to time*), **désormais** (*from now on*), **d'habitude** (*usually*), **en ce moment** (*at this present time*), **jusqu'alors** (*until then*), **longtemps** (*for a long time*), **lors de** (*during*), **parfois** (*sometimes*), **quelquefois** (*sometimes*), **rarement** (*seldom*), **récemment** (*recently*), **tard** (*late*), **tôt** (*early*).

Désormais, nous achèterons tous nos légumes dans le quartier chinois.	***From now on***, we'll buy all our vegetables in Chinatown.
Nous avons **récemment** visité la province de Guizhou.	We ***recently*** visited the Guizhou province.

Compléter avec l'adverbe correct.

1. Nils n'est jamais en retard _____ (*usually*).

2. _____ (*The last week*) avant la rentrée scolaire est toujours très chargée pour les familles.

3. En chinois, on met _____ (*first*) le nom de famille,

   _____ (*then*) le prénom.

4. Nous partons pour le Népal _____ (*in a month and a half*).

5. _____ (*At this very moment*), la situation politique est très instable.

6. Le 15 juin nous avons passé notre dernier examen et _____ (*the very day*) nous sommes partis au Vietnam.

7. Ils ont appris le subjonctif en français _____ (*last week*).

8. J'ai _____ (*finally*) reçu mon billet d'avion pour Shanghai.

9. Tu as découvert la cuisine chinoise _____ (*during*) la visite de mon correspondant chinois.

10. Ses cours de mandarin commencent _____ (*tomorrow*).

*Traduire les phrases suivantes en utilisant **vous** si nécessaire.*

1. He'll start his new job soon.

   _____

2. From now on you'll travel in business class.

   _____

3. Two days after his arrival he realized he had lost his passport.

   _____

4. She wrote to you last week.

_____

5. He finally decided to accept your proposition.

_____

6. We'll go to the beach next week.

_____

7. They recently bought a house in the country.

_____

8. This regulation is rarely observed.

_____

9. At that time one learned everything by heart.

_____

10. Two days before I was born, my parents still had not chosen my name.

_____

Vocabulaire: Homonymes

Homonymes homographes

A number of nouns are differentiated only by their gender. The spelling and the pronunciation are identical, but the meaning is different. It is very important to be aware of these *homographic homonyms*.

le livre	*book*	la livre	*pound/pound sterling*
le mode	*method, way*	la mode	*fashion, craze*
le poêle	*heating stove*	la poêle	*frying pan*
le poste	*job, extension*	la poste	*post office*
le vase	*vase*	la vase	*slime, mud*

Homonymes homophones

Homophonous homonyms are nouns that are pronounced in the same manner but are written differently and mean different things. Some share the same gender. Others are either masculine or feminine. You have encountered one in the text:

la tache	*stain*	la tâche	*task*

Here are a few more examples:

l'amande	*almond*	l'amende	*fine*
le bar	*bar*	la barre	*rod, bar*
le col	*collar, pass*	la colle	*glue*
le cours	*course, class, rate*	la cour	*yard, courtyard, the royal court, courting*
le court	*tennis court*	la Cour suprême	*Supreme Court*
l'encre	*ink*	l'ancre	*anchor*
la pause	*pause, break*	la pose	*pose, posing*
la voie	*way/lane*	la voix	*voice*

Les étudiants se réunissent dans **la cour** avant **le cours** de français.

*Students meet in the **courtyard** before French **class**.*

Sa **tâche** quotidienne était d'enlever les **taches** d'**encre** sur les **livres**.

*His daily **task** was to remove all the **ink** **stains** from the **books**.*

Deuxième partie

VOCABULAIRE

Avant la lecture

à l'allure de	*looking like*	hocher la tête	*to nod one's head*
apprivoiser	*to tame*	homme debout	*standing man*
avoir une prise sur	*to have a hold on*	insaisissable	*elusive*
boue puante	*foul-smelling sludge*	percevoir	*to perceive*
confier	*to confide*	pinceau	*brush*
corps et âme	*body and soul*	point	*dot*
couler	*to flow*	pupitre	*desk*
crochet (calligraphie)	*hook*	renouveler	*to renew*
cultiver	*to farm*	ressentir	*to feel*
diviser	*divide*	rive	*bank*
douloureux	*painful*	riz	*rice*
écorcher	*to chafe*	tortue	*tortoise*
écoulement d'eau	*flow of water*	tracer un trait	*draw a line*
escargot	*snail*	trait appuyé	*line falling rightward*
fillette	*little girl*	tranche	*section*
goutte	*drop*		

Lecture

Pourquoi de telles divergences entre les deux langues? Pourquoi les Français ne se contentent-ils pas, comme nous les Chinois, des verbes à l'infinitif? Pourquoi ont-ils au contraire créé un système si complexe et si difficile à assimiler?

Je confie mes frustrations à M. Zhao qui relaie M. Chen pour nous initier à la grammaire du français.

Il sourit: Bonnes questions! Je n'ai pas de réponse toute faite. À mon avis, ces divergences reflètent les façons fondamentalement différentes dont les Chinois et les Français perçoivent le temps. Dans la pensée chinoise, le temps est un écoulement continu, sans début ni fin, qui ne peut être ni arrêté ni découpé, et sur lequel l'homme n'a pas de prise. *Yong*, notre idéogramme pour éternité, ne représente-t-il pas l'image d'un homme debout sur la rive en train de contempler un écoulement d'eau ininterrompu?

Je me revois fillette de sept ans, assise derrière mon pupitre, corps et âme dans un effort douloureux pour domestiquer le seul déplacement du pinceau. Ma première leçon de calligraphie consistait à recopier, justement, ce caractère *yong*, éternité. Il me fallait l'écrire des centaines de fois, jusqu'à ce que ma maîtresse le juge satisfaisant, avant de pouvoir passer aux autres mots. L'apprentissage de la calligraphie doit commencer par *yong*, se justifiait-elle, puisque, en lui seul, il contient les huit traits élémentaires de l'écriture chinoise, donc les huit façons principales de tracer les traits, qui forment la base de la plupart des styles réguliers: point, trait horizontal, trait vertical, crochet, trait transversal oblique montant de gauche à droite, trait appuyé descendant de droite à gauche, trait jeté descendant de droite à gauche, trait appuyé oblique descendant de gauche à droite. Le point, c'est l'homme. Le trait horizontal, la rive. Et le reste, l'eau qui coule, infinie, insaisissable...

—Vous êtes toujours avec moi? me demande M. Zhao.

—Bah oui.

—L'homme peut considérer le passé, le présent ou le futur comme une tranche de temps déterminée selon le point où il se situe et selon la direction dans laquelle il porte son regard. Le présent peut être le passé pour l'un, mais le futur pour l'autre.

—Ce sont donc des critères humains, des concepts relatifs.

—Relatifs, aussi parce que le temps ne semble pas aller à la même vitesse pour deux hommes différents à un instant précis, ni pour le même homme à différents moments...

—C'est ça. Quand je coupais le riz dans les champs, rôtie par le soleil et écorchée par la chaleur, attendant désespérément le soir qui ne tombait toujours pas, le temps pour moi se traînait comme une tortue dans la boue puante. Mais lorsque je me trouvais coincée dans l'autobus qui se déplaçait tel un escargot alors que mon train allait partir dans dix minutes, le temps pour moi courait à l'allure d'un cheval au galop...

—Malgré tout ce que vous ressentez ou que je ressens, le temps va, en fait, son rythme à lui, ni plus vite, ni plus lentement, privé de tout sens, de toute fin, et indifférent à toute l'humanité.

—C'est pourtant l'homme qui a inventé le concept du temps, non?

M. Zhao hoche légèrement la tête et continue:

—Le vrai sage est capable de regarder au-delà des critères humains, il ne sépare pas le passé du présent, ni le présent du futur, ni le futur du passé. Chaque instant, du passé, du présent ou du futur, est une goutte d'éternité.

—Alors, si dans notre langue, les verbes s'emploient toujours à l'infinitif, c'est parce que le temps, pour nous les Chinois, est impersonnel, intemporel?

—Et circulaire. Il se peut aussi que cela soit lié à notre histoire de l'agriculture plusieurs fois millénaire. Pour ceux qui cultivent la terre, le temps n'est que le flux et le reflux des saisons qui se répètent et se renouvellent sans cesse, éternellement...

—La France fut elle aussi une terre d'agriculture...

—Si les Français divisent le temps du verbe en présent, futur, passé composé, imparfait, passé simple, passé antérieur, etc., c'est parce que pour eux le temps est à la fois linéaire et unitaire, qu'il peut être découpé en une série de fractions successives, qu'il peut être modifié et individualisé par le sujet de l'action ou des actions...

—S'agirait-il là alors de tentatives pour apprivoiser le temps, pour se l'approprier?

—Ou leur façon de se positionner dans l'Histoire...

—Comme nous les Chinois par notre statut hiérarchique familial...

Est-ce notre langue qui conditionne notre vision du monde?

Est-ce notre vision du monde qui la conditionne?

Est-ce notre langue qui nous façonne à son image?

Est-ce nous qui la forgeons à la nôtre, qui faisons qu'elle est ce qu'elle est?

Répondre aux questions.

1. Selon M. Zhao, comment les Chinois appréhendent-ils le temps?

_____

2. Que veut dire *yong*?

_____

3. Combien y a-t-il de traits élémentaires dans l'écriture chinoise?

_____

4. Par quel trait la rive est-elle représentée?

_____

5. À quels animaux le temps est-il comparé?

_____

6. Comment le vrai sage voit-il le temps?

_____

7. Comment la narratrice explique-t-elle l'emploi des verbes à l'infinitif?

_____

8. Les Français ont-ils la même vision du temps?

_____

9. Comment les deux personnages expliquent-ils cette différence?

_____

10. Le concept du temps est-il le même pour tout le monde?

_____

Identifier l'adjectif contraire.

1. debout _____   a. déplorable

2. continu _____   b. vague

3. satisfaisant _____   c. interrompu

4. puant _____   d. assis

5. précis _____   e. parfumé

Compléter avec un mot de la liste de vocabulaire du texte (deuxième partie).

1. Ma _____ d'Hermann adore la salade et les tomates.

2. Il conduisait _____ sur l'autoroute quand la police l'a arrêté.

3. Il commence à pleuvoir, j'ai senti une _____ d'eau.

4. Ma grand-mère _____ ses propres légumes.

5. Sur quelle _____ du Yangzi Jiang habite M. Zhao?

6. Le Mékong _____ avec majesté.

7. Le peintre a acheté un chevalet, des tubes de gouache et de

    nouveaux _____ .

8. Enlève tes chaussures avant d'entrer! Tu vas mettre de la _____
    partout!

9. Les bénévoles n'hésitent pas à se donner _____ à de nombreuses
    causes humanitaires.

10. Le _____ basmati accompagne très bien le saumon.

Grammaire

Tant, tant de, tant que, autant de, autant que, en tant que, autant... autant...

These words look similar, but their meanings and uses are quite tricky. Here are a few examples:

Tu travailles **tant**!	*You work so much!*
J'ai **tant de** verbes irréguliers à apprendre par cœur.	*I have so many irregular verbs to memorize.*
Tant qu'il y aura des livres, on ne s'ennuiera pas.	*As long as there are books, we won't get bored.*
M. Chen a **autant de** dictionnaires que M. Zhao.	*Mr. Chen has as many dictionaries as Mr. Zhao.*
Autant que je sache, les Français perçoivent le temps de façon linéaire.	*As far as I know, the French perceive time in a linear fashion.*
En tant que professeur de français, je vous conseille d'être patient pendant le processus d'apprentissage de la langue.	*As your French teacher, I advise you to be patient in the language-learning process.*
Autant Agathe adore le français, **autant** Fabien le déteste.	*Agathe loves French as much as Fabien hates it.*
Autant en emporte le vent.	*Gone with the wind.*

*Traduire les phrases suivantes en utilisant **tu** si nécessaire.*

1. There are not as many tourists as last year.

   _____

2. Julien loves her so much!

   _____

3. As a doctor I advise you to do more exercise.

   _____

4. As long as there is life, there is hope.

   _____

5. There are so many spelling mistakes in this report.

   _____

6. As far as I know Mr. Chen is presently visiting French universities.

   _____

7. You must practice as much as possible if you want to master Chinese calligraphy.

   _____

8. Why did you buy so many paintbrushes?

   _____

9. Raphaël read so many books that his eyes hurt.

   _____

10. As long as there are men, there will be wars.

   _____

Note biographique: Wei Wei

Wei Wei est née dans la province du Guangxi, au sud de la Chine. Adolescente à la fin de la Révolution culturelle, elle a dû travailler dans les champs mais aussi apprendre le français, une langue qu'elle appréciait au point d'en faire aujourd'hui sa langue d'écriture.

Venue en Europe en 1986, elle a tout d'abord vécu à Paris avant de rejoindre l'Angleterre où elle réside actuellement. À travers ses romans et récits de voyage, *La Couleur du bonheur, Le Yangtsé sacrifié, Fleurs de Chine, Une fille Zhuang*, dans lesquels se croisent les destins d'une multitude de personnages, elle nous fait découvrir une Chine où traditions et bouleversements vont ensemble, avec son regard plein de lucidité, de compassion et d'humour.

Le jeune homme qui murmurait à l'oreille de la mer

Eduardo Manet

Première partie

Lecture

La Havane.

L'été. Ou plutôt: La Havane au cœur de l'été.

Le 17 du mois d'août.

Trois mois auparavant, j'avais organisé mon voyage à Paris pour faire des études de théâtre et de littérature.

Un seul problème, mais un problème de taille: je ne parlais pas français.

Et comme je n'avais pas le temps de suivre les cours de l'Institut français, j'ai commencé à prendre des leçons particulières avec Madame Eve Fréjaville, la première épouse de l'écrivain Alejo Carpentier.

Trois leçons par semaine. Une initiation rapide avec un professeur qui n'avait pas peur de me donner quelques conseils assez suggestifs.

«Apprends par cœur l'imparfait du subjonctif. Et, au cours des rencontres ou des dîners mondains, fais entendre dès que possible un: *il fallait que j'aimasse...* Ou un: *il fallait qu'elle suivît...* Les gens autour de toi penseront: *ce garçon maîtrise à fond la langue de Molière.* Prends aussi le temps de lire Proust. Tout Proust. C'est le plus grand auteur de la littérature française. Et... Trouve un dictionnaire aux cheveux longs. Car le lit, mon cher, c'est la meilleure école.»

Mon dernier cours avec cette dame singulière.

Quatre heures de l'après-midi. Je viens de quitter la maison de mon professeur.

Je marche, malgré la canicule, du Vedado jusqu'à l'avenue du Malecón.

Je marche...

Puis, je finis par m'asseoir sur le muret face à la mer.

La mer.

Ma mère.

Les deux mots forment un tout pour moi.

Ma maman avait inventé une sorte de rituel quand j'étais tout petit. Cinq... Six ans...

Nous allions au jardin de l'Hotel Nacional, le plus bel hôtel de La Havane à ce moment-là, au début des années cinquante. Nous prenions des jus, du café au lait, du Coca-Cola... selon nos envies. Nous nous promenions dans ce jardin merveilleux ou, parfois, nous rencontrions une étoile tombée du ciel, c'est-à-dire, une star d'Hollywood car les artistes les plus populaires de l'époque faisaient un jour ou l'autre, un saut *to Havana* pour se loger dans ce bel hôtel situé en haut d'une colline.

Ces «étoiles» se comportaient d'une manière très aimable quand elles se trouvaient à côté d'une belle dame habillée avec élégance et d'un garçonnet qui les regardaient avec des yeux immenses et illuminés par l'admiration.

La mère et le fils ne demandaient jamais d'autographe. Trop fière, la mère. Trop timide, le fils. Ils se contentaient de sourire, de faire un signe de tête pour dire «bonjour».

Parfois ils murmuraient...

«Hello!»

Et les stars répondaient, à leur tour, avec un sourire.

Une phrase de ma mère...

«Certains collectionnent de petits papiers avec la signature d'une étoile, nous, nous collectionnons des sourires. Les papiers, on les perd ou ils brûlent... Les sourires... Ça reste au fond du cœur!» Le sourire de Ginger Rogers, la partenaire jamais égalée du sublime Astaire.

Le sourire de Spencer Tracy, l'Irlandais qui avait reçu trois Oscar's d'interprétation.

Le rire de Barbara Stanwyck lorsqu'elle vit le regard émerveillé du petit garçon qui se tenait devant elle bouche bée car, la veille, il l'avait adorée dans *Boule de feu*, une comédie où elle dansait une conga très cubaine.

Oui, ces sourires-là n'ont jamais disparu.

Puis, après notre visite du jardin de l'Hotel Nacional, ma mère et moi, nous prenions le chemin qui conduisait à l'avenue du Malecón.

Adolescent, j'ai continué le *rituel* établi par ma mère pendant mon enfance.

Le jardin de l'Hotel Nacional...

L'avenue du Malecón...

Et enfin le muret car, à mon tour, j'avais inventé un autre rituel: m'asseoir sur le muret, murmurer à l'oreille de la mer.

La mer...

Image idéalisée de la Mère.

Celle à qui on peut tout dire. Celle qui, mieux que personne, sait garder un secret...

Les années ont passé...

Et aujourd'hui, en ce jour du mois d'août, je suis tout seul, assis sur le muret contre lequel, les vagues se lancent, folles de joie. Folie d'amour? Folie meurtrière? Ces vagues sautent si haut qu'elles finissent par lécher mes pieds nus. Et toujours je regarde

La mer

... Image idéalisée de la Mère.

et je lui dis:

«Je pars bientôt pour la France. Et je ne parle que quelques mots de français. Il n'y a pas de mer à Paris. Certes, il y a la Seine. Un fleuve noble et chargé d'une histoire qui fait rêver bon nombre d'auteurs. Je trouverai, je le sais, beaucoup de choses à Paris: théâtres, cinémas, musées, rues anciennes où il fait bon flâner sans tenir compte de l'heure... La beauté mythique de la Ville Lumière. Je pourrais un jour profiter de toutes les richesses de Paris, oui. Mais, je n'aurai pas la mer. L'oreille de la mer, cet océan qui continue sa marche au-delà de l'horizon».

Je prends conscience d'une réalité qui m'est très chère: je ne me sens jamais seul quand je suis assis sur le muret du Malecón.

Mais, loin d'ici...

Qui sait?

Qui sait si un jour, je ne regretterai pas de ne pouvoir confier mes secrets à l'oreille de la mer?

Qui sait...?

Eduardo Manet mars 2012

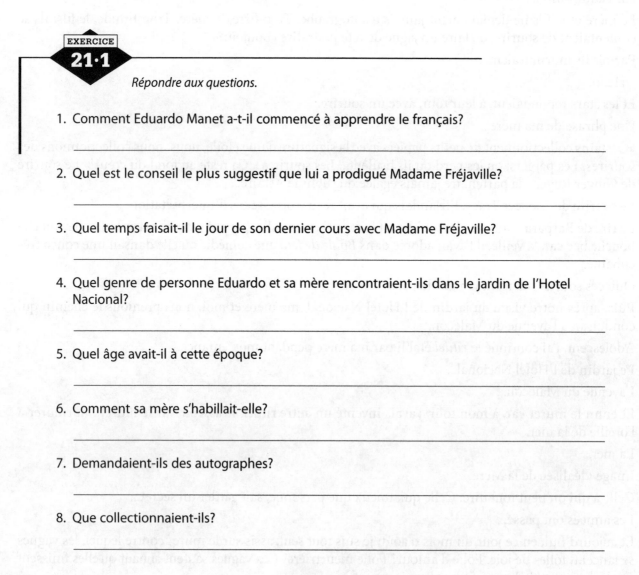

EXERCICE 21·1

Répondre aux questions.

1. Comment Eduardo Manet a-t-il commencé à apprendre le français?

2. Quel est le conseil le plus suggestif que lui a prodigué Madame Fréjaville?

3. Quel temps faisait-il le jour de son dernier cours avec Madame Fréjaville?

4. Quel genre de personne Eduardo et sa mère rencontraient-ils dans le jardin de l'Hotel Nacional?

5. Quel âge avait-il à cette époque?

6. Comment sa mère s'habillait-elle?

7. Demandaient-ils des autographes?

8. Que collectionnaient-ils?

9. Quelle fut la réaction d'Eduardo en voyant Barbara Stanwyck?

_____

10. Qu'est-ce qui risque de lui manquer à Paris?

_____

EXERCICE

21·2

Identifier le synonyme.

1. canicule _____   a. confidence

2. star _____   b. boisson

3. leçon _____   c. grosse chaleur

4. secret _____   d. vedette

5. jus _____   e. cours

EXERCICE

21·3

Compléter avec un mot de la liste de vocabulaire du texte (première partie).

1. En prévision de la _____, le gouvernement a conseillé de boire beaucoup d'eau et de rester au frais.

2. Jean _____ les capsules de champagne. Il doit en avoir 2000.

3. On se rejoint _____ la Tour Eiffel?

4. Il faut _____ pour ne pas réveiller le bébé.

5. Le garçon _____ ses doigts couverts de confiture de fraises.

6. Je voudrais commencer les cours de français _____.

7. Lorsqu'Aurélie a vu Isabelle Huppert entrer, elle est restée _____.

8. Vous devez _____ tous les temps du subjonctif pour le prochain examen.

9. Du haut de la _____, on voit la baie des Anges.

10. Vu le prix de l'immobilier à Paris, il est difficile de _____.

Grammaire

Le superlatif

In the text, the author uses superlatives to express his feelings about Cuba:

C'est **le plus grand** auteur **de** la littérature française.	He's **the greatest** writer **in** French literature.
C'est **le plus bel** hôtel **de** la Havane.	It's **the most beautiful** hotel **in** Havana.
Ce sont les artistes **les plus populaires de** l'époque.	They are **the most popular** artists **of** the time.

In French, the superlative is used to express the ideas of the most, the least, the best, the worst, and so on. To form it, simply precede the comparative form by the definite article. Note that before naming a group or entity, the superlative is followed by **de** + the definite article.

C'est **le plus grand** mammifère **du** monde.	It's **the largest** mammal **in** the world.
C'est **la plus belle** ville **que** j'aie jamais visitée.	It's **the most beautiful** city I ever visited.
C'est le tableau **le moins complexe de** tout son œuvre.	It's **the least** complex painting **of** all his work.

Irregular comparatives, **meilleur** (*better*), **mieux** (*better*), **pire** (*worst*), are also used in the superlative.

Ce film est bon.	This film is good.
C'est son **meilleur** film.	It's his **best** film.
C'est une mauvaise suggestion.	It's a bad suggestion.
C'est votre **pire** suggestion.	It's your **worst** suggestion.

EXERCICE 21·4

Mettre les phrases suivantes au superlatif.

1. C'est _____ (*tall*) gratte-ciel des États-Unis.

2. C'est _____ (*beautiful*) vue du monde.

3. C'est _____ (*ugly*) paire de chaussures que tu aies jamais achetée!

4. C'est le jour _____ (*sad*) de ma vie.

5. C'est _____ (*good*) film.

L'imparfait du subjonctif

The **imparfait du subjonctif** (*imperfect subjunctive*) is used in formal writing, exemplified by literature, journalism, and history. You only need to identify the verb forms. The imperfect subjunctive is used in a subordinate clause when the main clause is in the past. Its nonliterary equivalent is the present subjunctive. Note that the third-person singular and the third-person plural are more frequently used, as they sound like the **passé simple**. Because of their endings, the first and the second person in the singular and the plural may sound comical. You'll find many in Molière's plays.

The **imparfait du subjonctif** is formed as follows: third-person singular of the passé simple minus the finale **-t** plus the imperfect subjunctive endings (**-sse, -sses, -^t, -ssions, -ssiez, -ssent**).

In the text you have encountered *il fallait que j'***aimasse**, *il fallait qu'elle ***suivît***. Here are more examples:

Elle exigea qu'il **parlât** à la presse.	*She demanded that he speak to the press.*
Elle craignait qu'il **eût** du mal à se faire à sa nouvelle vie.	*She feared he would have trouble getting used to his new life.*
Quoiqu'il **fût** heureux à Paris, Cuba lui manquait.	*Although he was happy in Paris, he missed Cuba.*
Ses parents auraient voulu qu'il **choisît** un autre métier.	*His parents would have liked him to choose another profession.*
Elle s'attendait à ce qu'il **fît** fortune en Indonésie.	*She expected him to make a fortune in Indonesia.*
Il aurait fallu qu'il **prît** une décision plus rapidement.	*He should have made a decision more quickly.*
Elle se plaignait que ses enfants lui **rendissent** jamais visite.	*She complained that her children never visited her.*
Leur petite-fille regrettait que ses grand-parents n'**eussent** pas de photos de Cuba dans les années 1930.	*Their granddaughter was sorry that her grandparents didn't have any photos of Cuba in the 1930s.*

EXERCICE 21·5

Traduire les phrases suivantes en utilisant le subjonctif imparfait.

1. His mother feared he would be too hot.

_____

2. They wanted us to be ready on time.

_____

3. I would have liked him to buy this house in Havana.

_____

4. We demanded he take tango lessons.

_____

5. I feared she chose a profession that was too demanding.

_____

6. Although he knew many people in Paris, he did not get used to the city very quickly.

_____

7. We expected him to build a big house, but he rented a small apartment.

_____

8. She should have written to him right away.

_____

9. They were sorry their son did not have enough money to go around the world.

_____

10. He would have really liked her to be with him that day.

_____

Note biographique: Eduardo Manet

Eduardo Manet, né à Cuba, est un écrivain aux multiples talents. Trois fois finaliste du Prix Goncourt: _Le Mauresque, L'Île du lézard vert, Rhapsodie cubaine_. Goncourt des lycéens avec _L'île du lézard vert_. Prix Interallié avec _Rhapsodie cubaine_. _Le Fifre_, paru en 2011, raconte la passion d'Édouard Manet, son grand-père, pour la talentueuse peintre Eva Gonzalès. Eduardo Manet est aussi l'auteur d'une vingtaine de pièces traduites en vingt-sept langues. Il vit à Paris.

Les aventures de Victor à Pondichéry

Aliette Armel

Première partie

VOCABULAIRE

Avant la lecture

à l'air libre	*in the open air*	inquiet	*worried*
apercevoir (s')	*to realize*	lâcher	*to let go*
attentivement	*attentively*	lorsque	*when*
avoir le sens de la	*to know how to*	machin	*contraption, thing*
répartie	*reply*	mamie	*granny*
barbe	*beard*	maniement	*handling*
bouclé	*curly*	moquer (se) de	*to make fun of*
char	*float*	nounours	*teddy bear*
croiser	*to pass*	pétard	*firecracker*
en ce moment	*at the moment*	petit-fils	*grandson*
faire confiance à	*to trust*	poil	*body hair*
faufiler (se)	*to weave in and*	roux	*redhead*
	out of	sourire	*to smile*
fier de	*to be proud of*	suivre	*to follow*
front	*forehead*	traîner les pieds	*to drag one's feet*
grand-mère	*grandmother*		

Lecture

Victor, neuf ans, vient rendre visite à sa grand-mère à Pondichéry avec sa maman. C'est la fête de Ganesh. Les rues grouillent de monde et Victor se perd dans la foule. Un ami de la grand-mère, aussi expatrié, surnommé le géant roux par Victor, le reconnaît. Il le sauve des roues d'un char de la procession.

Nous sommes à nouveau à l'air libre. Le géant roux m'a lâché. Il se tient devant moi. On dirait un nounours avec son corps rond de partout, ses poils, ses cheveux longs et bouclés, sa barbe et sa moustache légères, ses yeux bleus gentils. Si j'étais petit, je me jetterais dans ses bras, surtout quand un pétard explose juste à côté de moi! Il ne paraît pas remarquer le bruit. Il me pose des questions. Je dois faire un effort pour les entendre.

—Qu'est-ce que tu fais ici? Ce n'est pas une fête pour touristes.

—Je suis en visite chez mamie, avec maman.

Il m'observe attentivement.

—Ta mamie vit ici?

—Elle est professeur au Lycée français de Pondichéry.

—Tu lui ressembles. Tu es bien tel qu'elle t'a décrit.

229

—Vous connaissez mamie?

—Bien sûr. Les Français qui vivent ici se connaissent tous.

—Mais comment savez-vous qui est ma mamie?

J'insiste! Il répond en riant et son rire donne envie d'être joyeux.

—Je le sais, c'est tout.

—Mamie sait aussi beaucoup de choses. Vous êtes professeur comme elle?

—Non, musicien. Un de mes amis joue pour Ganesh dont le prêtre t'a béni. Il faut que je passe voir un autre ami sur le chemin de la plage. C'est bien là que tu vas?

—C'est là où j'allais, avec maman et mamie, pour accompagner la procession jusqu'à la mer.

—Quelle précision dans le maniement du temps des verbes! Tu sais où tu allais à l'imparfait, sans plus savoir où tu vas au présent! Tu es vraiment le petit-fils de ta grand-mère, toujours à chercher l'exactitude dans les nuances.

—C'est moi que mamie et maman doivent chercher en ce moment.

—Et en plus, tu as le sens de la répartie! Ta mamie a bien raison d'être fière de toi.

—Pourtant, elle se moque beaucoup, surtout de ma console vidéo.

—Ce machin pour lequel tu as failli te jeter sous un char?

—C'était une Nintendo DS...

—Tu y as gagné la bénédiction de Ganesh. C'est bien plus précieux.

—Maman et mamie sont sûrement très inquiètes.

—Elles feront confiance. Nous les retrouverons sur la plage.

Elles feront confiance à qui? Je peux avoir confiance dans le géant roux. Je le sens. Mais Maman et Mamie ne savent pas que je suis avec lui. Les gens d'ici sont vraiment bizarres. Même lorsqu'ils sont français.

Maman, elle, elle a très peur. J'en suis certain. Je ne veux pas qu'elle pleure, surtout par ma faute!

Mais je ne sais pas dans quel sens aller pour la retrouver. Pas d'autre solution que de suivre le géant roux. Il se faufile rapidement entre les gens et les chars. Il connaît beaucoup de monde. Il salue l'un, l'autre, sans s'arrêter. Je traîne les pieds. Mais je m'aperçois que ceux que nous croisons, maintenant, me voient et me sourient. Même les adultes. Comme si je n'étais plus vraiment un étranger. C'est vrai que, moi aussi, j'ai un point de couleur sur le front!

EXERCICE
22·1

Répondre aux questions.

1. Pourquoi le géant connaît mamie?

_____

2. Est-il professeur?

_____

3. Qu'est-ce qui impressionne le géant chez le petit garçon?

_____

4. Qu'est-ce que l'enfant a perdu lors de la procession?

_____

5. Pourquoi fait-il maintenant partie intégrante de la procession?

_____

Identifier l'adjectif contraire.

1. rond _____   a. triste

2. libre _____   b. carré

3. joyeux _____   c. raide

4. bouclé _____   d. méchant

5. gentil _____   e. captif

Compléter avec un mot de la liste de vocabulaire du texte (première partie).

1. Il ne faut pas _____ aux inconnus.

2. Victor ne peut jamais s'endormir sans son _____ Pimpin.

3. Les réparties de son petit-fils la font toujours _____.

4. Un _____ décoré de guirlandes de jasmin abrite la statue de Ganesh, le dieu à tête d'éléphant.

5. Ah enfin te voilà! Nous étions si _____!

6. Quand elle était jeune, la mère de Victor avait de longs

   cheveux _____.

7. Irina est très _____ savoir parler hindi.

8. L'amie indienne de la mère de Victor maîtrise à fond le _____ du subjonctif en français.

9. Vas-tu enfin te faire couper la _____? Elle est affreuse!

10. À Pondichéry, les vespas-taxis _____ entre les pousse-pousse et les voitures.

Grammaire

L'imparfait

The **imparfait** (*imperfect*) is used to describe a state of mind and being in the past as well as continuous, repeated, or habitual past actions.

To form the imperfect, take the **nous** form of the present tense and remove the -**ons** ending, which gives you the stem. Then add the **imparfait** endings (-**ais**, -**ais**, -**ait**, -**ions**, -**iez**, -**aient**) to this stem. For example:

jouer *(to play)*	
nous jouons → jou-	
je jou**ais**	nous jou**ions**
tu jou**ais**	vous jou**iez**
il/elle jou**ait**	ils/elles jou**aient**

Depending on the context, the **imparfait** can be the equivalent of several past equivalents in English.

Elle **jouait**...	*She was playing . . .*
	She used to play . . .
	She played . . .
Dans le passé, Vaishali **jouait** du sitar.	*In the past, Vaishali **used to play** the sitar.*
La procession **avançait** lentement.	*The procession **was moving** slowly.*

The **imparfait** is also used to describe a continuous action that was going on in the past when another action (expressed in the **passé composé**) interrupted it.

La foule **chantait** quand soudain des pétards **ont éclaté**.	*The crowd was singing when suddenly firecrackers exploded.*
La mère de Victor **jouait** du piano quand quelqu'un **a sonné** à la porte.	*Victor's mother **was playing** the piano when somebody **rang** the doorbell.*

With a **si + on** construction, the **imparfait** is used to make a suggestion or to invite someone to do something. The informal **on** refers to two or more people and is conjugated in the third-person singular. It is the equivalent of *what about* or *how about* in English.

Si on allait visiter les temples de Mahabalipuram?	*What about visiting Mahabalipuram's temples?*
Si on mangeait du poulet tandoori?	*What about having some tandoori chicken?*

EXERCICE

22·4

Conjuguer les verbes entre parenthèses à l'imparfait.

1. Nous _____ (rouler) vers le Kerala quand nous avons aperçu des éléphants au bord de la route.

2. Il _____ (faire) une chaleur écrasante.

3. Les enfants _____ (être) surexcités à l'idée de prendre l'avion.

4. Au lycée, elle _____ (enseigner) la danse indienne.

5. Ma grand-mère _____ (préparer) de la raïta, sauce à base de yaourt, presque tous les jours.

6. J'_____ (aller) en Inde tous les deux ans.

7. Vous _____ (vivre) en plein cœur de Pondichéry?

8. Nous _____ (suivre) la procession, quand celle-ci s'est brutalement arrêtée.

9. Je _____ (courir) vers le char de Saraswati quand tout à coup je suis tombé.

10. Les musiciens _____ (battre) les tambours du matin au soir.

Traduire les phrases suivantes.

1. This festival was not for tourists.

   _____

2. He often made fun of her.

   _____

3. The float was beautifully decorated.

   _____

4. The child was screaming when his mother entered the room.

   _____

5. We were smiling, but they were crying.

   _____

6. His father used to teach at Pondichery University.

   _____

7. What about going to Sri Lanka?

   _____

8. I was walking on the street when I heard my name.

   _____

9. How about seeing a film with Shahrukh Kahn?

   _____

10. They all had a colored dot on their foreheads.

   _____

Deuxième partie

Avant la lecture

à l'endroit	*right side*	fanfare	*brass bands*
à l'envers	*wrong side*	frissonner	*to tremble*
aigu	*high-pitched*	harmoniser (s') avec	*to harmonize with*
archet	*bow*	heurté	*discordant*
attraper	*to catch*	jouer	*to play*
avouer	*to confess*	joyeux	*cheerful*
bouche	*mouth*	lancer	*to launch*
bouge	*move*	lèvre	*lip*
bureau	*desk*	manche	*neck*
cahute	*shack*	main	*hand*
caler	*to wedge*	menton	*chin*
chuchoter	*to whisper*	morceau	*piece of music*
cligner de l'œil	*to wink*	note	*note (music)*
corde	*string*	par terre	*on the ground*
court	*short*	ralentir	*to slow down*
criard	*piercing*	reconnaître	*to recognize*
démarrer	*to start*	reculer	*to draw back*
dessiner	*to draw*	relâcher (se)	*to relax*
doigt	*finger*	résonner	*to resonate*
écarter	*to draw back*	rideau	*curtain*
emporter	*to carry away*	secouer	*to shake*
endroit	*place*	somnambule	*sleepwalker*
épaule	*shoulder*	tambour	*drum*
esquisser	*to draw*	toit	*roof*
faire un signe	*to signal*		

Lecture

Le géant roux ralentit un peu: nous approchons de l'endroit où il doit rencontrer son ami musicien. Nous nous engageons dans un espace entre deux maisons. J'entends déjà la musique. Elle est très rapide, heurtée. Elle secoue. Rien à voir avec les fanfares un peu criardes qui accompagnent les chars! Elle sort d'une cahute à toit de feuilles. Nous écartons un rideau de perles pour y entrer. Avant même d'avoir vu les musiciens, je reconnais le son du violon. Il résonne beaucoup plus violemment que dans les morceaux pour violon et piano qu'écoute maman, toujours avec un peu de tristesse. Elle aurait pu être une grande pianiste. Elle jouait avec son frère. Ils avaient donné leur premier concert. Après sa mort, elle a abandonné le conservatoire. Elle ne joue plus que pour son plaisir, et, le soir, pour celui de papa, et le mien. Je ne l'avoue à personne mais j'aime quand elle joue, et pas seulement parce qu'à ce moment-là, sur son visage, la tristesse disparaît.

Le géant roux me fait asseoir par terre, face aux musiciens. L'un d'entre eux frappe un tambour horizontal à deux faces, avec des mouvements très rapides et variés: les doigts, à l'endroit, à l'envers, avec le plat puis le bord de la main. Instinctivement, ma main bouge. Je tente de l'imiter et d'attraper le rythme. C'est compliqué! L'autre tient devant lui une sorte de guitare dont le manche repose sur son épaule. Ses doigts se promènent sur les cordes en dessinant des cercles. Il répète de manière régulière les mêmes notes. Le violoniste tient le manche de son instrument vers le bas, pas comme le frère de maman sur les photos où ils jouent ensemble. Il calait l'instrument entre son menton et son épaule. Il dressait vers le haut le manche où se posait sa main gauche.

Mon bras esquisse ce geste. Le violoniste m'aperçoit et me fait un signe: une torsion de sa bouche projette sa lèvre inférieure sur sa petite moustache noire, et en même temps il cligne de l'œil en souriant. Il joue avec beaucoup d'énergie. La mélodie est très aiguë et très compliquée mais elle m'emporte. Ça me plaît. On peut faire avec un violon plus encore que je ne savais déjà! On peut suivre des rythmes qui font bouger le corps des autres. On peut même s'amuser, comme l'homme qui s'adresse directement à moi en lançant des phrases de musique courtes et joyeuses. Je n'entends plus rien d'autre. Je suis musique. J'avance et je recule le buste à petits coups, vers le violon qui vient vers moi. Le temps ne passe plus de la même manière. Je me retrouve dans ma chambre, là où le frère de maman n'est jamais allé. Ça, j'en suis sûr: depuis que je suis né, il a toujours été mort. Pourtant, je le vois, là maintenant, dans ma chambre de Paris, alors que je suis à Pondichéry devant des musiciens géniaux! Le frère de maman joue lui aussi du violon devant mon bureau. C'est bien mon bureau. Sur lequel est posée ma Nintendo DS. Ma console! Je frissonne. Mais l'image avec le frère de maman ne disparaît pas. Il me tend son instrument. Je cale le violon contre mon menton, je pose les doigts de ma main gauche sur le manche, ma main droite fait glisser l'archet sur les cordes: ce mouvement m'est presque naturel. Les sons sortis de mon violon s'harmonisent avec la mélodie, lente maintenant, et sinueuse, qu'interprètent les musiciens indiens. Le géant roux doit m'attraper sous les épaules et me soulever pour que je me remette sur pied. Mes bras se relâchent. La sensation de tenir un violon entre mes doigts disparaît et elle me manque déjà. Le géant roux s'incline devant les musiciens en joignant les mains devant son front. Je fais comme lui. Et là, le violoniste, me regardant droit dans les yeux, dresse le manche de son instrument vers le haut, comme le frère de maman, et lance le début d'un air que maman écoute très souvent, en chuchotant, au moment où le morceau démarre, «Bach, Partita n°2, Sarabande». Dans la rue, je suis le géant roux comme un somnambule, la tête pleine de musique.

EXERCICE
22·6

Répondre aux questions.

1. Où le géant emmène-t-il le petit garçon?

   _____

2. Pourquoi la maman a-t-elle abandonné sa carrière de pianiste?

   _____

3. Les musiciens sont-ils assis dans des fauteuils?

   _____

4. Victor aime-t-il cette musique?

   _____

5. De quel instrument jouait le frère de la maman?

   _____

Identifier le synonyme.

1. écarter _____   a. agiter

2. avouer _____   b. trembler

3. esquisser _____   c. éloigner

4. frisonner _____   d. dessiner

5. secouer _____   e. confesser

Compléter avec un mot de la liste de vocabulaire du texte (deuxième partie).

1. Nous allons _____ le cerisier pour faire tomber les cerises.

2. Elle _____ un sourire puis elle a continué sa route.

3. Les sons qu'il tirait de son violon me faisaient _____.

4. Le serveur a apporté un morceau de bois pour _____ la table.

5. Léa est _____, elle marche en dormant.

6. Quel _____ le pianiste a-t-il joué hier soir?

7. Les cris de la foule _____ dans toute la ville.

8. La violoniste cherche des chaussures qui _____ avec sa robe.

9. Cela lui a pris de mois pour apprendre à positionner sa main sur le
_____ de son violon.

10. Le géant roux a tout de suite _____ Victor dans la foule.

Les instruments de musique

instrument à vent	*wind instrument*	luth	*lute*
basson	*bassoon*	violon	*violin*
clarinette	*clarinet*	violoncelle	*cello*
cor	*horn*	instrument à clavier	*keyboard instrument*
cornemuse	*bagpipes*	clavecin	*harpsichord*
cuivre	*brass instrument*	orgue	*organ*
flûte	*flute*	piano	*piano*
harmonica	*harmonica*	piano à queue	*grand piano*
hautbois	*oboe*	instruments à	*percussion*
saxophone	*saxophone*	percussion	*instruments*
trombone	*trombone*	castagnettes	*castanets*
trompette	*trumpet*	cymbales	*cymbals*
tuba	*tuba*	grosse caisse	*bass drum*
instrument à cordes	*string instrument*	tambour	*drum*
alto	*viola*	tambourin	*tambourine*
banjo	*banjo*	timbales	*timpani*
contrebasse	*double bass*	xylophone	*xylophone*
guitare	*guitar*	synthétiseur	*synthesizer*
harpe	*harp*		

Note biographique: *Magazine Littéraire*

Critique au *Magazine Littéraire* depuis 1984, Aliette Armel est aussi une spécialiste de Marguerite Duras (elle a publié en 1990, *Marguerite Duras et l'autobiographie*) et la biographie de Michel Leiris (Fayard, 1997). En septembre 2013, elle donnera une série de conférences à la Sorbonne sur des auteurs qu'elle a rencontrés: Marguerite Duras, J.M.G. Le Clezio, Claude Simon, Sylvie Germain, Henry Bauchau... Depuis 2002, elle publie des romans qui parlent de voyages et interrogent les processus de création (peinture, photographie, musique, théâtre): *Le Voyage de Bilqîs* (Autrement, 2002), *Le Disparu de Salonique* (Le Passage, 2005), *Le Pianiste de Trieste* (Le Passage, 2008). *Pondichéry à l'aurore* (Le Passage, 2011) est son dernier roman paru et c'est à l'occasion de son retour à Pondichéry pour présenter son livre qu'elle a croisé «le géant roux» et écrit «Victor en Inde»... Par ailleurs, elle dirige à Paris le secteur «Sciences et Société» du ministère de l'Enseignement Supérieur et de la Recherche.

Je suis une *camera* (en dix instantanés)

Dany Laferrière

Première partie

> **VOCABULAIRE**
>
> ### Avant la lecture
>
> | | | | |
> |---|---|---|---|
> | à défaut de | *for want of* | humer | *to smell, inhale* |
> | à l'abri | *in a safe place, sheltered from* | insensible | *insensitive* |
> | | | léger | *light* |
> | affleurer | *to rise to the surface* | librairie | *bookstore* |
> | baroudeur | *adventurer, trailblazer* | lit | *bed* |
> | bayaronde | *tree in Haiti* | mettre à (se) | *to start* |
> | bibliothèque | *library* | mitrailler | *to snap away at* |
> | bouger | *to move* | parcourir | *to travel, cover* |
> | cadrer | *to center* | pareil à | *similar to* |
> | caisse | *box* | partout | *everywhere* |
> | camion | *truck* | plier | *to fold* |
> | chauve | *bald* | pluvieux | *rainy* |
> | contenter de (se) | *to make do with, content oneself with* | poids | *weight* |
> | | | prédire | *to predict* |
> | croiser | *to meet* | sacoche | *school bag* |
> | déclic | *trigger mechanism* | sagement | *quietly* |
> | déménager | *to move* | sec | *sharp (for sound)* |
> | drap | *sheet* | sécher | *to dry* |
> | éteindre (s') | *to go out, go dark* | soupçonner | *to suspect* |
> | fébrile | *feverish, excited* | surtout | *especially* |
> | feindre | *to feign, pretend* | toiture | *roof* |
> | fiévreux | *feverish* | tôle | *tin, sheet metal* |
> | galopade | *gallop* | tremblotant | *flickering, trembling* |
> | glisser | *to slide* | | |
> | grain | *speck* | | |

Lecture

J'ai toujours rêvé d'être cet objet noir et compact dont j'admire la placidité. J'apprécie le fait qu'il puisse regarder sans voir, mais j'aime surtout lorsqu'il se retrouve entre les mains d'une de ces jeunes filles qui plient légèrement les genoux afin de mieux cadrer son sujet. Je ne suis pas non plus insensible au petit rire bref qui suit le son sec du déclic. L'acte de photographier n'a jamais été, durant ma fiévreuse adolescence, exempt de sensualité. Ce n'est que bien plus tard que j'ai croisé ces photographes baroudeurs mitraillant, avec une primitive agressivité, des objectifs immobiles. L'image qui bouge est bien plus riche que celle qui attend sagement d'être prise, du moins c'est ce que j'ai longtemps cru. Je n'ai compris la photographie que quand j'ai commencé à soupçonner cette vie intense sous les phrases les plus sereines. Une telle émotion n'affleure que si la sensibilité est juste et le travail régulier. Sinon on devra se contenter de la surface des choses, bien qu'une observation attentive montre que cette surface a sa vie propre. À défaut d'être cet objet noir et mystérieux que cette jeune fille manipule si délicatement, je rêvais de mouvement. J'ai donc parcouru le monde pour ne retenir que ces images tremblotantes pareilles à des grains de poussière qui dansent dans la lumière du matin.

Petit-Goâve (la pluie)

J'ai eu une enfance pluvieuse. Et fiévreuse. L'impression d'avoir passé cette longue saison à attendre que la pluie, ou que la fièvre, tombe. Je restais debout sur la galerie, près de la porte, à regarder la pluie danser. Même quand le ciel est clair, ma grand-mère savait prédire la pluie. Elle se mettait à humer l'air, et une heure plus tard de gros nuages gris et noirs pointaient leur nez derrière les montagnes chauves. L'air devient humide. Les animaux fébriles. Puis cette galopade précédée d'un nuage de poussières d'eau. La voisine s'affaire à rentrer les draps qu'elle avait mis à sécher sur les bayarondes. Et je restais figé à écouter ce solo de batterie sur les toitures en tôle. Et l'odeur de la terre qui monte.

Paris (les livres)

Ce n'était pas mon premier séjour à Paris. Mais Paris feint d'être immobile. L'une des particularités de Paris c'est que les gens gardent la même adresse toute leur vie. Ils vont au même café et fréquentent les mêmes amis. Ils lisent surtout. Des livres partout. Dans les librairies et les bibliothèques (publiques et privées). Dans les cafés, comme au lit. On lit aussi dans les salles de cinéma jusqu'à ce que les lumières s'éteignent—j'en ai vu qui cherchent à lire dans l'obscurité. On ne sort pas sans glisser un livre dans sa poche ou sa sacoche. S'ils ne lisent pas, ils écrivent. Un monde de papier. Mais les livres ont un poids (les livres d'art encore plus). On le sait quand on déménage. Je me suis toujours demandé, si pour une raison quelconque (l'annonce d'un tsunami) Paris était obligé de mettre sa collection à l'abri, combien de camions faudrait-il pour transporter toutes ces caisses de livres? Je trouverai bien une fenêtre pour regarder le long serpent de camions quitter la ville, tout en me demandant si Paris sera plus léger sans ce poids intellectuel.

EXERCICE 23·1

Répondre aux questions.

1. Quel est cet objet noir et mystérieux qui fait fantasmer l'écrivain?

   _____

2. Quel était le passe-temps favori du petit Dany?

   _____

3. Quel don avait sa grand-mère?

   _____

4. Qu'est-ce qui fascine le plus Laferrière chez les Parisiens?

_____

5. En cas de sinistre, comment transporterait-on tous les livres?

_____

_____

EXERCICE
23·2

Identifier l'adjectif contraire.

1. chauve _____   a. sentimental

2. insensible _____   b. sec

3. immobile _____   c. long

4. bref _____   d. chevelu

5. pluvieux _____   e. remuant

EXERCICE
23·3

Compléter avec un mot de la liste de vocabulaire du texte (première partie).

1. Arrête de _____ une seconde si tu veux que je te prenne en photo!

2. Les Parisiens qui sont _____ mettent des chapeaux.

3. Il a accroché ses chemises sur le fil pour qu'elles _____.

4. Quand Cécile entre dans une _____, elle achète toujours au moins un livre.

5. Pendant l'été, on _____ beaucoup de photographes dans les grandes villes.

6. Il va sans doute pleuvoir. Il faut mettre les bicyclettes _____.

7. J'ai besoin d'une _____ pour ranger tous mes documents.

8. Les _____ transportent du sucre et de l'huile de Port-au-Prince à Jacmel.

9. Nous n'avons pas pu nous promener dans Petit-Goâve, car le temps était _____.

10. Chaque année, la photographe _____ des milliers de kilomètres pour capturer des images saisissantes.

Grammaire

La position des adverbes (quantité, qualité, fréquence) dans les temps composés

In past tenses adverbs of quantity, quality, and frequency are placed between **avoir** or **être** and the past participle. Let's look at the following examples:

Il a **beaucoup** plu cet été.	*It rained **a lot** this summer.*
Ma grand-mère n'a pas **assez** dormi.	*My grandmother didn't sleep **enough**.*
Son nom est **mal** écrit.	*His name is **not** written **properly**.*
Nous avons **très bien** mangé chez Diva.	*We ate **very well** at Diva's.*
Elle avait **toujours** rêvé d'aller à Jacmel.	*She had **always** dreamed of going to Jacmel.*
J'ai longtemps pensé que je ne quitterai **jamais** Paris.	*I thought for a long time that I would **never** leave Paris.*

EXERCICE 23·4

Mettre les phrases suivantes au passé composé. Attention à la position de l'adverbe.

1. Ils travaillent toujours le samedi.

   _____

2. Vous buvez trop de café.

   _____

3. Elle s'exprime bien en anglais.

   _____

4. Namous voyage souvent en Haïti.

   _____

5. Tu sors souvent avec tes amis.

   _____

Les verbes en -eindre et -aindre

Among the **-re** verbs, some verbs ending in **-eindre** or **-aindre** can be grouped together. Verbs like **peindre** (*to paint*) include **teindre** (*to dye*), **ceindre** (*to encircle*), **feindre** (*to feign*), **craindre** (*to fear*), **plaindre** (*to pity*), and **se plaindre** (*to complain*).

Let's conjugate the verb **peindre**:

je peins	*I paint*	nous peignons	*we paint*
tu peins	*you paint*	vous peignez	*you paint*
il/elle peint	*he/she paints*	ils/elles peignent	*they paint*

Ils **repeignent** leur salon?	*Are they **repainting** their living room?*
Mélanie **craint** le pire.	*Mélanie **fears** the worse.*

Conjuguer au présent les verbes entre parenthèses.

1. Il ne _____ (craindre) pas la colère de son grand-père.

2. Laura _____ (peindre) la chaise en bleu.

3. Vincent _____ (feindre) toujours de ne pas comprendre.

4. Est-ce qu'il se _____ (teindre) les cheveux en roux?

5. Je vous _____ (plaindre).

6. Elles _____ (feindre) de dormir.

7. La muraille _____ (ceindre) le château.

8. Je _____ (craindre) que la librairie ne soit fermée.

9. Tu _____ (feindre) l'indifférence.

10. Ils _____ (geindre) sans cesse.

Deuxième partie

VOCABULAIRE

Avant la lecture

assoupi	*dozing*	**j'ai failli tomber**	*I almost fell*
bruyant	*noisy*	**moquer (se) de**	*to make fun of*
champ	*field*	**mur**	*wall*
chemin	*path, way*	**or**	*gold*
Colisée	*Coliseum*	**oreille**	*ear*
comporter (se)	*to behave*	**oreiller**	*pillow*
congestionné	*congested*	**péplum**	*epic (film)*
différemment	*differently*	**plage**	*beach*
doux	*soft, gentle*	**pouce**	*thumb*
écolier	*pupil*	**prendre un verre**	*to have a drink*
embouteillage	*traffic jam*	**remercier**	*to thank*
emprunter un sentier	*to take a path*	**ressentir**	*to feel, to experience*
endormi	*asleep*	**romain**	*Roman*
excédé	*irritated*	**roman**	*novel*
fleuve	*river*	**sensibilité**	*sensitivity*
foule	*crowd*	**surpeuplé**	*overpopulated*
fraîcheur	*freshness*	**survoler**	*to fly over*
gladiateur	*gladiator*	**talon**	*heel*
gratte-ciel	*skyscraper*	**traducteur**	*translator*
hublot	*window (airplane)*	**trépied**	*tripod*
immeuble	*building*	**vider**	*to empty*
ivresse	*intoxication, passion*		

Lecture

Rome (la jeune fille)

Je ne suis à Rome que pour une nuit. La première fois. Je ne connaissais Rome que par les péplums de mon adolescence. J'étais fasciné par les gladiateurs. Puis par la foule romaine si bruyante et vivante qu'on trouve dans les films de Fellini. Et me voilà dans ses rues, comme dans un rêve. Rome endormie. Un bruit sec de talons. Une jeune fille vient vers moi. Elle va sûrement à une soirée. Des chaussures rouges. Nos regards se croisent. Elle y lit mon plaisir pour son ivresse de vivre. Elle continue son chemin avec un discret sourire. Quelques pas plus loin, elle se retourne pour me remercier de cet hommage. Encore quelques pas, et elle se retourne à nouveau pour lever joyeusement le pouce dans ma direction, avec un air complice. Il n'y a qu'à Rome qu'on trouve pareille fraîcheur. Et la ville m'a soudain semblé si jeune que j'ai eu l'impression que le Colisée était une réplique.

Sao Paulo (les gens)

Assoupi, je survole Sao Paulo. L'avion fait un brusque mouvement de descente. Je me réveille pour regarder par le hublot. Un champ de gratte-ciel. Une image à la fois saisissante et étrange. Il y a une telle anarchie dans la disposition des immeubles que j'ai l'impression que des dieux se lancent des gratte-ciel à la tête, comme s'il s'agissait d'oreillers. En bas, la foule. Un embouteillage monstre. Une pluie fine. Excédé, le chauffeur de taxi me dit qu'il va falloir, dans pas trop longtemps, vider la ville. Trop congestionnée. On me demande partout pourquoi je ne vais pas dans une ville plus douce, avec une plage et moins de pollution. Je rencontre une amie, Diva, dans un café qui me pousse vers Rio ou Salvador de Bahia. J'entends être là où 22 millions de Brésiliens ont choisi de vivre. J'aime la forêt humaine des villes surpeuplées. Et je préfère les voitures aux vaches.

Tokyo (l'appareil photo)

Je me suis moqué du goût immodéré des Japonais pour la photo dans un livre au titre qui les a fait pourtant rire: *Je suis un écrivain japonais*. Quand on part avec une *camera*, c'est l'appareil qui voyage. Son propriétaire ne voit ni n'entend plus rien. Il devient un simple trépied. J'arrive à Tokyo, et dans l'heure qui suit, j'ai acheté une *camera*. C'est mon traducteur, M. Tachibana, qui m'a aidé à la choisir. On voyait bien qu'il savourait le moment. Je n'ai pas vu de Japonais avec une *camera* durant mon séjour —ils n'en portent qu'en voyage. Au Japon, ils circulent les mains vides et le visage à découvert. J'ai failli ne pas les reconnaître. Je me demande ce qu'ils pensaient en me voyant ainsi mitrailler l'espace. Je me levais tôt pour aller photographier au métro Shibuya les centaines d'écolières en uniforme ou le sentier emprunté par Basho durant son voyage poétique. Des photos que je n'ai plus jamais regardées. C'est donc l'explication de cette avidité d'images: on se contente du geste de photographier.

Cayenne (la forêt)

On ne signale pas assez l'influence du paysage sur les villes. Deux formes en apparence opposées (nature et culture). Une ville vit souvent au rythme du fleuve qui la traverse. La forêt forme la sensibilité de ceux qui l'habitent. Les gens de la montagne marchent, parlent, et chantent différemment de ceux de la vallée. J'ai ressenti cette influence, en Guyane, à l'Hôtel Amazonia. Je prenais un verre au bar. Les conversations tournaient autour de l'or. La nette impression de me trouver dans un roman de Cendrars. Autour de moi les gens semblent plus intéressés à écouter ce qui se dit qu'à regarder ce qui se passe. En fait, ils s'intéressent pas tant à la conversation qu'à d'autres bruits que mon oreille ne perçoit pas. Cela m'a pris un moment pour comprendre que l'homme de la forêt se comporte différemment de celui de la ville. Comme je passe beaucoup de temps dans des espaces fermés, je ne me sens protégé que si je suis entouré de murs. L'homme de la forêt a un sens différent de l'espace et une notion particulière de la liberté. La forêt illimitée s'est infiltrée jusque dans ses rêves. Après le rhum au bar, je suis remonté dans ma chambre passant d'un espace fermé à un autre. Cette nuit-là, je me suis retrouvé, en rêve, dans une cage avec un tigre.

EXERCICE 23·6

Répondre aux questions.

1. Quel geste la jeune fille de Rome adresse-t-elle à l'écrivain?

   _____

2. À quoi ressemblent les gratte-ciel pour le narrateur?

   _____

3. Quel sentiment M. Tachibana éprouve-t-il lorsque Dany Laferrière achète un appareil photo?

   _____

4. Selon le narrateur, pourquoi prend-on des photos?

   _____

5. Quel cauchemar Laferrière a-t-il fait à Cayenne?

   _____

EXERCICE 23·7

Identifier le synonyme.

1. trépied _____   a. édifice

2. oreiller _____   b. passion

3. sentier _____   c. support

4. gratte-ciel _____ d. chemin

5. ivresse _____   e. coussin

Compléter avec un mot de la liste de vocabulaire du texte (deuxième partie).

1. Les villes japonaises sont en grande partie constituées de _____.

2. Faites attention en parlant à votre traducteur. Il ne faut pas froisser

    sa _____.

3. J'ai envie d'un campari, allons _____!

4. L'Amazone est un _____ d'Amérique du Sud qui s'étend sur près de 6500 kilomètres.

5. Les villes _____ ont du mal à nourrir leur population.

6. J'ai besoin d'un _____ pour dormir dans l'avion.

7. Alors que nous étions pris dans les _____ à Rome, le chauffeur de taxi a commencé à nous raconter l'histoire de la ville.

8. Je voyais une mer de nuages blancs moutonneux par le _____.

9. Ce roman raconte l'histoire d'un empereur _____ qui conquit la Gaule.

10. Nous _____ actuellement la ville de Kyoto, a annoncé le pilote.

Grammaire

Les adverbes en -amment et -emment

When you want to make an adverb from an adjective ending in **-ant** or **-ent**, remove the ending, and add **-amment** or **-emment**.

VOCABULAIRE

Avant la lecture

patient	*patient*	**patiemment**	*patiently*
récent	*recent*	**récemment**	*recently*
étonnant	*surprising*	**étonnamment**	*surprisingly*
suffisant	*sufficient*	**suffisamment**	*sufficiently*

Lise a fait la queue **patiemment**.
Avez-vous **suffisamment** d'argent pour
  acheter votre billet d'avion?

Lise patiently stood in line.
Do you have enough money to buy your
  ticket?

Compléter les phrases avec l'adverbe correspondant.

1. Il a _____ (brillant) passé son examen.

2. Édouard a _____ (violent) refermé la porte.

3. Nous voyons les choses _____ (différent).

4. Catherine s'habille toujours _____ (élégant).

5. Son copain a réagi _____ (méchant).

6. Tu as agi _____ (inconscient).

7. _____ (apparent), la jeune fille a apprécié le compliment.

8. Il parle _____ (courant) le japonais.

9. Le traducteur a travaillé _____ (diligent) toute la nuit.

10. L'écrivain se balade _____ (nonchalant) sur le sentier emprunté par Basho.

Troisième partie

VOCABULAIRE

Avant la lecture

ailleurs	*elsewhere*	lecture	*reading*
au fil des ans	*with time*	librairie	*bookstore*
avaler	*to swallow*	maugréer	*to grumble*
avide	*eager*	partir en trombe	*to roar off*
banc	*bench*	paume	*palm of the hand*
bougon	*grumpy*	pénombre	*shadowy light*
cachalot	*sperm whale*	piste de danse	*dance floor*
cavalcade	*stampede, race*	remonter le temps	*to go back in time*
coupe-coupe	*machete*	roman	*novel*
cour	*courtyard*	sauvage	*wild*
éclatant	*blazing*	susciter	*to give rise, provoke*
écran	*screen*	terre battue	*beaten-earth floor*
enfoncer (s')	*to sink into*	tomber sur	*to run into*
esquiver	*to skip*	tournage	*shooting*
feuillage	*foliage*	tremblement de terre	*earthquake*
goguette	*place to drink and have fun*	tube	*hit (song)*
inguérissable	*incurable, inconsolable*		

Lecture

Bamako (un samedi soir)

Nous sommes un groupe d'écrivains voyageurs. On prend un taxi devant l'hôtel. Le chauffeur part en trombe dans une rue vide. De plus, nous ne sommes pas pressés. Il refuse de s'arrêter au feu rouge arguant que cela lui fera perdre du temps. Je comprends qu'il a un rendez-vous. Il ne cesse de maugréer qu'au village c'était mieux. On traverse un petit pont pour se retrouver dans un quartier très animé. Un moment dans la foule du samedi soir. Des jeunes avides de boire, de danser, comme partout ailleurs sur la planète. On finit par entrer dans une goguette pour prendre une bière. Dans la cour: une petite piste de danse en terre battue. Dans une totale obscurité. Le DJ enfile les tubes africains. Les sandales soulèvent une légère poussière. Je tombe sur une amie que je n'avais pas vue depuis longtemps.

Port-au-Prince (un lecteur)

Un jeune homme entre dans la librairie et ressort avec un livre sous le bras. Il le caresse longuement de sa paume avant d'aller s'asseoir sur un banc de la petite place fleurie. Il inspecte le livre sous toutes les coutures avant d'en commencer la lecture. Ce geste, banal ailleurs, est important dans une ville qui vient de subir un tremblement de terre. C'est aussi un acte intime car, malgré ces milliers d'heures de reportage qu'Haïti a suscité au fil des ans, la presse internationale n'a jamais su capter une pareille image: un lecteur. L'éclatant soleil de midi arrive à peine à traverser l'épais feuillage qui lui fait une douce pénombre. Il est déjà plongé dans sa lecture de *Les Fiancés* de Manzoni.

New York (la plus grosse télé)

La première fois que je me suis trouvé à Manhattan, j'ai eu l'impression d'être dans un énorme téléviseur. Les taxis jaunes filant sous une pluie légère. Les prostituées de 42e dans des minijupes de soie jaune. Les policiers qui ressemblent à des cachalots causant tranquillement avec ces fausses blondes anorexiques qui rêvent de magazines en papier glacé. Une rue fermée pour le tournage d'un film de Woody Allen. En entrant acheter un jean, je me suis vu, durant quelques secondes, sur tous les écrans des téléviseurs du magasin. Il n'y a que New York pour donner cette impression d'irréalité.

Santa Maddalena (Tolstoï)

J'ai évité Florence, à une demi-heure de Santa Maddalena, car je me sentais trop épuisé pour tant de beautés réunies dans un espace si restreint. La beauté fatigue. Je me suis donc réfugié dans cette tour au fond de la cour, invité par Beatrice Monti, pour réfléchir, lire et écrire. Une pause dans cette cavalcade qu'est devenue ma vie depuis la sortie de mon premier roman, il y a près de trente ans. Mais je voulais, au milieu de cette nature sauvage, m'enfoncer sans coupe-coupe dans la forêt Tolstoï. Étais-je capable de faire face à un pareil massif? Je passai les premiers jours à me promener dans les bois, à manger des fruits et des légumes du jardin, à dormir au moins huit heures par nuit, afin de retrouver ma forme d'avant la furie créatrice. Un matin, j'ai ouvert *Guerre et paix*. Et j'ai tout lu sans esquiver une seule phrase. Les caprices de Natacha Rostov et la gravité du prince André m'ont accompagné durant ce fascinant voyage avec ce vieux bougon de Tolstoï.

Écrire le présent

Depuis que j'ai commencé à écrire, j'ai été obsédé par le temps présent. Je pense qu'il contient tous les autres temps: le passé comme le futur. Est-ce pourquoi j'écris tout au présent, même quand il s'agit de mon enfance. On change de paysage (le voyage) parce qu'il nous est impossible de remonter le temps. La nostalgie de l'enfance est une douleur inguérissable. Je me souviens de mon émotion en découvrant qu'André Breton a tenté vainement de trouver «l'or du temps». Le temps nous avalera, mais juste avant il est possible d'aller voir de quoi est fait le monde.

Dany Laferrière

Répondre aux questions.

1. Sur quelle musique danse-t-on ce soir-là à Bamako?

   _____

2. Quelle image les reporters auraient-ils dû capter après le séisme?

   _____

3. Quelle surprise Laferrière a-t-il eu en achetant un jean?

   _____

4. Pourquoi ne s'est-il pas rendu à Florence?

   _____

5. Lorsqu'il raconte son enfance, quel temps l'écrivain utilise-t-il?

   _____

Faire correspondre les deux colonnes.

1. Je suis tombé sur _____   a. dans ses pensées.

2. Un journal japonais a soulevé _____   b. sans esquiver un seul paragraphe.

3. Ils ont subi _____   c. mon professeur d'italien en face du Colisée.

4. Le jeune lecteur était plongé _____   d. un choc en apprenant la nouvelle.

5. Elle a lu tout son discours _____   e. la question de l'anorexie.

Compléter avec un mot de la liste de vocabulaire du texte (troisième partie).

1. J'aime beaucoup m'asseoir sur _____ dans ce parc et passer des heures à lire.

2. Un puissant _____ a ravagé la Turquie en 2011.

3. Il a le don de ne pas répondre directement. Il _____ la plupart des questions.

4. Le _____ du nouveau film de Luc Besson se déroulera entre Paris et Taïwan.

5. La _____ d'*Anna Karenina* lui a pris toute la nuit.

6. Le _____ de ces arbres est flamboyant.

7. Nous avons assisté à la projection du dernier film de Michel Audiard sur un grand

_____.

8. L'œuvre d'André Breton a _____ une énorme controverse.

9. L'écrivain a téléchargé gratuitement tous les _____ de Tolstoï sur sa tablette de lecture.

10. Je ne comprends jamais ce qu'elle dit. Elle _____ toujours ses mots.

Grammaire

Usage de l'infinitif

The infinitive is used after expressions of spending time and expressions of position. The preposition **à** precedes the infinitive. (Note the present participle equivalence in English.)

Dany a passé la journée **à attendre** la pluie.	*Dany spent the day waiting for the rain.*
Il passera des jours **à se promener** dans les bois.	*He'll spend days walking in the woods.*
L'écrivain est allongé dans un hamac **à lire**.	*The writer is lying down in a hammock reading.*
Sa grand-mère est accroupie dans le jardin **à ramasser** des fraises.	*His grandmother is squatting in the garden picking strawberries.*

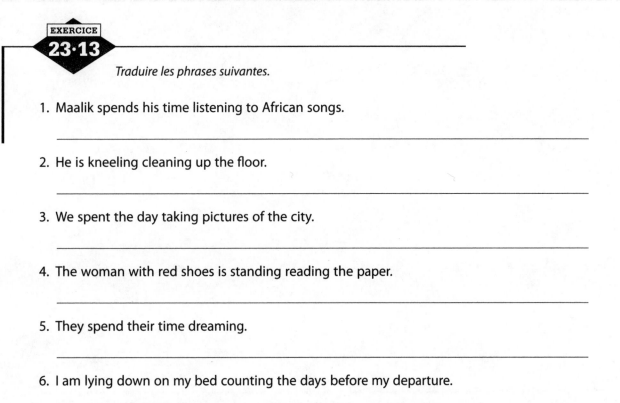

EXERCICE 23·13

Traduire les phrases suivantes.

1. Maalik spends his time listening to African songs.

_____

2. He is kneeling cleaning up the floor.

_____

3. We spent the day taking pictures of the city.

_____

4. The woman with red shoes is standing reading the paper.

_____

5. They spend their time dreaming.

_____

6. I am lying down on my bed counting the days before my departure.

_____

7. He used to spend his time watching the rain fall.

_____

8. We are sitting in the garden peeling potatoes.

_____

9. They spent their time writing short stories.

_____

10. She is leaning against the barn wall contemplating the stars.

_____

Note biographique: Dany Laferrière

Écrivain et scénariste haïtien vivant à Montréal, Dany Laferrière est une figure phare du monde littéraire. Regroupée sous le titre d'*Autobiographie américaine*, son œuvre romanesque compte dix ouvrages produits entre les années 1985 et 2000. Dans *Le journal d'un écrivain en pyjama,* Dany Laferrière livre un florilège de récits, de réflexions et de méditations sur l'écriture et la littérature en nous faisant découvrir sa bibliothèque personnelle. Il a reçu le prix Médicis 2009 pour *L'énigme du retour.* En décembre 2013, il est devenu le premier Haïtien-Québécois à être élu à l'Académie française, devenant ainsi un Immortel.

Glossary

*Whenever you see an asterisk with a word or an idiom, it indicates a colloquial expression or slang. Use it with care.

60 pieds 60 feet (long)
150°C 302°F

A

à bord de on board
à ce jour today, currently
à ce moment-là at that time
à cheval on horseback
à côté next door
à défaut de for want of
à dessein intentionally
à deux pas a short distance
à deux reprises twice
à feu doux on low heat
à force de by dint of
à l'abri in a safe place, sheltered from
à l'abri de shielded from
à l'air libre in the open air
à l'allure de looking like
à l'écart de away from, out of the way
à l'encontre against, contrary to
à l'endroit right side
à l'envers wrong side
à l'étage upstairs
à l'étranger abroad
à l'instar de following the example of
à la fois both
à la pointe de on the cutting edge
à la retraite retired
à leur tour in turn
à même de directly on
à mi-parcours midway
à mobilité réduite with limited mobility
à part entière full-fledged
à partir de from, based on
à peine barely, hardly
à plein temps full-time
a priori in principle
abeille (f.) bee
abonnement (m.) subscription
abordable affordable

abouti successfully completed
abriter to shelter
accessible accessible
accord (m.) agreement
accorder to grant, to give
accouplement (m.) mating
accroissement (m.) increase
accueil (m.) reception, reception area
accueillir to accommodate, to welcome, to host
acétate de cellulose (m.) cellulose acetate
achalandé busy
achèvement (m.) completion
achever to complete
acier inox (m.) stainless steel
acquérir to acquire
acquis acquired
actualités (f.pl.) newsreels
actuel present-day
actuellement presently, currently
adoucir to ease, to soften
affichage sauvage (m.) unauthorized billposting
affiche signalétique (m.) information sign
affleurer to rise to the surface
affublé de wearing
afin de in order to
agir de (s') to concern, to be a matter of
aguerri trained, experienced
aigu high-pitched
ailleurs elsewhere
aîné elder
ainsi thus
ainsi que as well as
aire (f.) area
ajout (m.) addition
ajouter to add
Algérie (f.) Algeria
allier à to combine
allonger to stretch
allure (f.) speed

alto (m.) viola
amant (m.) lover
ambroisie (f.) ambrosia
âme (f.) soul
améliorer to improve
aménagé built, fitted out
aménagement (m.) development
aménager to lay out, to develop, to adapt
ananas (m.) pineapple
ancrage (m.) anchoring
ancré deeply rooted
année scolaire (f.) school year
anniversaire (m.) anniversary, birthday
annuellement yearly
anodin insignificant
antisèche (f.) cheat sheet
apercevoir to catch sight of, to notice
apercevoir (s') to realize
apicole beekeeping
apiculteur (m.) beekeeper
appel à contribution (m.) call for contributions
appeler (s') to be called
appliquer (s') to apply
apprentissage intensif (m.) intensive apprenticeship
apprivoiser to tame
archet (m.) bow
architecture intérieure (f.) interior design
arête (f.) arris, edge
argenté silvery
armature (f.) framework
arrondissement (m.) district
arroser to baste
artichaut (m.) artichoke
artiste (m./f.) artist
assaisonnement (m.) seasoning
assez de enough
assiette (f.) plate
assister à to attend
assoupi dozing
assouvir to satisfy
assumer to assume
atelier (m.) workshop
atout (m.) advantage
atteindre to reach, to achieve
attendre à (s') to expect
attentivement attentively
atténuer to ease
attirer to appeal to
attirer (s') les foudres to provoke an angry response
attraper to catch
au cœur de in the midst of
au fil des ans with time
au fil du temps over time
au gré de according to
au large open-sea
au pied de at the foot of
au sein de within

aubergine (f.) eggplant
augmenter to increase
auparavant before
auprès de with
autant de as much as
autant que possible as much as possible
autant... que as far as, as much . . . as
autrefois formerly
aux prises avec to be battling with
avaler to swallow
avide eager
avocat (m.) avocado
avoir envie de to feel like
avoir honte de to be ashamed of
avoir l'habitude de to be accustomed to
avoir le sens de la répartie to know how to reply
avoir raison de to get the better of, to damage
avoir une prise sur to have a hold on
avoir vécu to be a thing of the past, to have lived
avoisiner to border on
avouer to admit, to confess

B

bac (m.) baccalaureate (high school leaving certificate)
bagout (m.) volubility, glibness
baisser to lower
balise VHF (f.) VHF beacon
banaliser (se) to become commonplace
banane (f.) banana
banc (m.) bench
bande dessinée (f.) comic strip, comic book
bande magnétique (f.) magnetic tape
bande magnétique sonore (f.) audiotape
bande magnétique vidéo (f.) videotape
bande sonore (f.) sound track
bandes dessinées (f.pl.) comic books
banjo (m.) banjo
bannir to prohibit
barbe (f.) beard
baroudeur (m.) adventurer, trailblazer
barque (f.) small boat
barre de fer (f.) iron rod
bas de contention (m.) compression stockings
basson (m.) bassoon
bastingage (m.) ship's rail
bâtiment (m.) building
bâtisse (f.) building
battre (se) to fight
battre les records to break the records
bayaronde (m.) tree in Haiti
beaucoup de many
beaux-arts (m.pl.) fine arts
bédéphile (m./f.) comic book fan
beffroi (m.) belfry
bel et bien well and truly
benjamin (m.) youngest
berge (f.) bank

berger (m.) shepherd
béton (m.) concrete
betterave (f.) beet
bibliothèque (f.) library
bien que although
bien-être (m.) well-being
bizut (m.) freshman
blague (f.) joke
bois brut (m.) raw wood
boîte (f.) company
bon sens (m.) common sense
bonheur (m.) happiness
borgne shady, recessed
bouche (f.) mouth
bouche bée agape
bouclé curly
boucler to complete
boue puante (f.) foul-smelling sludge
bouger to move
bougon grumpy
boulot* (m.) job
bouquin* (m.) book
bousculer to shake up
bouteille (f.) bottle
box (m.) loose box
bras (m.) arm
brûler (se) to burn oneself
brûlure (f.) burn
brume (f.) mist
bruyant noisy
bûcheron (m.) lumberjack
bureau (m.) office, desk
burin (m.) chipping chisel
but (m.) purpose
butin (m.) booty
butinage (m.) gathering of pollen

C

c'est pas sorcier! it's easy!
c'est plié* it's done, it's over
ça le fait pas* out of the question
ça tombe bien good timing
cachalot (m.) sperm whale
cadré structured
cadre (m.) framework, manager
cadrer to center
cahute (f.) shack
caisse (f.) case, box
caler to wedge
calomnier to slander
camion (m.) truck
campagne (f.) campaign
canard (m.) duck
canicule (f.) heat wave
carnivore (m.) carnivore
carré (m.) square
carrefour (m.) crossroads

carreleur (m.) tiler
carte (f.) (library) card
cartésien Cartesian, logical
case (f.) box
casse (f.) equipment damage
casserole (f.) saucepan
castagnettes (f.pl.) castanets
cavalcade (f.) stampede, race
cavalier (m.) horseman
CDI (m.) open-ended contract
centaine (f.) about a hundred
cérémonial (m.) etiquette (of the court)
cerise (f.) cherry
cerisier (m.) cherry tree
chaîne (f.) channel
chaleur (f.) heat
champ (m.) field
champignon (m.) mushroom, fungus
champion (ne) (m./f.) champion
chanson (f.) song
chant (m.) singing
chanter to sing
chanteur, chanteuse (m./f.) singer
chantier naval (m.) shipyard
chapeauter to oversee
chapiteau (m.) marquee
char (m.) float
charbonnier (m.) coalman
charpentier (m.) carpenter
chasse (f.) hunting, hunt
chasseur (m.) hunter
châtaigne (f.) chestnut
châtaignier (m.) chestnut tree
chauffer les bancs* to be a benchwarmer
chaussure (f.) shoe
chauve bald
chef d'orchestre (m./f.) (orchestra) conductor
chemin (m.) path, way
cheminée (f.) chimney, smokestack
cher expensive
chercher to look for
chercheur (se) (m./f.) researcher
chevaucher to ride
cheveux (m.pl.) hair
cheville (f.) ankle
chien (m.) dog
chirurgien (ne) (m./f.) surgeon
choper* to catch
chou (m.) cabbage
chou-fleur (m.) cauliflower
CHU (Centre Hospitalier Universitaire)
(m.) university hospital
chuchoter to whisper
cible (f.) target
cibler to target
cicatrisant healing substance
cicatriser to heal

cieux (m.pl.) skies, heaven
cinéma d'art et d'essai (m.) art house cinema
cinéma parlant (m.) talking films, "talkies"
cinéphile (m./f.) film enthusiast
circulaire (f.) circular, memorandum
circulation (f.) traffic
circumnavigation (f.) circumnavigation
ciseau (m.) chisel
citoyenneté (f.) democracy, citizenship
citrouille (f.) pumpkin
clairement clearly
clarinette (f.) clarinet
clarté (f.) brightness
clavecin (m.) harpsichord
cligner de l'œil to wink
clouterie (f.) nail factory
coiffeur (m.) hairdresser
Colisée (m.) Coliseum
collectionner to collect
colline (f.) hill
colombier (m.) dovecote
combien how much
combine* (f.) trick
commande (f.) order
communiqué (m.) press release
compagnon (m.) companion
complément alimentaire (m.) dietary supplement
comportement (m.) behavior
comporter to include
comporter (se) to behave
compte tenu considering
concepteur, conceptrice (m./f.) designer
concevoir to design
concordance des temps (f.) agreement of tenses
concours (m.) competition, competitive examination
conducteur de train (m.) train conductor
conduire to lead to
conférer to award
confier to confide
confier qqch à qqn to entrust something to someone
confrère (m.) fellow
confus embarrassed
congestionné congested
conjuguer to combine
connaissance (f.) knowledge
connaissances de base (f.pl.) basic knowledge
conquête (f.) conquest
consacrer to devote
consciemment consciously
conseiller, conseillère (m./f.) advisor
constat (m.) observation
contenter (se) to make do with, to content oneself with
contournement (m.) bypassing
contrebasse (f.) double bass
copain (m.) friend
cor (m.) horn
corbeille (f.) dress circle

corde (f.) string
cordonnier (m.) shoemaker, shoe repairer
cornemuse (f.) bagpipe
corps et âme body and soul
corriger to correct
cossu fancy, opulent
costumier, costumière (m./f.) costume designer
coterie (f.) set, clique
cou (m.) neck
couche de cire (f.) layer of wax
coucher (se) to lie down
coude (m.) elbow
couler to flow
coup de fil (m.) telephone call
coupe-coupe (m.) machete
couper les ailes to clip somebody's wings
coupure (f.) cut
cour (f.) court, courtyard
courbe (f.) curve
courgette (f.) zucchini
courir to run
course contre la montre (f.) race against the clock
course hauturière (f.) ocean race
court short
court-métrage (m.) short film
coûter to cost
couvert (m.) place setting
couvreur (m.) roofer
couvrir to cover
crane (m.) skull
creuser to dig
crevant exhausting
criard piercing
criblé de riddled with
critique (f.) criticism
critique (m./f.) critic
crochet (calligraphie) (m.) hook
croiser to come across, to pass, to meet
croissance (f.) growth
croître to grow
crotte (f.) dung
cuire to cook
cuisinier (m.) cook
cuisse (f.) thigh
cuisson (f.) cooking
cuivre (m.) brass instrument
cultiver to farm
cymbales (f.pl.) cymbals

D

d'ores et déjà already
danse (f.) dance
Dauphin (m.) heir apparent
de bon augure promising
de bonne grâce willingly
de l'aube au crepuscule from dawn to dusk
de l'ordre de approximately

de plus en plus more and more
débarrasser de (se) to get rid of
débarrasser la table to clear the table
debout standing
décalé odd
décédé deceased
déception (f.) disappointment
décevoir to disappoint
déclic (m.) trigger mechanism
déconcerter to disconcert
découverte (f.) discovery
dedans inside
dédié à devoted to, dedicated to
la Défense business district just outside of Paris
défouler (se) to relax
défraîchi faded, worn
défrichable easy to clear
dégager to unearth
déléguer une tâche to delegate a task
démarche (f.) approach
démarrer to start
déménagement (m.) moving
déménager to move
demeurer to live, to stay, to remain
dénicher to unearth
dénombrer to count, to list
dentellière (f.) lacemaker
dépister to track down
déplacement (m.) moving, shifting
déplacer (se) to move around
déracinement (m.) uprooting
dériveur (m.) sailing dinghy
dernier latter
dérouler (se) to take place
derrière in the background
dès que possible as soon as possible
désarmant disarming
désavouer to disown, to disavow
designer (m./f.) designer
dessiner to draw
désuet outdated
deuil (m.) mourning
déversoir (m.) outlet
devise (f.) currency
devoir to owe
différemment differently
diffuser to broadcast
diluer to dilute
discuter to chat
disposer de to have
dispositif (m.) mechanism, device
disposition (f.) provision
disque 78 tours (m.) 78 rpm record
dissuader to dissuade
divertir to amuse, to entertain
divertissement (m.) entertainment
diviser to divide

dizaine (f.) about ten
doigt (m.) finger
don (m.) gift
donner lieu à to give rise to
donner naissance à to give birth to
donner sur to open onto
dormir to sleep
dos (m.) back
douceur (f.) sweetness
doué gifted
douleur (f.) pain, ache
douloureux painful
doux soft, gentle
drap (m.) sheet
dressage (m.) dressage
dresser (se) to rise, to stand
droit (m.) right
droits d'accès (m.pl.) access rights
droits des femmes (m.pl.) women's rights
durable long-lasting

E

eau (f.) water
eau de Javel (f.) bleach
ébéniste (m.) cabinetmaker, restorer
ébénisterie (f.) cabinetmaking
écarter to draw back
échapper à to escape
échelle (f.) scale, ladder
éclairage (m.) lighting
éclatant blazing
écluse (f.) lock, lock-gate
écolier (m.) pupil
écorcher to chafe
écoulement d'eau (m.) flow of water
écourter to cut short
écouteurs (m.pl.) headphones
écran (m.) screen
écrasant (for the majority) overwhelming
écraser to crush
écrin (m.) showcase
écriture (f.) writing
écrivain(e) (m./f.) writer
écurie (f.) stable
écuyer (m.) rider
effectif (m.) number
effet cocotte-minute (m.) pressure cooker effect
efforcer de (s') to try
effriter (s') to crumble, to decline
également also
égalitaire egalitarian
élargir to extend
élargissement (m.) widening
élève (m./f.) student
élève conservateur (m.) student librarian
élever to raise
éloigner (s') to move away

émailler to spangle, to stud
embaumer to embalm
embouteillage (m.) traffic jam
embrumer to mist over, to cloud
émerveillé filled with wonder
émetteur (m.) transmitter
emmerdeur* (m.) pain in the neck
emplacement (m.) place
emporter to carry away
empreinte (f.) print
emprunter to borrow, to take (a route), to traverse
emprunter un sentier to take a path
en baisse decreasing
en ce moment at the moment
en un clin d'œil à in a nod to
en fin de compte finally, ultimately
en haut de at the top of
en moyenne on average
en outre moreover, what is more
en plein air outdoor
en primaire in elementary school
en quinze jours in two weeks
en revanche on the other hand
en solitaire solo
en tant que as
endormi asleep
endroit (m.) place
enfermé shut up in, imprisoned
enfin lastly, finally
enfoncer (s') to sink into
enfouir to bury
engouement (m.) infatuation, craze
enjeu (m.) issue
enlaidir (s') to make (oneself) look ugly
ennuyer to annoy, to bother
enorgueillir de (s') to pride oneself on
enquête (f.) survey
enracinement (m.) rooting, settling
enregistrement (m.) recording
ENSCI École Nationale Supérieure de Création Industrielle (Paris Design Institute)
enseignant, enseignante (m./f.) teacher
enseignement (m.) education
entamée started, under way
enterrer to bury
entouré de surrounded with
entraîner to lead to
entretien (m.) interview
environ approximately
envoler vers (s') to fly away toward
envoûtant spellbinding
éparpiller to scatter
épaule (f.) shoulder
épiderme (m.) skin, thin covering
éplucher to peel
épouse (f.) wife, spouse
époustouflant amazing

éprouver to feel, to experience
équerre (f.) cross-staff, square
équilibrer to balance
équipe (f.) team
escale (f.) layover, stopover
escamotable retractable
escargot (m.) snail
escarpolette (f.) swing
escrime (f.) fencing
escroquerie (f.) swindle, fraud
espace de détente (m.) rest area
espion, espionne (m./f.) spy
esquisser to draw, to skip
essuie-tout (m.) paper towel
essuyer to wipe
est east
estival summer, summery
estomper (s') to fade
estragon (m.) tarragon
et des poussières and a bit
étage (m.) floor, story
étaler to fall over
éteindre (s') to die down, to fade away, to go out, to go dark
étiquette (f.) etiquette, protocol
étoile (f.) star
être fier de to be proud of
être inscrit à to be listed in
être soumis à to be subject to
étroit close, narrow
étude (f.) study
européocentrisme (m.) Eurocentrism
éveiller la conscience to raise consciousness
événement (m.) event
évocateur evocative
évoquer to evoke
excavatrice à vapeur (f.) steam-powered digging machine
excédé irritated
exercer (a job) to perform
exigeant meticulous
exigence (f.) requirement
exiger to require
exposition (f.) exhibition, show
extirper (s') to extirpate oneself

F

fâché angry
façonner to form, to shape
facteur de réussite (m.) success factor
faîne (f.) beechnut
faire baisser to lower
faire circuler to circulate
faire confiance à to trust
faire demi-tour to do an about-face
faire des études to study
faire du yoga to practice yoga

faire état de to report
faire face à to face
faire partie de to be one of, to be part of
faire partie intégrante to be an integral part of
faire preuve de to demonstrate, to show
faire sauter la cervelle (se) to blow one's brains out
faire un effort to make an effort
faire un saut to hop over to
faire un signe to signal
faire un signe de tête to nod
faire un tour to take a stroll
fanfare (f.) brass bands
fatigant exhausting
faufiler (se) to weave in and out of
faune (f.) fauna
faute de which can be blamed on, for lack of
fauteuil (m.) armchair
favoriser to favor, to appreciate, to encourage
fébrile feverish, excited
feindre to feign, to pretend
fendre to split, to cleave
ferme (f.) farm
fermier (m.) farmer
ferroviaire rail
feu (m.) fire
feu d'artifice (m.) fireworks
feuillage (m.) foliage
feuille de laurier (f.) bay leaf
fier proud
fiévreux feverish
figue (f.) fig
figurer to appear
file d'attente (f.) line, queue
filet (m.) net
fileur (m.) spinner
fillette (f.) little girl
film (m.) film
film muet (m.) silent film
film sonore (m.) sound film
fiston (m.) son
flancher to fail
flâner to stroll
fleuri blossomed
fleuve (m.) river
flûte (f.) flute
folie meurtrière murderous rage
foncé dark
fonctionnaire (m./f.) civil servant
fond (m.) bottom
fonder to establish
fonds (always plural) (m.pl.) collections, funds,
    capital
fontaine (f.) fountain
forêt (f.) forest
forgeron (m.) blacksmith
formateur (m.) trainer
formation (f.) training

former to train
formulaire (m.) form
fort (m.) fort
fougue (f.) spirit, enthusiasm
foule (f.) crowd
four (m.) oven
fournir to provide, to supply
fournisseur (m.) supplier
fraîcheur (f.) freshness
fraise (f.) strawberry
framboise (f.) raspberry
franchir to cross, to go through
frère aîné (m.) older brother
frissonner to tremble
frites (f.pl.) French fries
front (m.) forehead
fuir to flee
fuite (f.) escape
fuser to come from all sides

G

gagner to earn
gagner sa vie to earn one's living
gaillard (m.) fellow
Galerie des Glaces (f.) Hall of Mirrors
galopade (f.) gallop
gamin(e) (m./f.) kid
garçonnet (m.) small boy
gêner to bother, to annoy
genou (m.) knee
gérer to manage
giroflées quarantaines (f.pl.) gillyflower, stock
gîte (m.) self-catering vacation rental
gladiateur (m.) gladiator
gland (m.) acorn
glander to loaf around
glissant slippery
glisser to slide
goguette (f.) place to drink and have fun
gorge (f.) throat
goût (m.) taste
goutte (f.) drop
gouttelette (f.) droplet
gradin (m.) tier
grain (m.) speck
grand-mère (f.) grandmother
grange (f.) barn
gratte-ciel (m.) skyscraper
gravir les échelons to climb the rungs
grille (f.) railing
grosse caisse (f.) bass drum
guitare (f.) guitar

H

habiller (s') to dress
habitude (f.) habit
habitué regular visitor

habituer à (s') to become used to
hache (f.) axe
hacher to chop
haie (f.) hedge
hall (m.) lobby
hameau (m.) hamlet
hanche (f.) hip
hardiesse (f.) boldness
haricot vert (m.) green bean
harmonica (f.) harmonica
harmoniser (s') avec to harmonize with
harpe (f.) harp
hasard (m.) luck, chance
haubanage (m.) rigging
haut niveau (m.) top level
haut-lieu (m.) mecca for
hautbois (m.) oboe
hebdomadaire weekly
hébergement (m.) accommodation
héberger to house
héritier (m.) heir
heurté discordant (ref. to music)
heurter à (se) to come up against
hiérarchie (f.) hierarchy
historien, historienne (m./f.) historian
hiverner to hibernate
hocher la tête to nod one's head
homme debout (m.) standing man
honte (f.) shame
horaire (m.) schedule
hormis except for, apart from
hôte, hôtesse (m./f.) host
hublot (m.) window (airplane)
huile (f.) oil
humecter to moisten
humer to smell, to inhale

I

ignorer to not know, to be unaware
il s'agit it concerns, it is about
il suffit all that is needed
il suffit de it's enough to
il y a ago
illettré illiterate
illettrisme (m.) illiteracy
immeuble (m.) building
impliquer to involve
impression (f.) printing
imprimé printed
inachevé unfinished
inconvénient (m.) drawback
inculquer to instill
indéclinable indeclinable
indemniser to compensate
indice (m.) indication, clue
indices (m.pl.) data
indomptable untamable

inédit new, original
inégalité (f.) inequality
informatique (m.) computer science
inguérissable incurable, inconsolable
injure (f.) insult
inquiet worried
insaisissable elusive
inscrire (s') to be included in, added to
inscrit noted
insensible insensitive
insérer (s') to fit into
insolite unusual
insoutenable unbearable
installer (s') to move into
instrument à clavier (m.) keyboard instrument
instrument à cordes (m.) string instrument
instrument à percussion (m.) percussion instrument
instrument à vent (m.) wind instrument
intégrateur, intégratrice (m./f.) integrator
intégrisme (m.) fundamentalism
intéresser à (s') to be interested in
internaute (m.) Internet user
intervenir to play a part, to participate in, to be involved in
intitulé entitled
inventaire (m.) inventory
inverse (m.) opposite
investissement (m.) investment
invité (m.) guest
isolement (m.) isolation
ivresse (f.) intoxication, passion

J

j'ai entendu dire que I've heard that
j'ai failli tomber I almost fell
jabot (m.) crop
jacinthe (f.) hyacinth
jambe (f.) leg
jambon (m.) ham
jardin (m.) garden
jeu de cartes (m.) card game
joue (f.) cheek
jouer to play
jouer de la harpe to play the harp
joyau (m.) gem
joyeux cheerful
jupe (f.) skirt
jus d'orange pressée (m.) freshly squeezed orange juice
jus de fruit (m.) fruit juice
jusqu'à épuisement des stocks while stocks last

L

l'emporter sur to prevail
lâché released
lâcher to let go
laisser tomber to drop

laiterie (f.) dairy
lampadaire (m.) streetlamp
lancement (m.) launching
lancer to launch
le mien mine
lécher to lap against
lecteur invétéré (m.) inveterate reader
lecture (f.) reading
léger light
légumes (m.pl.) vegetables
lettre de motivation (f.) cover letter
lever to get up
lèvre (f.) lip
librairie (f.) bookstore
licorne (f.) unicorn
lien (m.) link, place
lieu de convivialité (m.) place for social interaction
lieu de culture (m.) cultural site
lieu de rencontres (m.) meeting place
lieu public (m.) public place
lieux (m.pl.) premises
ligne d'arrivée (f.) finish line
lit (m.) bed
livrer to expose
logement (m.) housing
loger (se) to stay
loi (f.) law
lors de during
lorsque when
lumière (f.) light
lustre en verre (m.) glass chandelier
luth (m.) lute
lutte (f.) struggle
lutter to struggle

M

machin (m.) contraption
machisme (m.) male chauvinism
maçon (m.) mason
maille (f.) mesh
maillet (m.) mallet
maillon (m.) link
main (f.) hand
main d'œuvre (f.) manpower
maintenant now
mairie (f.) office of the mayor, city hall
maison (f.) house
maison d'hôte (f.) guesthouse
maîtrise (f.) mastery
maîtriser to master
maîtriser à fond to thoroughly master
malgré in spite of
mamie (f.) granny
manche (m.) neck, handle
manège (m.) ring
maniement (m.) handling
manifester to demonstrate

manque (m.) lack of
manquer to be lacking, to miss
maquette (f.) artwork
marbrier (m.) marble worker
marge (f.) margin
marmotte (f.) marmot, woodchuck
Maroc (m.) Morocco
marrer comme des fous (se)* to break into fits of laughter
marteau (m.) hammer
mât (m.) mast, pole, post
mât de fer (m.) iron pole
Matignon official residence of the prime minister
maugréer to grumble
méconnaissable unrecognizable
méconnaissance (f.) ignorance
méconnu little-known
médiateur, médiatrice (m./f.) mediator
mélomane (m.) music lover
mémoire (f.) memory
mémoire (m.) memorandum
menace (f.) threat
ménager à (se) to pace oneself
mener (à) to run, to lead (to), to manage
mensuellement monthly
menton (m.) chin
menuisier (m.) carpenter, cabinetmaker
mer (f.) sea
mériter to deserve
merveille (f.) wonder
mésaventure (f.) mishap
mesquin mean
métier (m.) craft, trade, profession
métro aérien (m.) elevated subway
metteur, metteuse en scène (m./f.) director
mettre à (se) to start, to begin to
mettre à l'écart to keep in the background, to put aside
mettre à son compte (se) to start one's own business
mettre au service (se) to put oneself at the service of
mettre au vert (se) to take a rest in the country
mettre en œuvre to implement
mettre en place to implement
mettre en scène to stage
mettre en valeur to highlight
mettre fin à to terminate
meunerie (f.) milling industry
meunier (m.) miller
miel (m.) honey
miellat (m.) honeydew
mildiou (m.) mildew
milieu (m.) set, circle
millier (m.) thousand
minutieusement meticulously
mise en scène (f.) production
mise en valeur (f.) highlight
miser sur to rely on

mistral (m.) mistral (cold, dry wind that blows in the Rhône Valley and the south of France)

mitrailler to snap away at

mode (f.) trend

mode (m.) mood

modiste (m./f.) milliner

mollet (m.) calf

monocoque (m.) monohull

monture (f.) mount

moquer (se) de to make fun of

morceau (m.) piece of music

moucharabieh (m.) mashrabiya

moulin (m.) mill

mourir to die

moutarde (f.) mustard

moyen average

muqueuse (f.) mucous membrane

mur (m.) wall

muret (m.) low wall

murmurer to murmur, to whisper

muscle tendu (m.) tensed muscle

myrtille (f.) bilberry, huckleberry

N

n'importe qui anybody

n'importe quoi anything

naissance (f.) birth

naître to be born

navire (m.) ship

nez (m.) nose

nœud (m.) knot

nom d'usage (m.) usual name

nom de famille (m.) last name

nom patronymique (m.) surname

nord north

note (f.) grade, mark, (musical) note

nouer to form

nounours (m.) teddy bear

noyau (m.) small group

numérique digital

numérisation (f.) digitization

numériser to digitize

O

obtenir to obtain, to get

occasion (f.) opportunity

odieux obnoxious

odorat (m.) sense of smell

œil/yeux (m.) eye/eyes

œuvre (f.) work, creation

offrir to offer

oignon (m.) onion

ombrager to shade

omnivore (m.) omnivore

or (m.) gold

ordinateur (m.) computer

oreille (f.) ear

oreiller (m.) pillow

orgue (m.) organ

ORL (oto-rhino-laryngologiste) (m.) otorhinolaryngologist

orteil (m.) toe

orthographe (f.) spelling

ouïe (f.) sense of hearing

ours brun (m.) brown bear

ourson (m.) bear cub

outarde (f.) bustard

outil (m.) tool

ouvrage (m.) work

ouvrier (m.) worker

ouvrier de chantier naval (m.) shipyard worker

P

paix céleste (f.) heavenly peace

palais autrichien (m.) Austrian palace

palissade (f.) picket fence

pamplemousse (m.) grapefruit

panne (f.) breakdown

pansement (m.) bandage

papoter to chat

par ailleurs otherwise, moreover

par cœur by heart

par hasard by chance

par le biais de through, by means of

par terre on the ground

parcourir to travel, to cover

parcours (m.) path

pareil à similar to

pari (m.) bet, wager

paritarisme (m.) principle of gender equality

parité (f.) equality between men and women

parmi among

paroi (f.) wall (interior)

partager to share

partenariat (m.) partnership

parterre (m.) orchestra

parti pris (m.) approach

participe passé (m.) past participle

participer à to participate in

particulier individual

partie (f.) portion, part

partie intégrante integral part

partir en trombe to roar off

partout everywhere, all over the place

pas grand-chose not much

pas mal de many (familiar)

passant passerby

passer à l'acte to act on

pastèque (f.) watermelon

pâtes (f.pl.) pasta

pâtissier, pâtissière (m./f.) pastry chef

patrimoine (m.) heritage

patron (m.) boss
patron de l'écurie (m.) team manager
paume (f.) palm
pays natal (m.) native country
paysage (m.) landscape
peau (f.) skin
pêche (f.) peach, fishing
peine (f.) difficulty
peintre (m.) painter
peinture (f.) paint, painting
pelle (f.) shovel
pellicule (f.) film stock
pellicule couleur (f.) color film
pellicule noir et blanc (f.) black-and-white film
pénombre (f.) shadowy light
pensée sarkozyste (f.) Sarkozy-style thinking
pépite (f.) nugget
péplum (m.) epic (film)
percevoir to perceive
perle (f.) pearl
permettre de to make it possible to
permis de construire (m.) building permit
peser au trébuchet to weigh in the balance
pétard (m.) firecracker
petit pois (m.) pea
petit-fils (m.) grandson
peu à peu gradually, little by little
peu de few
phare (m.) lighthouse
photographe (m./f.) photographer
piano (m.) piano
piano à queue (m.) grand piano
pic (m.) pickax
pièce de théâtre (f.) play
pied (m.) foot
pierre (f.) stone
pierre de taille (f.) freestone
pinceau (m.) brush
pingouin (m.) penguin
pioche (f.) pickax
piqûre de rappel (f.) booster shot
piste (f.) ring
piste de danse (f.) dance floor
plage (f.) beach
plaie (f.) wound
plan de sauvegarde (m.) conservation plan
planche (f.) plank
plaque tournante (f.) hub
plaquer to ditch, to pack in
plat (m.) dish, flat
plâtrier (m.) plasterer
plier to fold
plus de more than
plusieurs several
plutôt rather
pluvieux rainy
poète, poétesse (m./f.) poet

poids (m.) weight
poignet (m.) wrist
poil (m.) body hair
point (m.) dot
poire (f.) pear
poireau (m.) leek
poisson (m.) fish
poitrine (f.) chest
pomme (f.) apple
pomme de terre (f.) potato
pommier (m.) apple tree
pont (m.) bridge
population active (f.) active population
porter préjudice to cause harm
poste (m.) job, position
poste de direction (m.) management position
postuler to apply
pouce (m.) thumb
pourboire (m.) tip
poursuivre (se) to continue
pourtant yet, nevertheless
poutre (f.) beam
précaire insecure
préchauffer preheat
préconisation (f.) recommendation
prédire to predict
préjuger to prejudge
prendre un verre to have a drink
prendre une douche to take a shower
prénom (m.) first name
préoccuper to concern
préoccuper (l'avenir me) to worry
pressé pushing, ambitious
pressé d'en finir in a hurry to be done with
prestation (f.) service
prétendre to claim
prêter to lend
prévisible predictable
prise de conscience (f.) realization
privé private sector
problème de taille (m.) serious problem
procès (m.) trial
proche near, close
procurer to furnish
produire (se) to take place
prolonger to extend, to continue
protéine (f.) protein
prouesse (f.) feat, prowess
proviseur (m.) principal, headmaster
provisoire temporary, provisional
prune (f.) plum
puceron (m.) greenfly
puces (f.pl.) computer chips
puiser to draw from
puissance (f.) strength
pupitre (m.) desk

Q

quant à as for
quasiment practically
québécois from Quebec
quotidien (m.) daily, everyday life

R

racine (f.) root
radis (m.) radish
raffinerie de sucre (f.) sugar refinery
rafraîchissant revitalizing
ragoûtant appetizing
raisin (m.) grape
raisonnable reasonable
raisonner to reason
rajeunissement (m.) rejuvenation
ralentir to slow down
râler to groan about
randonnée (f.) hike
rapetisser to make smaller, to dwarf
rappel à l'ordre (m.) reminder
rater to go wrong, to fail
rayon (m.) ray, stack
réagir to react
rebrousser chemin to turn back
receler to conceal
récipiendaire (m.) recipient
récolte (f.) harvest
récompense particulière (f.) individual reward
reconnaître to acknowledge, to recognize
recouvrir to cover
reculer to draw back
redoutable tough, difficult
réellement really, truly
refiler (se)* to pass something on to somebody
réfractaire stubborn
regard (m.) look
regard renversé (m.) reverse view
règle (f.) rule
rejet (m.) rejection
rejoindre to join
relâcher (se) to relax
relever de to fall within the category of
relever le défi to take up the challenge
relier to connect
remblayer to fill up
rembourrage (m.) to pack, to stock
remercier to thank
remettre to deliver
remettre à niveau (se) to bring up to standard
remeublé refurnished
remise à niveau (f.) upgraded
remise en plat complete reevaluation
remonter à to date back to
remonter le temps to go back in time
remuer to stir
renchérir to outdo, to go further

rencontre (f.) encounter
rendre compte de (se) to realize, to grasp
rendre hommage to pay tribute
rendre personnel to make personal
renouveler to replace
renouveler (se) to renew (oneself)
renseigner to give information
rentabilité (f.) profitability
rentable profitable
renverser to spill
renvoyer to send back
repas (m.) meal
repérer to spot, to locate, to identify
repos (m.) rest
reprise (f.) revival
requis required
réseau (m.) network
résigner à (se) to resign oneself to
résille (f.) latticework
résonner to resonate
ressentir to feel, to experience
ressortissant de relevant to
restaurateur, restauratrice (m./f.) restorer
restauration (f.) restaurant business
restes (m.pl.) (mortal) remains
resto* (m.) restaurant
restreindre to limit, to restrict
retard (m.) delay
retenir par cœur to memorize
réticences (f.pl.) misgivings
retirer to take away
retransmettre to broadcast
retrouvailles (f.pl.) reunion
réunir to bring together
rêve (m.) dream
rêver to dream
revers de la médaille (m.) other side of the coin
rez-de-chaussée (m.) ground floor
ricaner to sneer
rideau (m.) curtain
rire (m.) to laugh
rive (f.) bank
riz (m.) rice
ROB (Réseau Ours Brun) (m.) Brown Bear Network
romain Roman
roman (m.) novel
roman policier (m.) detective novel
rompre (se) to break
roux redhead
ruche (f.) hive
rythmer to punctuate

S

s'appuyer sur to rely on
s'étendre to extend
sable (m.) sand

sacoche (f.) school bag
sacre (m.) coronation
sagement quietly
sain healthy
saisir to grasp
salarié(e) (m./f.) salaried employee
salle (f.) theater
sang-froid (m.) cool, calm
sans doute probably
sans le sou penniless
satisfaire de (se) to be satisfied with
sauter le couvercle to blow the lid off
sauvage wild
savoir (m.) knowledge
saxophone (m.) saxophone
scierie (f.) sawmill
scieur (m.) sawyer
scolarisation (f.) schooling
seau (m.) bucket
sec sharp (for sound)
sécher to dry
secouer to shake
sel (m.) salt
selon according to
semblable similar
sensibilisation (f.) raising awareness
sensibilité (f.) sensitivity
serveur (m.) waiter
serveuse (f.) waitress
servir to serve
servir à to be of use
servir de to act, to serve as
sève (f.) sap
siècle (m.) century
siège (m.) seat
sinon otherwise
sirop (m.) syrup
situer (se) to be located
SMIC (m.) minimum wage
soigner to heal
soit... soit either . . . or
sommeil (m.) sleep
somnambule (m.) sleepwalker
songer à to consider
soubassement (m.) base
souci (m.) concern
soucieux worried about
souhaiter to want, to wish
soulager to ease, to relieve, to soothe
souligner to emphasize
soumettre à (se) to submit to
soupçonner to suspect
sourcil (m.) eyebrow
souriant smiling
sourire (m.) to smile
sous la conduite de under the supervision of
sous-sol (m.) basement

spectacle (m.) show
spectacle équestre (m.) equestrian show
spectateur, spectatrice (m./f.) viewer
stage d'initiation (m.) introductory training
steak haché (m.) ground beef
sucre (m.) sugar
sucreries (f.pl.) candy, sweets
sud south
suivi (m.) observation, follow-up
suivre to follow
support (m.) medium
suppositoire (m.) suppository
supprimer to delete
suranné old-fashioned
surgir to emerge
surnom (m.) nickname
surnommer to nickname
surpeuplé overpopulated
surplomber to overhang
surpoids (m.) excess weight
surprenant surprising
surtout especially
survoler to fly over
susceptible de likely to
susciter to arouse, to provoke, to give rise
synthétiseur (m.) synthesizer

T

tableau (m.) board
tabou (m.) taboo
tâche (f.) task
taille (f.) size, waist
tailler la pierre to cut (hew) stone
talon (m.) heel
tambour (m.) drum
tambourin (m.) tambourine
tanière (f.) den
tanneur (m.) leather worker
tant bien que mal as best they can
tant de so many
tant que as long as
tantôt... tantôt sometimes . . . sometimes
taper dans to dip into
tapissier (m.) upholsterer
tarière (f.) drill
tel que such as
tellement so much
témoigner to state, to declare, to demonstrate
témoin (m.) witness
tendre à to tend to
tenir à to insist on
tenir compte de to take into account
tentative (f.) attempt
tenter to try, to attempt
tenue (f.) dress
terrassier (m.) road worker
terre battue (f.) beaten-earth floor

tête (f.) head
théoricien, théoricienne (m./f.) theoretician
tiers (m.) third
tiers de la surface one-third of the area
timbales (f.pl.) timpani
timide shy
tirer to burden, to be hard on, to display, to set off
tirer sur la gueule to pull hard
tisserand (m.) weaver
toit (m.) roof
toiture (f.) roof, roofing
tôle (m.) tin, sheet metal
tomate (f.) tomato
tombée du rideau (f.) lowering of the curtain
tomber sur to come across, to run into
torsadé twisted
tortue (f.) tortoise
toucher (m.) touch
tour (m.) tower
tour du monde (m.) trip around the world
tournage (m.) shooting
toutefois however
tracer un trait draw a line
traducteur (m.) translator
trahison (f.) treason, betrayal
traîner to drag
traîner les pieds to drag one's feet
trait appuyé (m.) line falling rightward
traiter de to call somebody names
traiteur (m.) catering
tranche (f.) section
transat (m.) transatlantic race
transmettre to communicate to
travailler to work
travailleur (m.) worker
travaux (m.pl.) construction
tremblement de terre (m.) earthquake
tremblotant flickering, trembling
trentaine (f.) about thirty
trépied (m.) tripod
Trésor (m.) Treasury
tricherie (f.) trick, cheating
trombinoscope (m.) directory with photos
trombone (m.) trombone
trompe (f.) proboscis
tromper (se) to make a mistake
trompette (f.) trumpet
trop de too much, too many
troquer to barter, to swap
trottoir (m.) sidewalk
trou (m.) hole
trou de mémoire (m.) memory lapse

truc (m.) thing
truelle trowel
tuba (m.) tuba
tube (m.) hit (song)
tuyau (m.) pipe
tuyau* (m.) tip

U

un écolier sur cinq one schoolchild out of five
un sur trois one out of three
ursidés (m.pl.) Ursidae (bear family)
usager (m.) user
usant taxing
usine (f.) factory
usine d'outils (f.) tool factory

V

vagabonder to run loose
vainqueur victor
valoriser developed, valued
vécu lived, experienced
vécu quotidien (m.) day-to-day experience
vedette (f.) launch, speedboat
veille (f.) eve
vendeur à la sauvette (m.) street peddler
vengeance (f.) vengeance, revenge
vent (m.) wind
verger (m.) orchard
vêtement (m.) clothing
veuf, veuve (m./f.) widower, widow
viande (f.) meat
vidéaste (m./f.) video maker
vider to empty
violon (m.) violin
violoncelle (m.) violoncello
visage (m.) face
viser à to aim to, to aim at
vitrail (m.) stained-glass window
vitrier (m.) glazier
vivier (m.) pool
voie (f.) way
voile (f.) sailing
voiler to veil
voilier (m.) sailboat
voix (f.) voice
volonté (f.) desire
voûté arched, vaulted
vue (f.) sense of sight

X

xylophone (m.) xylophone

Answer key

1 La Tour Eiffel: Débats et polémiques

1·1   1. La protestation des Artistes paraît le 14 février 1887 dans le journal *Le Temps*.
2. Elle est adressée à M. Alphand, directeur des travaux de l'Exposition.   3. Charles Gounod, Guy de Maupassant, Alexandre Dumas fils, François Coppée, Leconte de Lisle, Sully Prudhomme, William Bouguereau, Ernest Meissonier, Victorien Sardou, Charles Garnier   4. Paul Verlaine a qualifié la Tour Eiffel de «ce squelette de beffroi».
5. Deux millions de visiteurs ont visité la Tour Eiffel pendant l'Exposition de 1889.
6. L'auteur de la protestation des Artistes est Charles Gounod.   7. Il trouve la Tour Eiffel monstrueuse.   8. Gustave Eiffel a répondu à cette protestation.   9. Il est ingénieur.
10. Oui: «Je crois, pour ma part, que la Tour aura sa beauté propre.»

1·2   1. c   2. e   3. a   4. b   5. d

1·3   1. usine   2. au cœur   3. Tour   4. s'éteignent   5. méritait   6. injure
7. rêves   8. vent   9. travaux   10. achevée

1·4   1. retrouvera   2. Commanderez   3. arriverai   4. Pourras   5. traduirez
6. s'associera   7. construirons   8. publiera   9. assisterai   10. irons

1·5   1. «Le jour le plus long»   2. Édith Piaf   3. Charles Aznavour et Georges Brassens ont chanté pour aider la campagne contre la faim.   4. en 1995   5. José Carreras, Placido Domingo et Luciano Pavarotti   6. 600 000 spectateurs   7. Alanis Morissette, Robbie Williams, Texas, Raphaël, Marc Lavoine, Christophe Maé, Justin Bieber, VV Brown, Véronique Sanson   8. Un feu d'artifice fut tiré en 1888 pour fêter l'achèvement de la construction du monument.   9. l'architecte André Granet   10. Le 14 juillet en France commémore la prise de la Bastille. C'est le début de la Révolution.

1·6   1. au pied   2. a battu   3. fontaine   4. se déroulent   5. lancement
6. étage   7. spectacle   8. tiré   9. spectateurs   10. époustouflant

1·7   1. seize   2. quatre-vingt-neuf   3. trois cent cinquante-sept   4. neuf cent vingt-deux
5. cent soixante-dix-sept mille   6. quarante-huit   7. un million huit cent mille six cent soixante   8. mille cinq cent quinze   9. soixante-dix-sept mille quatre cent quarante-quatre   10. six milliards cent trente-trois millions deux cent quatre-vingt-un mille sept cent quatre-vingt-treize

2 Dis Maman, les frites ça pousse dans les arbres?

2·1   1. Les mauvaises pratiques alimentaires des enfants viennent d'une méconnaissance des fruits et des légumes ainsi que de l'origine des aliments transformés.   2. 20% des écoliers sont en surpoids.   3. non   4. Deux enfants sur trois savent reconnaître une courgette.   5. non   6. 50% des écoliers savent d'où vient le jambon.   7. Les frites sont faites à partir de pommes de terre.   8. L'Association Santé Environnement France a effectué cette enquête.

2·2   1. jambon   2. pastèques   3. artichauts   4. pâtes   5. frites

2·3 1. Un enfant sur cinq ne sait pas d'où viennent les œufs.   2. Un étudiant sur trois ne prend pas de petit déjeuner.   3. Dans la cuisine de Paul, une assiette sur deux est cassée.   4. Un Français sur quatre ne mange pas assez de légumes.   5. Dans ce petit village de montagne, un habitant sur deux fabrique ses propres pâtes.

2·4 1. Moi aussi.   2. Lui non plus.   3. Toi non plus.   4. Eux aussi.   5. Vous non plus.

2·5 1. Patrick ignorait que cette association avait publié une enquête.   2. Clara ignorait leurs problèmes financiers.   3. Marc nous a ignorés toute la soirée.   4. J'ignore comment il fabrique ses fameuses pâtes. C'est un secret de famille.   5. J'ignore le nom du chef.

2·6 1. L'enquête a été réalisée au premier trimestre 2013.   2. Non, ils ne boivent pas assez d'eau.   3. Non, ils en consomment trop.   4. 25% des enfants boivent du soda à table.   5. 80% des enfants ajoutent du sel.   6. Ils ajoutent de la mayonnaise et du ketchup.   7. 2 500 médecins composent l'ASEF.   8. Ils donnent cinq conseils : remplacer à table les sodas par de l'eau, multiplier les fruits et légumes, limiter les sucreries, varier les viandes et poissons, et manger du «*fait maison*».   9. 910 élèves ont été interrogés.   10. Ils avaient entre 8 et 12 ans.   11. Non, les questionnaires étaient entièrement anonymes.

2·7 1. e 2. d 3. b 4. a 5. c

2·8 1. La France achète beaucoup d'oranges au Maroc.   2. J'ai faim, donne-moi encore des (plus de) pommes de terre.   3. Antoine a assez de cerises dans son jardin pour faire de la confiture.   4. La plupart des restaurants servent du poisson avec du riz.   5. J'ai tant de bons souvenirs de mon voyage en France.

2·9 1. jus de fruits 2. sucre 3. vitamines 4. croissance 5. misent

3 Le miel qui soigne et qui régale

3·1 1. Oui, les vertus thérapeutiques du miel sont connues.   2. Les abeilles volent de fleur en fleur, et aspirent les gouttelettes sucrées qui perlent sur leur surface.   3. Le miellat provient des excrétions laissées par des insectes sur les végétaux.   4. au mois de juin   5. Les ouvrières sont chargées d'enrichir le nectar en enzymes.   6. Les Égyptiens et les Hébreux utilisaient le miel pour en humecter les lèvres des nouveau-nés ou pour embaumer leurs morts.   7. Le miel adoucit les gorges enflammées, soulage les brûlures et cicatrise les plaies.   8. Oui, il est utilisé pour faire des pansements.   9. Le professeur Bernard Descottes, chirurgien viscéral du CHU de Limoges   10. Les oncologues utilisent le miel pour soulager la peau exposée aux rayons de la radiothérapie et la muqueuse de la bouche soumise aux effets secondaires de la chimiothérapie.

3·2 1. d 2. e 3. b 4. a 5. c

3·3 1. atouts 2. embaumer 3. adoucir 4. ruche 5. douceur

3·4 1. Il sera très difficile, voire impossible, de finir le projet à temps.   2. Le dermatologue considère que le miel est le meilleur, voire le seul, remède pour les peaux très sèches.   3. Il faudra attendre des semaines, voire des mois, pour obtenir des résultats.   4. Le travail de l'apiculteur est difficile, voire dangereux. 5. L'utilisation du miel pour traiter les brûlures est conseillée, voire recommandée.

3·5 1. Le sujet est grave, puisqu'il s'agit de votre santé.   2. Dans ce documentaire, il s'agit d'un problème grave: la disparition des abeilles.   3. Il ne s'agit pas de l'heure, mais du lieu.   4. Il s'agit de ton avenir! 5. Dans son nouveau livre, il s'agira d'apiculture.

3·6 1. en 2. à 3. en 4. en 5. Au 6. à 7. en 8. au 9. à, à, au 10. en

3·7 1. Hélène voyage à Athènes en Grèce.   2. Matthieu voyage à San Francisco en Californie.   3. Véronique voyage à Saint-Pétersbourg en Russie.   4. Xavier voyage à São Paulo au Brésil.   5. Miyumi voyage à Osaka au Japon.   6. Emma voyage à Madras en Inde.   7. Denis voyage à Copenhague au Danemark. 8. Éva voyage à Buenos Aires en Argentine.   9. Carlos voyage à Dakar au Sénégal.   10. Takako voyage à Istanbul en Turquie.

3·8 1. saint 2. ceint 3. sain 4. sein 5. saintes 6. seins 7. ceint 8. sain

3·9 1. Il faut préchauffer le four à 150°C.   2. On utilise du laurier, du thym, et de l'estragon.   3. On l'essuie. 4. Non, on la fait chauffer dans une casserole.   5. La cuisson dure une heure.   6. On doit l'arroser deux ou trois fois.   7. Non, on doit retirer tout le gras.   8. On utilise un verre de vin blanc sec.   9. Oui, il faut l'éplucher.   10. Cette recette est pour 4 personnes.

3·10 1. b 2. e 3. a 4. c 5. d

3·11 1. préchauffer 2. essuie-tout 3. arroser 4. casserole 5. Diluer

3·12 1. Préchauffer 2. Éplucher 3. Chauffer 4. Hacher 5. Ajouter

3·13   1. Cette recette est très simple à préparer.   2. Le temps de cuisson est court: seulement 20 minutes.   3. Éplucher les pommes de terre avant de les ajouter à la soupe.   4. Sortir la dinde du four pour l'arroser.   5. Ce plat est préparé avec du thym, des feuilles de laurier et de l'estragon. Enlever les feuilles de laurier avant de servir.   6. J'aime prendre du jus d'orange pressé au petit déjeuner.   7. Ajouter de la moutarde pour relever le goût de ce plat.   8. Il ne faut que cinq ingrédients pour cette recette.   9. Assaisonner avec du sel et du poivre avant de servir.   10. Faire cuire le canard pendant 1 heure, puis retirer le gras avant d'ajouter la sauce.

4   Le retour de l'ours brun

4·1   1. Il y avait 150 ours.   2. Trois ours ont été réintroduits dans les Pyrénées Centrales.   3. Il y en a une vingtaine.   4. Ils sont menacés à cause de leur isolement.   5. L'Office national de la chasse et de la faune sauvage s'occupe du suivi.   6. Un ours brun debout mesure de 1,70 à 2,20 mètres.   7. Il peut peser jusqu'à 300 kg.   8. Il peut vivre de 20 à 25 ans en milieu naturel.   9. oui   10. oui   11. Non, il dort d'un sommeil léger. Il sort pour manger quand l'occasion se présente.   12. La femelle peut avoir entre un à trois oursons.   13. Ils sont apparus il y a cinq millions d'années.   14. Ils vivaient en Asie.   15. Il existe depuis 70 000 ans.   16. oui

4·2   1. d   2. e   3. a   4. c   5. b

4·3   1. oursons   2. le poids   3. omnivore   4. hiberne   5. ancêtres   6. tanière   7. berger   8. noyau

4·4   1. cherche   2. chantent   3. dessines   4. déjeunons   5. tombe   6. observe   7. étudient   8. parle   9. travaillez   10. aime

4·5   1. protège   2. voyageons   3. exige   4. range   5. changez   6. menace   7. annoncent   8. places   9. annonçons   10. commencent

4·6   1. oui   2. Non, il a une vue moyenne.   3. oui   4. oui   5. Il faut l'aider à nous identifier, en se manifestant calmement, en se montrant, en bougeant et en parlant. Il faut s'éloigner progressivement sans courir.   6. Non, il est curieux.   7. non   8. non   9. On peut effectuer un suivi indirect des ours en collectant des empreintes, des poils, des crottes ou tout autre signe de leur présence.   10. Ils permettent de connaître la répartition et le statut démographique des ours.

4·7   1. courir   2. empreintes   3. odorat   4. émetteur   5. fuite

4·8   1. e   2. d   3. b   4. a   5. c

4·9   1. s'assoit   2. te rases   3. me lave   4. vous habillez   5. se promènent   6. se regarde   7. nous levons   8. se recoiffe   9. m'installe   10. vous maquillez

4·10   1. Les ours dans les Pyrénées sont menacés par les chasseurs.   2. L'ours brun mâle mesure de 1,7 à 2,2 mètres debout.   3. L'ours mange des fruits, des animaux, des glands et des insectes. C'est un omnivore.   4. La marmotte hiberne contrairement à l'ours.   5. À l'état sauvage, la durée de vie de l'ours brun est de vingt-cinq ans.   6. L'ours mâle est dangereux. Parfois il tue les bébés ours.   7. Vanessa croit que les ours noirs vivent en France.   8. L'ours repère les êtres humains grâce à son excellent odorat.   9. Les émetteurs permettent aux scientifiques d'observer les animaux récemment lâchés.   10. Il n'est pas recommandé de s'approcher d'un ours.

5   François Gabart, prince des mers: Le Tour du monde en 78 jours

5·1   1. François Gabart a gagné le Vendée Globe 2013.   2. Elle a duré soixante-dix-huit jours.   3. Le record a été amélioré de six jours.   4. Il s'appelle Michel Desjoyeaux.   5. Elle n'en a aucune.   6. Michel Desjoyeaux   7. Non, c'est un bizut.   8. Il a vingt-neuf ans.

5·2   1. e   2. d   3. b   4. c   5. a

5·3   1. Le Tour du monde   2. franchir   3. escale   4. franchir   5. benjamin   6. hauturières   7. à bord de   8. circumnavigation

5·4   1. vingt et une heures quinze   2. sept heures trente   3. seize heures   4. douze heures quarante-cinq   5. deux heures dix

5·5   1. vous prendriez   2. ils iraient   3. j'aurais   4. tu pourrais   5. elle saurait   6. nous lirions   7. il écrirait   8. vous mangeriez   9. je connaîtrais   10. elles finiraient

5·6   1. Si j'avais plus d'argent, je travaillerais moins.   2. Si tu invitais Patrick, nous ne viendrions pas.   3. Si son ordinateur tombait en panne, elle piquerait une crise.   4. Si vous y alliez, vous vous amuseriez.   5. S'ils prenaient une décision rapidement, tout serait plus facile.   6. Si je vendais ma voiture, je pourrais acheter un bateau à voiles.   7. Si tu écrivais à ton mentor, il serait ravi.   8. Si nous pouvions, nous ferions le tour du monde.   9. Si elle ne venait pas avec moi assister à l'arrivée des bateaux, j'irais seule.   10. Si je ne prenais pas ces médicaments, j'aurais le mal de mer.

5·7   1. Il gagnerait la course s'il avait un voilier plus rapide.   2. Nous viendrions si nous avions le temps.   3. Je lirais son dernier livre sur la voile, si je pouvais le trouver en librairie.   4. Le réalisateur tournerait un nouveau film sur Marco Polo.   5. Ta mère serait ravie si tu l'appelais pendant la course.   6. Ils n'iraient pas au salon nautique s'ils avaient le choix.   7. Je leur rendrais visite si j'avais une voiture.   8. Elle repeindrait son bateau si elle n'était pas si occupée.   9. Cette compagnie sponsoriserait la course.   10. Je ne saurais comment vous remercier de votre aide.

5·8   1. Les professeurs de François Gabart sont Michel Desjoyeaux et Kito de Pavant.   2. Il maîtrise son bateau à la perfection.   3. Son sens marin, son intuition, sa rapidité d'analyse, et son sang-froid font de lui un marin très performant.   4. Oui, il a établi un nouveau record du nombre de milles parcourus en 17 heures en solitaire avec 545 milles (1.009 km).   5. Oui, ils sont très fiers de leur fils.   6. Il est originaire de Charente.   7. *Pesk Avel*   8. Ils possèdent une maîtrise technique parfaite et de très bonnes capacités sportives.

5·9   1. e   2. a   3. d   4. c   5. b

5·10   1. sang-froid   2. moyenne   3. sans doute   4. voile   5. élève   6. acier inox   7. atteindre   8. Lors de   9. dessiné   10. doué

5·11   1. ne nous voyons guère   2. n'existe plus   3. ne s'ennuie jamais   4. n'invitent personne   5. on ne voit rien

5·12   1. serions allé(e)s; avions eu   2. aurais vu; n'avais pas dû   3. aurait lu; avait été   4. serais arrivé(e); n'avais pas raté   5. auraient bouclé; ne s'était pas déchaînée

5·13   1. Le marin aurait menti à la police.   2. La tempête aurait détruit des dizaines de bateaux.   3. Le patron de l'écurie aurait démissionné.   4. Le président aurait trouvé des sponsors pour la prochaine régate.   5. Corentin aurait signé un contrat avec Macif.

6   Le Louxor renaît de ses cendres

6·1   1. Le Louxor va être un cinéma d'art et d'essai.   2. Il se trouve à la frontière de trois arrondissements, le 9e, 10e et 18e.   3. Il a fermé en 1987.   4. Il était en mauvais état.   5. Non, elle sera atypique, dédiée au cinéma du Sud.   6. Oui, à partir de 2 ans.   7. C'est le cinéma d'Amérique du Sud, d'Asie et d'Afrique.   8. Il y aura trois salles.   9. Il sera désigné dans le cadre d'une délégation de service public.   10. Des films d'art et d'essai en sortie nationale, des documentaires, et des courts-métrages seront au programme.

6·2   1. d   2. c   3. e   4. a   5. b

6·3   1. surplombe   2. courts-métrages   3. aperçu   4. défraîchis   5. dispose   6. cinéphile   7. vendeurs à la sauvette   8. arrondissement   9. festival   10. accueillis

6·4   1. actuellement   2. assister au   3. sauvage   4. ponctuels   5. précises   6. vraiment, exactement   7. Actuellement   8. vraiment, exactement   9. sauvages   10. assister

6·5   1. On l'a complètement refaite.   2. Cédric les a prises au mois de juillet.   3. Léa les a trouvées sous le lit.   4. Je ne les ai pas du tout aimés.   5. Nous l'avons trouvée très originale.

6·6   1. Il rouvrira au premier semestre 2013.   2. Youssef Chahine est un réalisateur égyptien.   3. La plus grande salle aura 342 sièges.   4. Elle a connu quatre décors: un décor néo-égyptien, un décor «néo-grec», puis deux autres décors dans les années 1950 et 1980.   5. Quinze emplacements sont prévus pour les personnes à mobilité réduite.   6. Six entreprises spécialisées vont intervenir.   7. Non, les trois tentatives de reprise par des boîtes de nuit ont échoué.   8. Il veut respecter la volonté de l'architecte concepteur du Louxor, André Zipcy.   9. Oui, le décor a été recouvert d'une moquette.   10. La ville de Paris a racheté le Louxor pour prévenir sa dégradation.

6·7   1. sous-sol   2. dispositifs   3. rythme   4. tentatives   5. écran   6. aménagé   7. permis de construire   8. le rez-de-chaussée   9. donnent   10. se banalise

6·8   1. avons reçu   2. aperçoivent   3. ne décevra jamais   4. percevais   5. conçut

6·9   1. intervenu   2. réalisé   3. réaliser   4. intervenir   5. réalisera

6·10   1. Les personnes à mobilité réduite trouveront ce théâtre accessible.   2. Le film français *L'Artiste* rend hommage à l'Hollywood d'avant l'arrivée des films parlants.   3. Ce cinéma a une immense entrée avec de magnifiques vitraux.   4. Nous avons assisté à la reprise des *Misérables*.   5. Avez-vous besoin d'un permis de construire pour rénover votre maison?   6. Cette salle de réunion est équipée de dix sièges et d'un écran escamotable.   7. Dans ce film, il s'agit de trois hommes et d'un bébé.   8. De nombreuses scènes de *Zazie dans le métro* ont été tournées dans le métro aérien de Paris.   9. Lors de la projection en plein air de *La Classe de neige*, les spectateurs étaient assis à même le sol.   10. Sa tentative de rester dans la course a réussi.

7   Comment devenir cinéaste, designer graphique, architecte d'intérieur...

7·1   1. Elles forment des artistes et des créateurs dans les domaines de l'art, de la communication et du design. 2. Ils peuvent faire de la création expérimentale, construire des objets et des images, aménager des espaces publics ou privés.   3. oui   4. Les options proposées sont art, communication et design.   5. Ils doivent choisir l'option communication.   6. Types de design: design de produits, design d'espaces publics ou privés, design textile, design de vêtements, design sonore, design de services, design graphique/multimédia, etc. 7. oui   8. Les métiers: concepteur d'événements, commissaire d'exposition, régisseur (d'œuvres, image, lumière, son), scénographe, restaurateur d'œuvres d'art, galeriste, médiateur culturel, critique d'art, etc.   9. Oui, ils peuvent enseigner toutes les disciplines associées aux études de l'art.   10. Ils obtiennent un master.

7·2   1. d   2. e   3. b   4. c   5. a

7·3   1. salariés   2. restauratrice d'art   3. outils   4. maquettes   5. formera   6. accueilli   7. bandes dessinées   8. En tant que   9. de plus en plus   10. enseignement

7·4   1. applaudissons   2. obéissent   3. réagit   4. réfléchissez   5. rougit   6. mûrissent   7. ne vieillit pas   8. grossissent   9. avertis   10. grandis

7·5   1. Le cursus dure 5 ans.   2. Les spécialisations possibles sont: architecture intérieure, art espace, cinéma d'animation, design graphique/multimédia, design objet, design textile et matière, design vêtement, image imprimée, photo, vidéo, scénographie.   3. Non, les étudiants s'exercent aussi à des techniques artistiques.   4. On peut l'apprendre à l'École nationale supérieure de création industrielle.   5. Elle se trouve à Grenoble.   6. Ils dirigent des ateliers de pratiques artistiques.   7. C'est la seule école nationale supérieure d'art en France spécifiquement dédiée au médium photographique.   8. Les types d'intervenants possibles sont: photographes, vidéastes, artistes, historiens de l'art et de la photographie, critiques, écrivains, théoriciens.   9. Oui, car elle fournit un vaste réseau de relations internationales, et prépare les étudiants à une insertion professionnelle dans les contextes les plus divers.   10. Non, elles sont exposées en France et à l'étranger.

7·6   1. d   2. c   3. a   4. e   5. b

7·7   1. pari   2. reconnus   3. inscrite   4. renouveler   5. siècle   6. concours   7. à la pointe   8. formation   9. numérique   10. investissement

7·8   1. Je parie que Clément va encore casser son appareil photo.   2. Le vernissage de l'exposition a fait la une de *Nice-Matin*.   3. Delphine étudie le cinéma à Lyon.   4. Nous faisons la queue depuis deux heures. 5. Les professeurs font grève pour protester contre la réforme de l'Éducation.   6. Hier après-midi, un groupe d'étudiants d'architecture a fait l'école buissonnière pour aller voir le documentaire: *Mon architecte*. 7. Sais-tu dessiner des nus?   8. Stéphane se fera à sa nouvelle vie à l'École des beaux-arts de Nîmes. 9. Ça fait combien de temps que tu n'as pas parlé à ton professeur de musique?   10. Ne t'en fais pas ! Le concours d'admission sera facile.

7·9   1. directrice   2. maquilleuse   3. peintre   4. infirmière   5. consultante   6. informaticienne 7. libraire   8. danseuse   9. fiancée   10. actrice

8   Madame ou Mademoiselle?

8·1   1. «Mademoiselle», le «nom de jeune fille», le «nom patronymique», le «nom d'époux» et le «nom d'épouse» vont disparaître.   2. Les services du Premier ministre l'ont écrit.   3. C'est «madame».   4. Oui, jusqu'à épuisement des stocks.   5. Les associations féministes sont : «Osez le féminisme!» et les «Chiennes de garde».   6. C'est Fontenay-sous-Bois.   7. En septembre, les organisations «Osez le féminisme!» et les «Chiennes de garde» ont lancé une campagne pour la suppression de la case «mademoiselle» dans les documents administratifs.   8. Roselyne Bachelot est intervenue.   9. Non, ils y sont seulement invités.   10. C'est Matignon.

8·2   1. c   2. e   3. a   4. b   5. d

8·3   1. campagne   2. loi   3. formulaires   4. circulaire   5. prolongé   6. veuve   7. épuisement   8. exige   9. Selon   10. lancer

8·4   1. vis   2. apprenez   3. surprend   4. poursuivons   5. suivent   6. prenons   7. survit   8. entreprennent   9. vivent   10. ne comprend pas

8·5   1. Allez-vous à la manifestation aujourd'hui?   2. Enzo tient de sa mère.   3. Les femmes que nous avons rencontrées ce matin appartiennent à cette association.   4. Carole ne tient jamais ses promesses.   5. Ces minéraux contiennent du fer.   6. Le carton qui contient tous les formulaires ne tient pas dans le coin.   7. Ils obtiennent toujours ce qu'ils veulent.   8. Cinq cents soldats essaient de maintenir la paix en Côte d'Ivoire.   9. Mon oncle tient à sa vieille voiture.   10. Charlotte tient à son grand-père.

8·6   1. tout   2. toute   3. Toutes   4. tous   5. toutes

8·7   1. La manifestation est prévue devant l'Académie française.   2. Les règles qui font que le masculin l'emporte sur le féminin.   3. Elle commence à 18 heures.   4. Elle s'appelle: «Que les hommes et les femmes soient belles».   5. Ces sont : «L'égalité, c'est pas sorcier!», «Femmes Solidaires» et «la Ligue de l'enseignement».   6. C'est Richelieu.   7. L'accord de l'adjectif ou du participe passé peut se faire avec le nom le plus proche, au féminin ou au masculin.   8. Elle leur fait croire que le masculin est supérieur au féminin.   9. C'est «beaux».   10. L'objectif est d'offrir une nouvelle liberté à la langue, de bousculer les esprits, de les libérer d'habitudes acquises qui alimentent le sexisme.

8·8   1. règles   2. manifester   3. bousculer   4. habitudes   5. accord

8·9   1. nouvelle   2. indépendante; généreuse   3. naïve   4. italiennes   5. profonde   6. belles   7. difficiles   8. exacte   9. folle   10. vieilles

8·10   1. complexes   2. motivés   3. cultivé   4. belle   5. compliqué

9   Les ministres prennent une leçon de féminisme

9·1   1. Caroline De Haas   2. Il s'agit d'éveiller la conscience des ministres sur l'ampleur des inégalités qui subsistent dans la société.   3. Elle est inégalitaire.   4. 20% des postes de direction sont occupés par des femmes.   5. Seize ministres ont suivi la formation.   6. Marie-Arlette Carlotti   7. Aucune ne préside une fédération olympique.   8. 70% des enseignants sont des femmes, mais elles sont minoritaires au plus haut niveau de la hiérarchie.   9. Non, elles sont très peu nombreuses.   10. Il interrompait beaucoup plus les femmes que les hommes.

9·2   1. b   2. e   3. d   4. a   5. c

9·3   1. confus   2. vivier   3. tient   4. ancrés   5. mésaventure   6. parité   7. fonctionnaire   8. se heurte   9. machisme   10. éveiller la conscience

9·4   1. Nous discuterons de ces problèmes chez Valérie.   2. Chez Jonathan, tout est obsessionnel.   3. Nous célébrerons notre victoire Chez André.   4. Emma viendra chez nous ce soir.   5. Chez Stendhal, l'usage des anecdotes est fréquent.

10 Le Canal de Lachine au cœur de l'histoire de Montréal

10·1   1. Il apparaît en 1671.   2. l'abbé François de Salignac de La Mothe-Fénelon   3. Ils commencent en 1689.   4. Les Iroquois ont attaqué plusieurs fois le chantier.   5. On l'a élargi en raison de l'accroissement du trafic et de l'augmentation du tonnage des navires.   6. Ce sont les Irlandais.   7. Les étapes sont: creuser un canal, aménager des écluses, percer des tunnels, et construire des drains, des déversoirs.   8. Les outils nécessaires sont: haches, marteaux, ciseaux, équerres.   9. Non, une bonne partie du travail est toujours réalisée par des ouvriers.   10. Le canal fait 15,5 km.

10·2   1. d   2. a   3. e   4. c   5. b

10·3   1. relier   2. approvisionnait   3. affectés   4. élargissements   5. mildiou

10·4   1. Ayant fui la famine, certains ouvriers irlandais se sont installés au Canada.   2. Ne sachant pas comment trouver plus des fonds, Gédéon de Catalogne a dû abandonner le projet.   3. S'étant promené le long du canal toute la journée, François Dollier de Casson était très fatigué.   4. Ayant attendu l'ouverture de ce canal pendant des années, les marchands étaient ravis.   5. S'étant battus avec courage, ils ont gagné la bataille.

10·5   1. Français   2. Irlandais   3. irlandaise   4. hollandais   5. montréalais

10·6   Peu de temps après la fondation de Montréal en 1608, d'éminents citoyens se sont rendu compte des immenses bénéfices économiques d'un canal qui relierait Montréal à Lachine. Commencé au XVIIe siècle, le canal a été achevé au XIXe siècle, malgré de multiples interruptions. Chassées de leur pays par la dévastatrice Famine de la pomme de terre vers 1850, de nombreuses familles irlandaises se sont installées au Canada. Les ouvriers irlandais ont constitué la majorité de la main d'œuvre pour la construction du canal.

10·7   1. On a construit une chaîne de canaux.   2. Le potentiel hydraulique les a attirées.   3. C'est la Voie maritime du Saint-Laurent.   4. Des meuneries, des clouteries, des chantiers navals, des raffineries de sucre, des usines d'outils.   5. Elle produisait 3000 barils.   6. Ces entreprises sont interdépendantes.   7. C'est un artiste qui fabrique des meubles en bois de style ancien ou moderne.   8. Elle a attiré des milliers d'ouvriers ce qui a entraîné la création de nouveaux quartiers.   9. au sud-ouest   10. Oui, il y en a vingt-trois.

10·8   1. donné lieu à   2. emprunté   3. clouterie   4. chantier naval   5. l'ébéniste   6. témoin   7. veille   8. meunerie   9. usines   10. scieries

11 Tout ce que vous avez toujours voulu savoir sur Marie-Antoinette sans oser le demander

11·1   1. Non, elle était autrichienne.   2. C'était Louis XVI.   3. Elle était chargée d'organiser les divertissements de la cour.   4. Non, il ne l'aimait pas.   5. Oui, elle jouait de la harpe.   6. Oui, ils ont été réalisés par Élisabeth Vigée-Lebrun.   7. Oui, elle l'aime beaucoup.   8. Non, elle la trouve trop contraignante.   9. C'est son deuxième fils, Louis-Charles.   10. Elle a eu quatre enfants.

11·2   1. b   2. d   3. e   4. c   5. a

11·3   1. d   2. c   3. e   4. a   5. b

11·4   1. engouement   2. héritier   3. consacre   4. cour   5. peu à peu   6. lieu   7. se soumettre   8. surnom   9. étiquettes   10. divertir

11·5   1. La comtesse fait envoyer des fleurs à la reine pour son anniversaire.   2. La marquise fera remeubler son château dans la vallée de la Loire.   3. Vous faisiez envoyer des lettres d'amour au duc de Lorraine.   4. La reine a fait organiser un grand bal masqué pour fêter l'anniversaire du roi.   5. Après la tempête, nous avons fait remplacer toutes les fenêtres abîmées de la galerie des Glaces.   6. L'intendant fait accrocher un nouveau tableau d'Élisabeth Vigée-Lebrun dans le salon.   7. Mirabeau fit relire son manuscrit.   8. Ils font vider les appartements du comte afin de les rénover.   9. La dame de compagnie de la reine fait faire ses chapeaux à Paris.   10. Marie-Antoinette faisait élever des moutons dans son Hameau.

11·6   1. Marie-Antoinette a donné naissance à quatre enfants.   2. Elle était mélomane. Elle adorait jouer de la harpe.   3. Versailles est le plus beau de tous les palais royaux.   4. Marie-Antoinette n'aimait pas l'étiquette de la cour.   5. Nous allons faire refaire la salle de bal par un décorateur célèbre.   6. L'engouement de Marie-Antoinette pour les coiffures monumentales était critiqué.   7. Le comportement des enfants a provoqué la colère du Dauphin.   8. De nombreux palais autrichiens étaient l'œuvre d'architectes italiens.   9. Sa femme et son frère aîné sont héritiers de sa fortune.   10. La modiste cherche un fournisseur de rubans de soie.

11·7   1. Elle a essayé de jouer un rôle politique, mais elle était peu appréciée par la cour.   2. Non, il était péjoratif.   3. C'est Beaumarchais.   4. Son attitude est ambiguë: elle hésite entre la fuite et la conciliation.   5. Elle a été courageuse.   6. Ils se trouvent dans la crypte royale de la basilique de Saint-Denis.   7. C'est une véritable exploitation agricole, un véritable village normand.   8. Il a fallu quatre ans pour le construire.   9. Il y avait des vaches et un taureau, dix chèvres et des pigeons.   10. Les divertissements possibles étaient l'escarpolette, le jeu de boules, les promenades en barque ou les parties de pêche.

11·8   1. e 2. d 3. a 4. c 5. b

11·9   1. d 2. a 3. e 4. c 5. b

11·10   1. verger   2. tente   3. meubler   4. aménager   5. ombragent   6. hameau   7. procès   8. colombier   9. cerisiers   10. invités

11·11   1. de   2. par   3. de   4. par   5. de

11·12   1. e 2. a 3. d 4. c 5. b

11·13   1. Ainsi a-t-elle décidé de déménager.   2. Peut-être le train sera-t-il à l'heure.   3. En vain essaie-t-il de se souvenir du nom de la rivière qui coule sous le château de Chenonceau.   4. Sans doute la duchesse portera-t-elle une robe en satin décorée de dentelles.   5. À peine le roi était-il parti à la chasse, qu'on apprit la mort de la reine mère.

11·14   1. Marie-Antoinette était souvent la cible de potins malveillants.   2. Il est difficile de prononcer votre prénom. Peut-être devriez-vous envisager un surnom.   3. La pièce *Le Mariage de Figaro* a été (fut) interdite par Louis XVI.   4. Marie-Antoinette a été (fut) exécutée sur le site de l'actuelle place de la Concorde.   5. Les touristes visitent la Conciergerie où Marie-Antoinette a été (fut) emprisonnée.   6. J'ai regardé un film pendant que je lisais un livre.   7. Des cerisiers et de pommiers poussent dans le verger.   8. Les jardins sont ouverts au public tandis que la maison est réservée à la famille.   9. À peine étions-nous arrivés qu'il a commencé à pleuvoir.   10. Peut-être Marie-Antoinette est-elle plus populaire de nos jours que de son vivant.

12   Et si on allait à la bibliothèque?

12·1   1. Elle a été effectuée pour mieux accompagner les projets de médiathèques et permettre l'amélioration des établissements.   2. La phase qualitative consiste en vingt et un entretiens auprès d'usagers de quatre bibliothèques du Val-d'Oise.   3. Les entretiens ont été réalisés par deux élèves conservateurs de l'ENSSIB.   4. On peut emprunter des bandes dessinées, des DVD, des CD.   5. lui-même et ses filles   6. Il cherche des romans policiers, des ouvrages sur la peinture et sur la nature.   7. Il a été poussé par le hasard et le désir de lire un magazine.   8. oui   9. Ils lui ont fourni le matériel et des écouteurs pour écouter un document en anglais.   10. Ils portent sur l'utilisation et la perception des services et des lieux.

12·2   1. d 2. a 3. e 4. c 5. b

12·3   1. réussite   2. élèves conservateurs   3. usagers, lecteurs   4. écouteurs   5. franchissent   6. invétéré   7. flâner   8. intéresse   9. l'accueil

12·4   1. Il y a des élèves conservateurs pour t'aider.   2. Il n'y a qu'à leur donner des bandes dessinées, et les enfants seront contents.   3. Il n'y a aucune explication à ces facteurs de succès.   4. Qu'est-ce qu'il y a? Tu n'aimes pas lire?   5. Dans cette bibliothèque, il y a des dizaines de livres de grammaire qu'on peut consulter.

12·5   1. n'importe quand   2. N'importe laquelle   3. n'importe qui   4. n'importe où   5. n'importe quoi

12·6   1. Nous venions d'arriver quand les portes se sont fermées.   2. Elle vient de finir un nouveau livre.   3. Nous venons de manquer notre avion.   4. La bibliothèque venait d'acheter ce logiciel quand une nouvelle version est sortie.   5. L'élève conservateur venait de finir son stage quand on lui a offert un emploi.   6. La bibliothèque municipale vient d'acheter de nouveaux meubles pour l'accueil.   7. Je venais de fermer la fenêtre quand il a commencé à pleuvoir.   8. Elle vient de devenir membre.   9. Le/la bibliothécaire vient de démissionner.   10. Je venais de lui offrir un roman policier quand il m'a dit qu'il l'avait déjà lu.

12·7   1. Les ordinateurs raréfient les possibilités de contact.   2. C'est un lieu de convivialité, c'est un lieu public, c'est un lieu de rencontres.   3. Oui, en informatique.   4. Oui, le personnel est souriant et accueillant.   5. Il est surpris qu'elle soit si grande et agréable.   6. L'extérieur est attrayant avec un petit parc.

12·8   1. e 2. c 3. d 4. b 5. a

12·9   1. informatique   2. faire un tour   3. accessible   4. d'initiation informatique   5. des poussières

12·10   1. ai dû   2. devrais   3. devons   4. auriez dû   5. devait   6. devrait   7. a dû   8. devra
9. aurais dû   10. doivent

12·11   1. La bibliothèque municipale offre un cours d'informatique pour débutants et le prix est très raisonnable.
2. En France, les bandes dessinées pour adultes se vendent bien.   3. Elliot est un lecteur invétéré de
romans policiers.   4. Vous auriez dû essayer de trouver le livre à la bibliothèque.   5. Je viens de
commencer un nouveau travail.   6. Un abonnement n'est pas cher—cinq euros et des poussières.   7. Ils
viennent d'acheter une maison et doivent beaucoup d'argent à la banque.   8. Elle aurait dû vous dire qu'elle
prenait sa retraite.   9. Le bibliothécaire peut vous aider si vous cherchez des renseignements sur un sujet
précis.   10. Il y a beaucoup d'étudiants (élèves) à la bibliothèque pendant l'année.

13   Numérisation tous azimuts

13·1   1. Le patrimoine audiovisuel de l'Ina provient des fonds d'archives télévision et radio des chaînes publiques
et des fonds du dépôt légal.   2. Ils datent des années 1950.   3. Il a été lancé en 1999.   4. 830 000
heures sont menacées.   5. La numérisation est un bon moyen de sauvegarde.   6. La chaleur, l'humidité,
les champignons ou les insectes sont des menaces.   7. C'est une réaction chimique due à la présence
d'acétate de cellulose dans le matériel. Elle peut provoquer la décomposition du support.

13·2   1. numérisation   2. patrimoine   3. champignons   4. enregistrement   5. chaleur

13·3   1. jeune femme   2. ancien professeur   3. propres films   4. dernière œuvre   5. vieille usine
6. vieux enregistrements   7. vieille caméra   8. nouveau restaurant   9. dernier film   10. long
processus

13·4   1. Pauvre Lucas! Son vieux magnétophone est tombé en panne.   2. Les films longs peuvent être difficiles à
restaurer.   3. Les vieux films sont souvent victimes de problèmes désagréables: les champignons et les
insectes.   4. Les mauvais films méritent-ils d'être numérisés?   5. Les archives sont dans un ancien
château.   6. Leur nouvelle collection d'enregistrements est impressionnante!   7. Cet appartement a un
loyer très élevé—nous devrions déménager.   8. Son dernier film est affreux. Il a reçu de mauvaises
critiques.   9. C'est une bonne idée de numériser les vieux films avant qu'ils ne se détériorent.   10. C'est
une région pauvre. Ils n'ont pas d'argent pour les arts.

13·5   1. Il s'agit de réunir les films amateurs ayant une valeur patrimoniale.   2. C'est l'Institut national de
l'audiovisuel.   3. Les particuliers, les associations et les entreprises peuvent envoyer des vidéos.   4. Non,
seulement celles ayant une véritable valeur patrimoniale.   5. Non, mais ils auront la satisfaction d'avoir
participé à un projet collaboratif.

13·6   1. diffuser   2. hormis   3. font partie intégrante   4. récompense   5. n'importe quoi

13·7   1. fait numériser   2. font établir   3. faire envoyer   4. faire réparer   5. faire développer

13·8   1. Ne laisse pas Guillaume porter les verres; il laisse tout tomber.   2. Le nouveau patron fait la pluie et le
beau temps.   3. Douze plus vingt font trente-deux.   4. Ne t'en fais pas, ça ne fait rien.   5. Il fait
toujours chaud ici, mais tu t'y habitueras.   6. Il est impoli de poser des questions personnelles. Ça ne se fait
pas!   7. Ne t'inquiète pas, le projet sera terminé à temps.   8. L'Ina fait appel au public pour soumettre ses
vieux films.   9. Il est difficile de travailler avec elle parce qu'elle se plaint tout le temps.   10. L'écran de ce
cinéma fait 45 mètres de large.

14   Claire, serveuse à Bruxelles

14·1   1. Elle a vingt-neuf ans.   2. Elle travaille à Bruxelles.   3. Elle le compare à celui de metteur en
scène.   4. Elle en a besoin, car beaucoup de députés viennent au restaurant.   5. Non, parfois ils sont
odieux.   6. Non, elle met du temps à le quitter. C'est le moment de la «redescente».   7. Elle le quitte vers
minuit.   8. Non, il travaille aussi dans un restaurant.   9. Oui, elle y trouve son compte.   10. Non, elle
est toujours très occupée.

14·2   1. c   2. d   3. e   4. b   5. a

14·3   1. s'habituer à   2. entamer   3. metteur en scène   4. gère   5. se défouler

14·4 1. Rejoins-nous devant le Théâtre des Abbesses à 19h30.   2. Claire a rencontré Hughes, son compagnon, à une fête.   3. Nous voulons nous joindre à la discussion en ligne.   4. Le président français a rencontré son homologue chinois à Berlin.   5. Je vous retrouve et le metteur en scène, après la pièce.   6. Nous aimerions qu'elle se joigne à nous pour le mariage de notre fille.   7. Je vais la chercher à l'héliport.   8. Je te retrouve dans le Quartier européen à midi.   9. Pouvez-vous me retrouver à l'aéroport?   10. Benoît n'a jamais rencontré mes parents.

14·5 1. Je ne m'ennuie jamais quand je suis avec vous.   2. Arrête de m'ennuyer!   3. Je suis vraiment ennuyé(e). Je ne sais comment lui dire que j'ai renversé de l'eau sur son iPad.   4. Rome nous manque.   5. Cela vous ennuierait de m'aider à servir nos invités?

14·6 1. Claire est en CDI.   2. Elle l'est depuis deux ans.   3. Elle gagne 12 euros nets de l'heure.   4. Oui, ils lui en donnent.   5. Elle travaille de 40 à 50 heures par semaine.   6. Non, elles peuvent s'habiller comme elles le souhaitent. Le mieux est d'être élégant dans une tenue confortable.   7. Les chaussures plates font mal au dos.   8. Ce sont les discussions des clients, les bruits de la machine à café, de la cuisine et la musique en fond sonore.   9. Ce sont les serveurs.   10. Non, il y a deux étages.

14·7 1. e 2. d 3. b 4. a 5. c

14·8 1. boulot 2. crevant 3. renversent 4. bouteilles 5. débarrasse

14·9 1. de 2. À 3. à 4. aux 5. à 6. de 7. à 8. d' 9. à 10. à

14·10 1. Non, seulement quand elle est fatiguée ou si le client a du mal à choisir.   2. Elle a dû s'arrêter, car elle a eu une sciatique.   3. Les assiettes et les objets lourds lui font mal aux poignets.   4. L'acupuncture a été la solution pour la soulager.   5. Elle se couche sur le dos et elle allonge ses jambes contre le mur. Elle finit toujours sa douche par un jet froid sur les jambes, et elle met des gels rafraîchissants.   6. Elle fait des exercices de Pilates.   7. Elle pratique le yoga.   8. L'eau de Javel est dangereuse pour la peau.   9. Elle ne donne pas de note, mais explique pourquoi elle la baisserait ou l'augmenterait.   10. Claire est exigeante dans son travail.

14·11 1. commande 2. augmente 3. te brûler 4. rafraîchissante 5. soulager 6. notes 7. traiteur 8. a baissé 9. yeux 10. la douleur

14·12 1. Après son accident, Jean n'a pas pu travailler pendant six mois.   2. Hier, j'ai transporté des caisses lourdes et j'ai mal au dos.   3. Ma tante Lucile est très généreuse. Elle laisse toujours de bons pourboires.   4. Le travail de Claire est fatigant et exigeant.   5. Le serveur s'est coupé le doigt avec une assiette cassée.   6. Cette serveuse ne se trompe jamais.   7. Elle a une bonne mémoire. Elle n'a pas besoin de noter la commande.   8. J'ai besoin d'huile, de vinaigre, de sel et de poivre pour faire une salade.   9. Essaie de ne pas te brûler avec les plats chauds.   10. Les serveurs et les serveuses espèrent que leur patron augmentera leur salaire.

15 Changer de vie: Le prix de la liberté

15·1 1. Ils veulent vivre mieux.   2. Non, il les a dissuadés.   3. Non, il gagne difficilement le SMIC.   4. Le directeur financier a les moyens de vivre pleinement sa passion.   5. Il s'enorgueillissait de n'envoyer aucun bachelier vers des filières bouchées.   6. Non, car le directeur financier a tout plaqué.   7. Ils l'ont traité de fou.   8. Il y en a 1800.   9. Non, c'est un changement de vie, car ils s'éloignent de leurs amis, d'un certain confort pour vivre mieux avec plus de liberté, d'harmonie.   10. La réalisation de soi et la quête de l'identité personnelle sont devenues prioritaires.

15·2 1. c 2. e 3. d 4. b 5. a

15·3 1. dissuadé 2. me suis pas rendu compte 3. cossu 4. proviseur 5. cadres 6. s'enorgueillit 7. gîte 8. traité 9. à la fois 10. s'est envolé

15·4 1. demi-douzaine 2. centaine 3. trentaine 4. soixantaine 5. millier

15·5 1. Nous avons reçu une trentaine de réponses à notre annonce dans le journal.   2. Une soixantaine de personnes ont été blessées dans l'accident.   3. Cette mode a duré une vingtaine d'années.   4. Son grand-père est octogénaire, et il aime toujours randonner.   5. Elle avait la quarantaine quand elle a changé de métier.   6. Ce film décrit des quarantenaires (quadras) à Paris.   7. Ce gîte peut accueillir une demi-douzaine de personnes.   8. Vous devez prendre une décision d'ici une quinzaine de jours.   9. Il y a des dizaines de variétés de roses dans leur jardin.   10. Être centenaire est un exploit!

15·6 1. Il suffit d'attendre.   2. Il suffit de se rappeler que le discours précède le dîner.   3. Il suffit d'écrire à l'écrivain pour qu'il réponde.   4. Il suffit de passer un séjour à la campagne pour décider si ça te plaît.   5. Il suffit de demander et nous irons te chercher à la gare.

15·7 1. 7 millions de citadins veulent changer de vie. 2. Elle a déménagé, car son fils, allergique à la pollution, a fait une grave crise d'asthme. 3. Ces personnes sont soumises à une pression—professionnelle, familiale ou existentielle—qui ne cesse de monter. 4. Oui, ça peut être un divorce, une naissance, un deuil ou un problème de santé. 5. Oui, un inventaire s'impose pour étudier toutes les possibilités. 6. Oui, car le bouleversement est à la fois professionnel et privé. 7. Les manières possibles de refaire sa vie : partir à l'étranger, faire de l'humanitaire, passer un concours de la fonction publique, se lancer dans une carrière artistique... 8. L'hébergement touristique réunit cinq critères essentiels: se mettre au vert, se mettre à son compte, se consacrer aux autres, vivre sa passion, partir loin. 9. Il faut de l'argent et de bons contacts. 10. Oui, les jeunes anticipent et se préparent à une crise de milieu de vie.

15·8 1. c 2. a 3. d 4. e 5. b

15·9 1. cocotte-minute 2. l'étranger 3. l'hébergement 4. à partir de 5. déménagement 6. l'inventaire 7. il y a 8. aîné 9. se mettre à son compte 10. indices

15·10 1. dans 2. dans 3. en 4. dans 5. en

15·11 1. Les citadins rêvent souvent de s'installer à la campagne. 2. La rentabilité est sa préoccupation principale. 3. Le mariage, le divorce et la retraite entraînent souvent un changement de vie. 4. Ouvrir une maison d'hôte est un rêve pour de nombreuses personnes. 5. Un bon carnet d'adresses vous aidera si vous changez de métier. 6. Le syndrome de la cocotte-minute est commun de nos jours. 7. Une option est de se mettre à son compte. 8. Les idées sur la vie à la campagne sont souvent irréalistes. 9. Je crains que mon frère traverse une crise de milieu de vie. 10. L'épicerie à côté du gîte est fermée pour inventaire.

16 L'illettrisme des cadres, phénomène méconnu et tabou

16·1 1. 2,5 millions de Français sont illettrés. 2. Mickaël est trader. 3. Il a perdu l'usage de l'écriture à force de ne pas l'utiliser. 4. Il a mis en place des méthodes de «contournement». 5. 70% 6. Ils sont très à l'aise à l'oral. 7. Non, pour un cadre, cela représente la honte absolue. 8. Certains cadres illettrés se sont suicidés à cause de la pression. 9. Il n'a jamais acquis les connaissances de base en lecture, il ne s'est jamais approprié l'écrit. 10. Les autres stratégies de contournement possibles sont: un collègue dans la confidence qui apporte son aide ou l'apprentissage des tâches par cœur.

16·2 1. c 2. e 3. a 4. b 5. d

16·3 1. écriture 2. poste 3. L'illettrisme 4. rentable 5. par cœur 6. boîte 7. lutte 8. tabou 9. maîtriser 10. honte

16·4 1. Essaie de t'échapper quelques jours de cet énorme projet! 2. Cette organisation semble toujours échapper aux règles. 3. La fumée s'échappe par la cheminée. 4. Ces trois hommes ont échappé à la mort pendant leur traversée de l'Atlantique. 5. Son prénom m'échappe. 6. Je me suis échappé avant la fin de la réception. 7. Ce prisonnier est célèbre pour s'être échappé trois fois. 8. Rien ne lui échappe. 9. Michaël ne peut échapper au stress dans son nouveau poste. 10. L'année dernière, Kenza a échappé aux impôts. Elle devra peut-être payer une amende.

16·5 1. As-tu sorti 2. n'est pas rentré 3. avons monté 4. a passé 5. a retourné 6. sommes sorti(e)s 7. sont montés 8. a rentré 9. sommes passé(e)s 10. n'est jamais retourné

16·6 1. Il dit être fâché avec la langue française, dont l'apprentissage a été comme une punition pour lui. 2. Il a exercé tous les métiers de l'hôtellerie, du métier de cuisinier jusqu'à celui de directeur d'hôtel. 3. Il ne travaille jamais dans l'urgence, il se fait corriger, il répète ses présentations et il a des antisèches au cas où. 4. Il s'est fait prendre quand il a dû rendre un dossier en urgence. 5. Il suit des cours toutes les semaines. 6. Le fait d'occuper un poste important permet de déléguer de nombreuses tâches. 7. Les systèmes d'aide sont très structurés, c'est-à-dire soumis à des conditions. 8. Pour lui, les personnes illettrées résistent à leur environnement familial ou scolaire qui survalorise l'apprentissage de la lecture. 9. Il y a de très nombreux illettrés dans les familles où les parents exercent une profession libérale ou intellectuelle. 10. Il veut pousser les cadres illettrés à avouer leur illettrisme pour pouvoir ensuite les aider et les former.

16·7 1. formations 2. d'antisèche 3. démarches 4. hebdomadaires 5. cible-t-elle 6. a gravi les échelons 7. au sein de 8. entraîné 9. Tant que 10. dépister

16·8 1. lequel 2. lesquels 3. dont 4. laquelle 5. qui 6. auxquelles 7. où 8. que 9. dont 10. lesquelles

16·9   1. Anna cherche une école qui propose des ateliers d'écriture créative.   2. Voici les photos de la Défense que j'ai prises hier.   3. La salle de réunion où la séance a eu lieu se trouve au rez-de-chaussée.   4. La personne dont je parle était à l'école primaire avec moi.   5. L'ordinateur avec lequel je travaille est trop vieux.   6. L'atelier d'écriture auquel ils pensaient est proposé uniquement pendant l'été.   7. Ils se souviennent tous du jour où Mickaël est arrivé au bureau.   8. L'organisation pour laquelle nous sommes en train de créer de nouveaux logiciels est au Sénégal.   9. C'est l'un des employés qui a gravi les échelons de l'échelle.   10. Voici les documents sans lesquels vous ne pourrez pas travailler.

16·10   1. d   2. e   3. a   4. c   5. b

17   Le MuCEM: Musée des civilisations de l'Europe et de la Méditerranée

17·1   1. Il a ouvert le 7 juin 2013.   2. C'est un musée national.   3. On y trouve un pingouin.   4. La Méditerranée était dans une période de glaciation.   5. François Hollande a inauguré le nouveau musée.   6. Il est consacré aux civilisations de la Méditerranée et à leurs relations avec l'Europe.   7. Les singularités méditerranéennes sont: l'agriculture, les religions monothéistes, la citoyenneté, et son statut de mer intérieure.   8. Le musée fut conçu par deux architectes, Rudy Ricciotti et Roland Carta.   9. C'est un carré.   10. C'est un ancien fort militaire datant du 17ᵉ siècle.

17·2   1. e   2. d   3. a   4. b   5. c

17·3   1. jardin   2. s'étendent   3. béton   4. bâtiment   5. carrée   6. puissance   7. pingouins   8. espace de détente   9. pont   10. faire face

17·4   1. bleu azur   2. vert pâle   3. safran   4. noire   5. abricot   6. marron   7. caramel   8. rose bonbon   9. gris foncé   10. champagne

17·5   1. Il est situé près du Vieux-Port de Marseille.   2. C'est la plus grande opération de rénovation urbaine en Europe.   3. Il fut construit au 19ᵉ siècle.   4. Il est né à Alger.   5. Elle est de 44 000 m².   6. Elle a coûté un peu moins de 200 millions d'euros.   7. Il propose deux librairies, une école de cuisine, des débats, des expositions, des concerts et des séances de cinéma en plein air.   8. Des partenariats sont envisagés avec le Maroc et l'Algérie.   9. Les objectifs de Bruno Suzzarelli sont: nouer des partenariats avec des institutions pour produire, coproduire, accueillir, faire circuler des expositions, mettre en œuvre des projets, participer ou monter des programmes de formation et de recherche.   10. Elle est en français et en arabe.

17·6   1. en plein air   2. la hiérarchie   3. rejet   4. étoiles, étoiles   5. L'exposition   6. nouer   7. se situe   8. *Conquête*   9. regard   10. aménagé

17·7   1. La   2. L'   3. les   4. La   5. l'   6. le   7. Les   8. la   9. Le   10. l'

17·8   1. Où as-tu mis tes clés?   2. Combien de temps a-t-elle mis pour visiter tout le musée?   3. Ne mets pas tes doigts sur le miroir!   4. Nayla a mis un manteau rouge ce matin.   5. Le directeur a mis à la porte trois employés en une semaine.   6. Vous allez les mettre dans une situation difficile.   7. Elle n'a rien à se mettre.   8. Mon patron remet sans cesse en question mes compétences.   9. Romain a mis en scène une adaptation de *Hiroshima mon amour* de Marguerite Duras.   10. Nous mettons de l'argent de côté pour acheter notre propre maison.

18   Bartabas, génie du théâtre équestre

18·1   1. Elle fut créée en 2003.   2. Le dressage, l'escrime, la danse, le chant et le Kyudo sont enseignés.   3. Il a inventé le théâtre équestre.   4. Il l'a fondée en 1985.   5. Il s'est installé au fort d'Aubervilliers.   6. Il se produisait dans un chapiteau en bois conçu par Patrick Bouchain.   7. Il a collaboré avec Philip Glass et tant d'autres.   8. Il l'a montée à l'abbatiale de Saint-Ouen à Rouen.   9. Il fut invité pour le dixième anniversaire de l'Académie.   10. Non, c'est Ariane Mnouchkine, dont le théâtre la Cartoucherie se situe à Vincennes.

18·2   1. c   2. e   3. d   4. b   5. a

18·3   1. chapiteau   2. manège   3. sensibilité   4. acquièrent   5. inédit   6. dressage   7. escrime   8. mise en scène   9. envoûtant   10. voie

18·4   1. ont offert   2. avons suivi   3. a reçu   4. se sont reposés   5. s'est occupé   6. ai dû   7. sont entrés   8. sont parties   9. se sont retrouvés   10. est né

18·5   1. C'est Patrick Bouchain.   2. Le manège est composé de bois, de pierre de verre et de miroirs.   3. Il ressemble à un théâtre.   4. Oui, les box ont remplacé d'anciennes stalles.   5. C'est Jules Hardouin-Mansart, le premier architecte de Louis XIV.   6. Il faut de solides bases en dressage et un esprit ouvert.   7. La compagnie donne des spectacles.   8. Non, elle est gratuite.   9. On peut postuler à partir de 22 ans.   10. Il faut envoyer une lettre de motivation, un CV et une vidéo à cheval.

18·6   1. c   2. a   3. e   4. b   5. d

18·7   1. confier   2. hebdomadaire   3. tiers   4. étroite   5. clin d'œil   6. postuler   7. écrin   8. piste   9. éclairages   10. logement

18·8   1. Nous avons traversé le jardin pour aller à l'écurie.   2. Bartabas est allé en Mongolie pour acheter de nouveaux chevaux.   3. Kô Murobushi est né au Japon.   4. Camille postulera à l'Académie quand elle aura vingt-deux ans.   5. Jérôme Garcin a écrit un livre intitulé *Bartabas*.   6. Tristan a toujours voulu apprendre le Kyudo.   7. Les danseurs se sont maquillés avant le spectacle.   8. Son visage s'est reflété dans le verre en cristal toute la soirée.   9. Ils ont vécu à l'étranger pendant dix ans.   10. Le professeur d'équitation a dû lire des centaines de lettres de motivation.

19   Triangle migratoire: Jeanne Séguin-Laflamme

19·1   1. Elle est originaire du Canada.   2. Elle vit en Espagne et en Argentine.   3. Elle se compare aux outardes du Québec.   4. Elle semble fort passionnante.   5. Oui, très souvent.

19·2   1. e   2. c   3. b   4. a   5. d

19·3   1. paysage   2. avouer   3. nous déplaçons   4. s'estompe   5. se sont envolés   6. perles   7. trou de mémoire   8. pièce   9. troquer   10. fiers

19·4   1. mon   2. Son   3. vos   4. leurs   5. son   6. notre   7. Son   8. leur   9. ma   10. votre

19·5   1. la tienne   2. la leur   3. nôtre   4. la mienne   5. la sienne   6. la sienne   7. Le mien   8. le tien   9. La leur   10. Le nôtre

19·6   1. Ils sont déçus qu'elle soit absente des grands événements.   2. Les points communs sont une identité imposée et leur joie de vivre.   3. L'exil est une frustration qui voile les perceptions.   4. On se moque de son accent bizarre.   5. Elle profite pleinement des avantages que sa vie lui apporte et essaie de minimiser les inconvénients.

19·7   1. d   2. a   3. e   4. b   5. c

19·8   1. manque   2. blagues   3. inconvénient   4. À l'instar de   5. déception   6. ailleurs   7. gagnes ta vie   8. brume   9. pays natal   10. rendra/rend

19·9   1. C'est un très bon guide mais il manque d'humour.   2. La Costa del Sol lui manque.   3. Il a manqué à son devoir.   4. Il manque une ampoule à la lampe.   5. La vie en Argentine ne manque pas d'attraits.   6. Nous manquons de personnel au restaurant.   7. San Miguel de Tucumán leur manque.   8. Vous l'avez manqué de trois minutes!   9. Mathis a manqué son examen.   10. Les mots lui manquaient pour exprimer sa reconnaissance.

19·10   1. Il faut beaucoup d'argent pour faire le tour du monde.   2. Il n'aurait pas fallu que tu ricanes quand le directeur a commencé son discours.   3. Il aurait fallu que tu partages cette information avec nous!   4. Combien te faut-il?   5. Il faut se dépêcher pour éviter de faire la queue.   6. Il faut voir le spectacle de Bartabas!   7. Dans une telle situation, il faut rester calme.   8. Ils le feront s'il le faut.   9. À cette époque-là, il fallait porter une jupe ou une robe dans ce genre de restaurant.   10. Hugo, il faut que tu ailles en Australie. Tu trouveras peut-être un emploi là-bas.

20   Premiers chocs: Wei Wei

20·1   1. La narratrice s'appelle Xiaoli.   2. Les parents chinois inventent le prénom de leur enfant à partir de noms communs.   3. Oui, ils ont un sens soit poétique, soit politique.   4. Le nom du destinataire se trouve à la fin d'une adresse.   5. Non, c'est le pays qui est en dernier.   6. La collectivité passe avant l'individu.   7. Non, on ne les conjugue pas, ils s'emploient toujours à l'infinitif.   8. En utilisant des adverbes ou expressions adverbiales: demain, l'été prochain, dans dix ans...   9. Les verbes irréguliers en français sont parfois méconnaissables.   10. C'est du conditionnel passé première forme.

20·2   1. d   2. e   3. a   4. b   5. c

20·3   1. inverse   2. s'accorde   3. se contente   4. tâches   5. mode   6. don   7. proche   8. augure
9. prénoms   10. méconnaissable

20·4   1. d'habitude   2. La dernière semaine   3. d'abord, puis   4. dans un mois et demi   5. À l'heure
actuelle   6. le même jour   7. la semaine dernière   8. enfin   9. lors de   10. demain

20·5   1. Il commencera son nouveau travail bientôt.   2. Désormais, vous voyagerez en classe affaires.   3. Le
surlendemain de son arrivée, il s'est rendu compte qu'il avait perdu son passeport.   4. Elle vous a écrit la
semaine dernière.   5. Il a enfin décidé d'accepter votre proposition.   6. Nous irons à la plage la semaine
prochaine.   7. Ils ont récemment acheté une maison à la campagne.   8. Ce règlement est rarement
respecté.   9. À cette époque-là, on apprenait tout par cœur.   10. L'avant-veille de ma naissance, mes
parents n'avaient toujours pas choisi mon prénom.

20·6   1. Pour les Chinois, le temps est un écoulement continu sur lequel l'homme n'a aucun pouvoir.   2. *Yong*
signifie éternité.   3. L'écriture chinoise comporte huit traits élémentaires.   4. La rive est représentée par
un trait horizontal.   5. Le temps est comparé à une tortue et à un cheval.   6. Le vrai sage ne fait pas de
différence entre le présent, le passé et le futur.   7. Pour les Chinois, le temps est impersonnel, intemporel.
8. non   9. Les Français cherchent à apprivoiser le temps pour se l'approprier. C'est une façon de se
positionner dans l'Histoire.   10. Non, le concept du temps est relatif.

20·7   1. d   2. c   3. a   4. e   5. b

20·8   1. tortue   2. à toute allure   3. goutte   4. cultive   5. rive   6. coule   7. pinceaux   8. boue
9. corps et âme   10. riz

20·9   1. Il n'y a pas autant de touristes que l'année dernière.   2. Julien l'aime tant!   3. En tant que médecin, je
te conseille de faire plus d'exercice.   4. Tant qu'il y a de la vie, il y a de l'espoir.   5. Il y a tant de fautes
d'orthographe dans ce rapport.   6. Autant que je sache, M. Chen visite actuellement des universités
françaises.   7. Tu dois t'entraîner autant que possible si tu veux maîtriser la calligraphie
chinoise.   8. Pourquoi as-tu acheté tant de pinceaux?   9. Raphaël a lu tant de livres qu'il a mal aux
yeux.   10. Tant qu'il y aura des hommes, il y aura des guerres.

21   Le jeune homme qui murmurait à l'oreille de la mer: Eduardo Manet

21·1   1. Eduardo Manet a pris des cours particuliers avec Madame Eve Fréjaville.   2. Madame Fréjaville lui a
conseillé de trouver un dictionnaire aux cheveux longs, c'est-à-dire une amante.   3. C'était la
canicule.   4. Eduardo et sa mère rencontraient des stars d'Hollywood.   5. Il avait cinq ou six
ans.   6. Sa mère était très élégante.   7. non   8. Ils collectionnaient les sourires des stars.   9. Eduardo
avait le regard émerveillé et il était bouche bée.   10. La mer et l'oreille de la mer risquent de lui manquer.

21·2   1. c   2. d   3. e   4. a   5. b

21·3   1. canicule   2. collectionne   3. en haut de   4. murmurer   5. lèche   6. dès que possible
7. bouche bée   8. maîtriser à fond   9. colline   10. se loger

21·4   1. le plus haut   2. la plus belle   3. la plus laide   4. le plus triste   5. le meilleur

21·5   1. Sa mère craignait qu'il eût trop chaud.   2. Ils voulaient que nous fussions prêts à l'heure.   3. J'aurais
voulu qu'il achetât cette maison à La Havane.   4. Nous avons exigé qu'il prît des leçons de tango.   5. Je
craignais qu'elle choisît une profession trop difficile.   6. Bien qu'il connût beaucoup de gens à Paris, il ne
s'habitua pas très vite à la ville.   7. Nous nous attendions à ce qu'il fît construire une grande maison, mais
il loua un petit appartement.   8. Il aurait fallu qu'elle lui écrivît immédiatement.   9. Ils regrettaient que
leur fils n'eût pas assez d'argent pour faire le tour du monde.   10. Il aurait tant aimé qu'elle fût avec lui ce
jour-là.

22   Les aventures de Victor à Pondichéry: Aliette Armel

22·1   1. Il la connaît parce que tous les Français qui vivent à Pondichéry se connaissent.   2. Non, il est
musicien.   3. Il est impressionné par son usage précis du temps des verbes.   4. Il a perdu une console
Nintendo DS.   5. Il a reçu la bénédiction de Ganesh, et il a un point de couleur sur le front.

22·2   1. b   2. e   3. a   4. c   5. d

22·3   1. faire confiance   2. nounours   3. sourire   4. char   5. inquiets   6. bouclés   7. fière de
8. maniement   9. barbe   10. se faufilent

22·4   1. roulions   2. faisait   3. étaient   4. enseignait   5. préparait   6. allais   7. viviez   8. suivions
9. courais   10. battaient

22·5   1. Cette fête n'était pas pour les touristes.   2. Il se moquait souvent d'elle.   3. Le char était
magnifiquement décoré.   4. L'enfant criait quand sa mère est entrée dans la chambre.   5. Nous souriions,
mais ils pleuraient.   6. Son père enseignait à l'université de Pondichéry.   7. Si on allait au Sri
Lanka?   8. Je marchais dans la rue quand j'ai entendu mon nom.   9. Si on allait voir un film avec
Shahrukh Kahn?   10. Ils avaient tous un point de couleur sur le front.

22·6   1. Il l'emmène chez ses amis musiciens.   2. Elle l'a abandonnée, car son petit frère est mort.   3. Non, ils
sont assis par terre.   4. Oui, il l'aime beaucoup.   5. Il jouait du violon.

22·7   1. c   2. e   3. d   4. b   5. a

22·8   1. secouer   2. a esquissé   3. frissonner   4. caler   5. somnambule   6. morceau   7. résonnent
8. s'harmonisent   9. manche   10. reconnu

23   Je suis une *camera* (en dix instantanés): Dany Laferrière

23·1   1. C'est un appareil photo.   2. Le petit Dany adorait regarder tomber la pluie.   3. Elle savait prédire la
pluie.   4. Laferrière est fasciné par leur goût insatiable pour la lecture.   5. Tous les livres seraient
transportés en camion.

23·2   1. d   2. a   3. e   4. c   5. b

23·3   1. bouger   2. chauves   3. sèchent   4. librairie   5. croise   6. à l'abri   7. sacoche   8. camions
9. pluvieux   10. parcourt

23·4   1. Ils ont toujours travaillé le samedi.   2. Vous avez bu trop de café.   3. Elle s'est bien exprimée en
anglais.   4. Namous a souvent voyagé en Haïti.   5. Tu es souvent sorti(e) avec tes amis.

23·5   1. craint   2. peint   3. feint   4. teint   5. plains   6. feignent   7. ceint   8. crains   9. feins
10. geignent

23·6   1. Elle lève le pouce d'un air complice.   2. Les gratte-ciel ressemblent à des oreillers.   3. Il éprouve un
sentiment de satisfaction et de douce revanche.   4. On prend des photos non pas pour les images, mais
pour le geste même de photographier.   5. Il est enfermé dans une cage avec un tigre.

23·7   1. c   2. e   3. d   4. a   5. b

23·8   1. gratte-ciel   2. sensibilité   3. prendre un verre   4. fleuve   5. surpeuplées   6. oreiller
7. embouteillages   8. hublot   9. romain   10. survolons

23·9   1. brillamment   2. violemment   3. différemment   4. élégamment   5. méchamment
6. inconsciemment   7. Apparemment   8. couramment   9. diligemment   10. nonchalamment

23·10   1. On danse sur des tubes africains.   2. Ils auraient dû filmer un lecteur.   3. Il s'est vu sur tous les
écrans des téléviseurs du magasin.   4. Il n'est pas allé à Florence, car la ville est épuisante de beautés.
5. Il utilise le présent.

23·11   1. c   2. e   3. d   4. a   5. b

23·12   1. un banc   2. tremblement de terre   3. esquive   4. tournage   5. lecture   6. feuillage   7. écran
8. suscité   9. romans   10. avale

23·13   1. Maalik passe son temps à écouter des chansons africaines.   2. Il est à genoux à nettoyer le sol.
3. Nous avons passé la journée à prendre des photos de la ville.   4. La femme aux chaussures rouges est
debout à lire le journal.   5. Ils passent leur temps à rêver.   6. Je suis allongée sur mon lit à compter les
jours avant mon départ.   7. Il passait son temps à regarder la pluie tomber.   8. Nous sommes assis dans
le jardin à éplucher des pommes de terre.   9. Ils passaient leur temps à écrire des nouvelles.   10. Elle est
adossée contre le mur de la grange à contempler les étoiles.